아동 · 청소년과 인권

나남
nanam

나남신서 1930

아동·청소년과 인권

2017년 9월 30일 발행
2017년 9월 30일   1쇄

기획   국가인권위원회
지은이   황옥경·구은미·이은주·김형욱
발행자   趙相浩
발행처   (주)나남
주소   10881 경기도 파주시 회동길 193
전화   (031) 955-4601 (代)
FAX   (031) 955-4555
등록   제 1-71호 (1979.5.12)
홈페이지 http://www.nanam.net
전자우편 post@nanam.net

ISBN 978-89-300-8930-2
ISBN 978-89-300-8001-9 (세트)

책값은 뒤표지에 있습니다.

국가인권위원회 기획

아동 · 청소년과 인권

황옥경 · 구은미 · 이은주 · 김형욱 지음

나남
nanam

Young People and Human Rights

by

Hwang, Ock Kyeung
Koo, Eunmi
Lee, Eunju
KIM, Hyung Wook

nanam

유엔아동권리협약(이하 '협약'이라 칭함)은 한 국가의 아동에 대한 시각과 태도에 변화를 가져오는 핵심기제이다. 재빨리 협약을 비준하고도 이를 이행하지 않는 것은 협약을 모독하는 것이라는 일각의 비판처럼, 우리 사회의 협약 이행은 다소 더디게 진행되었다. 최근 몇 년 동안 아동권리에 대한 대중의 인식이 확대되고, 법과 정책에 아동권리를 반영하는 등의 노력에도 불구하고 법과 정책은 여전히 아동권리를 이행하는 데 충분하지 않으며 실효성 역시 의문시되고 있다. 관련 당사자 간의 이견으로 인하여 아동·청소년 인권이 침해되는 사례도 여전히 많다. 이는 아동·청소년 인권에 대한 인식의 부재에서 기인한 바가 크다.

협약은 협약의 내용을 널리 알리고 홍보할 것을 명시하였다. 우리나라 〈아동복지법〉제4조와 〈청소년기본법〉제8조 역시 협약의 내용을 교육할 것을 적시하고 있다. 일부 법령의 인권교육 법제화에도 불구하고 협약의 대중 인지도는 여전히 낮고, 인권교육 역시 아동·청소년의 전반적인 인권 신장과 인권 침해에 초점이 맞추어져 있지 않다. 아동권리가 우리 사회에 안착하기 위해서는 아동·청소년 인권에 대한 분명한 이해가 필요하다. 최근 아동학대, 학교폭력 그리고 학생자살 등이 증가하고 각 지방자치단체가 학생인권조례를 제정 및 시행하는 등 일련의 변화가 있는데, 이는 아동·청소년 인권교육의 필요성을 더욱 부각시킨다.

그동안 여러 기관과 단체에서 아동·청소년 인권교육이 실시되어 왔지만, 교육 이후에도 교육대상자들의 인권에 대한 이해가 낮다는 지적이 있다. 교육대상자를 고려한 교재가 없어 교육의 효율성을 도모할 수 없다는 지적도 있다. 이러한 지적은 아동·청소년 인권교육에도 불구하고 협약의 이행력이 여전히 위축될 수 있음을 보여 준다. 교육의 방식, 집단의 규모 등 교육 과정에 여러 이유가 있겠지만, 이러한 결과는 무엇보다도 변화하는 아동·청소년 인권이슈에 대응할 만한 현장 중심의 인권교재가 부족한 데에서 기인한 바가 크다. 실제로 아동·청소년 인권과 관련하여 새롭게 제기되고 있는 이슈에 대하여 어떻게 접근해야 하는 게 마땅한지에 대한 일각의 혼란과 갈등이 표출되고 있다.

이 책은 교사, 아동·청소년 관련 기관 종사자나 활동가, 아동·청소년 인권교육자 등이 인권교육현장에서 실제적으로 활용하도록 만들었다. 따라서 독자가 인권강사에게 필요한 아동·청소년에 대한 전반적 지식을 획득하고 사안에 따라 인권에 대한 전문적 식견을 갖출 수 있도록 각각의 이슈에 대한 협약의 관점과 유엔아동권리위원회의 권고, 국제규정의 내용, 그리고 국가인권위원회의 결정례 및 관련 사례를 제시했다. 그뿐 아니라 각 주제에 대하여 인권 침해가 발생하였을 경우에 도움을 받을 수 있는 방안과 기관을 일목요연하게 정리하였다.

또한 인권강사들이 인권에 대한 기본 인식을 확립하고 균형 잡힌 인권의식을 발달시킬 수 있도록 초점을 두었으며, 각각의 주제와 관련한 인권 침해 이슈를 다루었다.

이 책의 목적은 다음과 같다.

- 유엔아동권리협약, 국가인권위원회의 연구보고서와 결정례 및 정책 권고 등을 통해 아동·청소년 인권의 개념을 분석 및 정리하여 인권의 개념을 명료화한다.
- 가정, 학교 등 아동·청소년이 생활하는 곳과 지역사회 등에서 발생할 수 있는 관련 이슈에 대하여 인권 중심의 시각을 가지고 대응할 수 있는 방안과 가능한 예방책을 제시한다.
- 집단 강의 중심의 기존 교재와 차별화한 콘텐츠로 교재를 구성함으로써 아동·청소년이 인권교육과정 중 관련 주제에 직접 참여하며 인권 감수성을 향상시키도록 돕는다.

이 책은 두 부분으로 나뉘어 구성되었다. 1장과 2장은 아동·청소년 인권에 대한 기본이해를 포괄하였고, 3장부터는 아동·청소년 인권의 실제를 기술하였다. 1장은 아동·청소년의 인권에 대한 역사 및 철학적·사회적 의미, 2장은 협약의 내용과 적용에 대해 다루었다. 3장부터는 우리나라 아동·청소년의 인권과 관련하여 사회적으로 쟁점이 되고 있거나 인권 침해 양상이 심각한 주제를 선정하였다. 3장은 부모 및 보호자의 역할과 책임, 4장은 가정 내 폭력으로부터의 보호, 5장은 시설보호아동·청소년의 인권, 6장은 이주아동·청소년의 인권, 7장은 장애아동·청소년의 인권, 8장은 학교 내 학생 인권, 9장은 학교 밖 아동·청소년 인권, 10장은 놀이 및 여가문화활동, 11장은 청소년 노동인권 보호, 12장은 유해환경으로부터의 보호, 13장은 유해매체와 SNS로부터의 아동·청소년 보호, 14장은 성폭력으로부터의 보호, 15장은 소년사법체계에서의 인권으로 구성하였다.

각 장은 그 주제의 특성에 따라 일부 구성형식의 차이가 있지만, 대체로 각 주제에 대하여 아동·청소년 인권에 대한 잘못된 오해, 해당 주제에 대한 인권의 개념 등 기본이해 부분, 아동·청소년의 인권 관점에서 본 침해 양상, 관련 국내외 규정 및 정책, 도움을 받을 수 있는 기관과 절차, 그리고 인권 침해를 해소하기 위한 실천과제의 순으로 구성하였다. 특히 이 책은 전달력과 가독성을 높이기 위해서 심혈을 기울였다. 각 장 처음마다 생각을 열 수 있는 글을 실었고, 장 끝에는 각 주제에 대한 이해와 적용 능력을 향상시키도록 '활동해 보기'를 제시하였다. 또 우리나라 인권의 주요과제와 수준을 짚어 보기 위해서 '현재의 우리는?'과 '미래의 우리는!'을 대비하여 기술하고 해결과제를 제시하였다.

이 책은 아동·청소년 인권에 대한 전반적인 이해와 더불어 최근의 아동·청소년 관련 주요 이슈를 명료하게 정리해, 아동·청소년에 대한 기초적 이해와 현장 적용을 돕는 인권교육 교재로 활용될 수 있다.

끝으로 이 책이 출간될 수 있도록 여러 수고를 아끼지 않고 출판에 도움을 주신 나남출판 관계자 여러분께 깊은 감사를 전한다.

2017년 9월
저자 일동

나남신서 1930

아동 · 청소년과 인권

차 례

제1부

아동·청소년 인권의 이해

제1장
아동·청소년 인권 발달의 역사와 의미

'교복 입은 시민' 키우는 청소년 의회

지난 4월 16일, 서울 금천구청 광장에선 특별한 선거가 진행됐다. 금천구 내 중고등학생 1만여 명의 대표를 뽑는 '제1대 금천구 청소년 의회' 의원 선거다. 학생들과 함께 선거를 기획한 '꿈지락 네트워크'의 박석준 (29) 대표도 긴장된 마음으로 투표소를 지켰다. "비도 오고 날씨가 굳어 300명 정도 오면 성공이라 생각했어요. 그런데 5시간 동안 800여 명의 학생이 투표에 참여했습니다." 총 4개 정당에서 비례대표로 뽑힌 20명의 청소년 의원들이 현재 1년 임기로 활동 중이다.

'꿈지락 네트워크'는 금천구를 중심으로 청소년 시민교육과 주말학교 등을 운영하는 비영리 단체다. 2012년 대학생이던 박 대표가 친구들과 함께 '우리가 받고 싶었던 교육을 실제로 실현해 보면 어떨까'란 생각으로 작은 모임을 만든 게 시작이었다.

출처: 〈중앙일보〉(2016.11.17).

그동안 우리나라는 여러 국제인권협약을 비준하였고 이에 따라 관련 국내법과 제도가 발전하였다. 이로써 우리는 아동·청소년이 권리의 주체임을 인식할 수 있게 되었다. 그러나 아동·청소년이 인간으로서 권리를 인정받게 된 것은 그리 오래전 일이 아니다. 아동·청소년의 인권이 인정되기까지 성인의 저항을 넘어서야 했다.

　이 장에서는 아동·청소년 인권의 역사와 인권의 내용을 이해하고, 그 의미를 탐색하고자 한다.

1. 아동·청소년 인권의 이해

1) 아동·청소년 인권의 개념

세계인권선언에 "모든 인간은 태어날 때부터 자유롭고, 존엄성과 권리에 있어서 평등하다. … 모든 인간은 인종, 피부색, 성, 언어, 종교, 정치 또는 그 밖의 견해, 민족 또는 사회적 출신, 재산, 출생 또는 다른 지위 등과 같은 그 어떤 종류의 구별 없이, 이 선언에 제시된 모든 권리와 자유를 누릴 자격을 갖는다"고 하였다. 헌법 역시 국가는 개인의 인권을 확인하고 보장할 의무가 있음을 적시하고 있다. 〈국가인권위원회법〉 제2조에서도 인간으로서의 존엄과 가치, 자유를 부여할 것을 명시하였다.

　사람은 누구나 사람답게 살 권리가 있다. 이러한 권리를 우리는 '인권'이라 한다. 인권이란 다시 말해 사람답게 살기 위하여 기본적으로 보장되어야 하는 권리이다. 인간은 인간으로서의 품위를 위해 자신의 정체성을 자유롭게 형성하고 자율성을 확보해 나가는 존재라는 점에서 누구에게나 인권은 보장되어야 한다.

유네스코 한국위원회는 인권을 "인간이 사회생활을 영위하면서 마땅히 누려야 할 권리로 인간이 세상에 태어나 성장하면서 바라는 것, 희망하는 것, 요구하는 것들을 권리의 개념으로 승화시킨 것"이라 정의했다(유네스코한국위원회, 2000). 이런 맥락에서 한 사회가 향유하는 인권의 조건을 2가지 측면에서 살펴볼 수 있다. 첫째는 누가 그 사회의 '인간'이냐는 것이며, 그다음으로는 그 '인간'이 가지는 기본적 권리, 그 최소한의 보장이 어느 정도냐는 것이다.

인권의 역사에서도 흔히 아동·청소년은 가장 뒤늦게 등장한 권리 주체 중 하나로 일컬어진다. 아동과 청소년을 '보호의 대상'이 아닌 '자기결정의 주체'로, '복지 시혜의 대상'에서 '정의로움(justice)을 요구하는 주체'로 분명하게 규정하기 시작한 유엔아동권리협약은 1989년에야 채택되었다. 유엔아동권리협약은 '보호의 대상자와 권리의 주체'로서의 아동·청소년에 대한 인식변화를 촉구한다. 그러나 아직까지도 대다수 사회에서 아동에 대한 지배적인 관점은 보호주의에 머물러 있다. 아동·청소년의 위치는 여전히 사회적 약자이다. 사회적 약자들이 처한 일반적 조건은 자신의 '목소리'를 갖지 못한 채 타인에 의해 대변되어야 할 존재로 인식되며, 자신의 권리를 옹호할 수 있을 만큼 세력화하기 힘들다는 데 있다.

2) 아동·청소년 인권 발달 역사

인권의 역사에서 아동은 항상 부모나 성인의 시각에서 보호의 대상인 동시에 통제의 대상이었다. 인권이 침해될 가능성이 높음에도 불구하고 미성숙성, 의존성, 불완전한 의사능력과 선거권 부재 등의 이유로 아동·청소년의 권리 침해에 대한 관심은 부각되기 어려웠다.

(1) 제네바선언 (1924)

아동·청소년 인권의 암흑기라 할 수 있는 19세기에 산업혁명이 가속화하면서 노동력이 부족해지자 아동과 청소년에 대한 노동착취가 빈번히 일어났다. 이에 대한 비판의 목소리가 커지면서 가혹한 노동으로부터 보호받을 수 있는 아동의 권리가 최초로 인정받는 계기가 마련되었다. 독일에서는 1839년 프로이센 조례에 공장 청소년근로자에 대한 조항이 도입되었고, 1891년 〈근로보호법〉, 1903년 〈아동보호법〉이 제정되어 모든 아동·청소년의 노동착취를 금지하는 법이 등장하였다. 사실 이러한 일련의 조치들은 아동·청소년이 정상적으로 발달해야만 한다는 아동·청소년의 발달권을 보호하는 제도라 할 수 있다.

이후 1914년에 제1차 세계대전이 일어나 많은 생명을 앗아 갔으며 특히 아동이나 여성 등 사회적 약자들이 입은 피해는 심각했다. 이 전쟁이 끝난 후 두 번 다시 이런 참화를 일으키는 일이 없이 평화적 사회를 지속하고 발전시키자는 사람들이 결의하여 1920년 국제연맹이 결성되었다. 국제연맹은 1924년 9월 26일 제5차 총회에서 '아동의 권리에 관한 제네바선언'을 채택했다. 인권사상의 발전에 힘입어 아동의 권리가 최초로 공식 문서화되었다.

제네바선언은 에글렌타인 젭(E. Jebb, 1876~1928)[1]에 의해 탄생했다. 에글렌타인 젭은 제1차 세계대전 당시 수많은 어린 생명이 부모에 의해 목숨이 끊어지는 것을 보고 어린 생명이 부모의 소유에 있지 않다는 것을 알리고자 하였다.

제네바선언 전문과 조항

제네바선언은 "모든 나라의 남녀와 인류가 아동에 대하여 최선의 것을 주어야 할 의무를 진다는 것을 인정하고, 인종·국적 또는 신념에 대하여 어떠한 사유에도 관계없이 모든 아동에게 다음과 같은 사항을 보장할 것을 선언하고 또한 자기의 의무로서 수락한다"고 기본이념을 적시하였다. 5개 조항의 내용은 다음과 같이 요약된다.

제1조. 아동에게 정상적인 발달에 필요한 수단을 물질적으로도 정신적

---

1) 1919년 당시에 유럽은 제1차 세계대전이 끝난 지 얼마 안 된 시기였기 때문에 모두가 가난에 시달렸고, 패전국이었던 독일과 오스트리아는 기근에 빠져서 상황이 더 심각했다. 거기서 아이들이 겪은 참상을 본 에글렌타인 젭은 구호 기금을 모아서 도와주기로 결심한다. 그는 잔뜩 굶어 영양실조에 걸린 6살 여아의 사진이 담긴 전단지를 광장에서 배포했다가 전시 국토방위법에 걸려 체포도 당한다.

러시아 구호활동이 거의 마무리되어 가던 1923년, 기금은 급격히 줄어들고 있었고 그녀는 아동의 권리에 대한 문제로 화제를 돌렸다. 제네바로 간 에글렌타인은 어린이에게 생존, 보호, 발달, 참여의 권리가 있음을 천명한 선언문의 초안을 가지고 국제연맹과 회의를 가지게 된다. 그 결과 국제사회는 의무적으로 어린이의 권리를 모든 정책의 중심으로 해야 한다고 주장하는, 짧지만 소중한 문서가 탄생했다. 이 아동권리선언문은 이듬해 국제연맹에 의해 채택되어 제네바선언문으로 알려졌으며, 나중에 유엔아동권리협약의 기반이 된다.

으로도 주어져야 한다.

제 2조. 아동은 기아나 질병으로부터 보호되어야 하며, 지체나 비행에 빠져 있는 아동은 그 회복과 갱생을 위하여 도움을 받아야 한다. 또한 집 없는 아동에게는 주거가 주어져야 한다.

제 3조. 아동은 재난 시 가장 먼저 구제되어야 한다.

제 4조. 아동은 모든 형태의 착취로부터 보호되어야 한다.

제 5조. 아동은 그 능력을 널리 인류동포를 위하여 바칠 수 있도록 길러져야 한다.

제네바선언이 "아동에게 최선의 것이 주어져야 한다"라고 명시한 것은 매우 중요하다. 이러한 관점은 이윽고 '아동의 권리선언'(1959)에 계승되고 결국 '아동의 권리협약'(1989)에까지 계승되었다.[2] 그러나 이 제네바선언 제 2조를 보면 분명히 알 수 있듯이 이 선언은 아동을 권리의 주체로 보기보다는 차라리 일반적으로 불리한 조건에 처한 아동에게 특별한 보호를 보장하려는 성격이 강하다. 즉, 이 선언은 아동

---

2) 1924년 제네바선언과 1989년 아동권리협약이 채택되기까지의 변화
  • 19세기 산업혁명: 아동·청소년 노동 착취
    - 1839년 프로이센 조례
    - 1891년 〈근로보호법〉 제정
    - 1903년 〈아동보호법〉 제정
  • 1914년 제 1차 세계대전
  • 1920년 국제연맹 결성
    - 1924년 9월 26일 제 5차 총회에서 제네바선언 채택
  • 1959년 아동권리선언
  • 1989년 아동권리협약

의 생존을 위한 최저보장기준의 확보를 목적으로 했다고 할 수 있다. 아동의 권리는 이 선언을 시작으로 국제적 무대에 오르기 시작하였다.

(2) 세계인권선언 (1948)

국제적 인권기준과 체계의 발전은 1948년 세계인권선언 채택을 계기로 본격화되었다. 이 선언은 인간이라는 이유로 가지는 존엄과 권리에 대한 최소한의 보편적 기준들을 구체적으로 목록화한 것으로, 시민적·정치적 자유부터 경제적·사회적·문화적 권리까지 다양한 인권내용들을 포괄할 뿐 아니라 권리향유를 위한 국제적 구조, 인권보호에 관한 공동체의 의무도 담고 있었기에 이후 이를 토대로 인종차별, 자유권, 사회권, 고문, 여성, 이주노동자, 장애인, 강제실종 등 다양한 분야의 국제 인권조약들이 발전될 수 있었다.

세계인권선언에 있는 아동 관련 규정으로는 제16조 제3항에서 가정의 보호, 제25조 제2항에서는 모자의 보호, 제26조 제1항에서 교육받을 권리와 무상교육제도를 규정하고 있으며, 제26조 제3항에서는 "부모는 자녀에게 제공되는 교육의 종류를 선택함에 있어 우선권을 갖는다"라고 명시하고 있다.

(3) 아동권리선언 (1959)

유엔총회에서는 1959년 전문 10조로 된 세계아동권리선언(UN Declaration on the Rights of the Child)을 공포하였다. 이 선언은 전문과 10개 조항의 본문으로 구성되었는데, 아동을 단순한 구제나 보호의 대상이 아니라 처음으로 인권을 가진 자유의 주체로 파악하려 했다는 점에

서 아동인권선언 사상 획기적인 진전으로 평가될 수 있다. 이러한 시도
는 아동의 참여권을 기초하는 중요한 의미를 지니고 있다. 이 선언은
1924년의 제네바선언과 세계인권선언, 그리고 유네스코와 유니세프
등 국제기구가 발표하는 모든 문서에서 필요하다고 인정되었던 아동에
대한 보호조치를 총괄하였다. 즉, 제네바선언과 비교할 때 이 선언은
이름과 국적 취득권, 적절한 영양·주거·의료의 혜택을 받을 권리,
심신 장애아의 특수교육과 보호, 의무교육과 여가, 학대·방임·고용
으로부터 보호받을 권리 등 한층 상세하고 넓은 관점에서 그 내용이 확
대·개선되었다(한국청소년정책연구원, 2010).

(4) 유엔아동권리협약 (1989)

두 차례의 세계대전으로 전쟁터에 끌려가 사망한 아동과 함께 수많
은 고아들이 비참하게 거리를 배회하는 현실이 발생했고, 제1차 세계
대전 이후 설립된 국제연맹에 의해 '여성 및 아동의 인신매매 금지를
위한 국제협약'(1921), '아동의 권리에 관한 제네바선언'(1924), '노예
폐지협약'(1926) 등과 같은 아동보호에 관한 각종 협약 및 선언이 나
타났다. 하지만 당시 '아동의 권리에 관한 제네바선언'에는 제목과 달
리 아동의 '권리'(*right*)라는 용어가 사용되지 않았고, 아동의 권리는
곧 아동에 대한 보호라는 공식으로 인식됨과 동시에 선언의 구속력 부
재로 아동권리보장에 큰 영향을 미치지는 못하였다.

이는 제2차 세계대전 이후 보다 구체화된 내용을 담은 아동인권선언
(1954)에서도 마찬가지였으며 이러한 문제점은 1980년까지도 지속되
었다. 이에 유엔은 1975년에 청소년의 3가지 주요영역을 참여(*partici-*

pation), 발달(*development*), 그리고 평화(*peace*)로 정하고 각 영역의 증진을 위한 지침을 개발하였다. 그리고 1979년 '국제 아동의 해'를 통해 아동의 인권 실현을 촉진하기 위하여 아동권리에 대한 협약의 초안 제정을 위한 추진위원회를 구성함으로써 유엔의 '아동권리에 관한 국제협약' 채택에 결정적 계기를 마련하였다.

아동의 권리를 '구제'(*salvation*) 내지 '보호'(*protection*)로 보던 시각은 점차 아동 역시 하나의 인격체로 권리의 주체가 될 수 있다는 인식으로 확대되었고, 유엔은 1985년 '청소년의 해'를 선포하고 이어서 1989년 '아동의 권리에 관한 국제 협약'을 선포하기에 이르렀다. 결국 1989년 아동을 권리 주체로 인정하면서 법적 구속력이 있는 포괄적인 아동 권리를 보장한 유엔아동권리협약이 탄생했다(한국법제연구원, 2013). 이 협약은 1966년 제21차 총회에서 채택된 국제인권규약에 〈경제적·사회적·문화적 권리에 관한 국제규약〉(A규약) 및 〈시민적·정치적 권리에 관한 국제규약〉(B규약)에 규정되어 있는 권리를 아동에 대해 광범위하게 규정한 것이다(한국청소년정책연구원, 2010).

2. 우리나라의 아동 · 청소년 인권 발달

과거 우리 사회에서 아동의 위치는 높지 않았다. 유교사상의 지배를 받던 시대 삼강오륜(三綱五倫) 덕목 중 하나인 장유유서(長幼有序)는 본래 어른과 아이 사이에 지켜야 할 관계에 관한 덕목으로, 연장자가 연소자를 사랑하고 연소자는 연장자를 존경하되 순서에서는 연장자가 우선한다는 것이다. 사회에 뿌리 깊이 박혀 있던 유교사상은 연장자를 무조건 우선시한 나머지 연소자인 아동의 인격을 존중하지 않는 현상으로 해석됐고 그 본질 또한 부정적으로 왜곡되는 경우가 많았다.

성인 중심의 차별적 아동관은 동학사상의 영향으로 큰 변화를 맞게 됐다. 동학사상은 어린이를 인격을 가진 독립된 존재로 인정했을 뿐 아니라 성인과 대등한 능력을 지닌 존재로까지 여겼다. 또 연령에 따른 차별은 불평등한 것이라 보고, 태아까지 한 인격체로 존중할 것을 강조했다. 하지만 동학사상의 출현으로 뿌리 깊은 아동관이 순식간에 변화된 것은 아니다. 아동은 여전히 차별대우를 받았다. 근대에 들어 어린이의 권리에 대해 목소리를 높인 대표적 인물은 소파 방정환 선생 이다. 그는 동학의 아동존중사상을 창조적인 어린이운동으로 계승·발전시켰다. 우리나라에서 '어린이'라는 말이 처음 사용된 것도 1921년 방정환 선생에 의해서다. 방 선생은 "어림(幼)은 크게 자라날 어림 이요, 새로운 것을 지어 낼 어림"이라고 인식하며 어린이의 잠재된 발달 가능성에 주목했다(청소년위원회·한국청소년개발원, 2005).

1) '아동의 권리 공약 3장' 선포

한국에서 처음 아동의 권리를 선언한 것은 제네바선언(1924)보다 한 해 앞선 1923년이었다. 당시 우리는 주권을 일본에 빼앗긴 가운데에서도 민족의 새싹인 어린이를 사랑하고 씩씩하게 키우기 위하여 어린이날을 제정하였다. 바로 그해 5월 1일 어린이날 기념식장에서 소년운동협회 가 소년운동선언에서 '아동의 권리 공약 3장'[3]을 선포하였다. 아동의 권리 공약 3장은 어린이에게 완전한 인격적 예우를 하고, 14세 이하 어린이의 노동을 폐지하며, 어린이가 배우고 놀 수 있는 가정 또는 사회적 시설을 만들도록 역설한 것이다. 이는 우리나라 최초의 아동권리선언일 뿐만 아니라, 세이브더칠드런(International Save the Children)의 창시자인 영국의 젭(E. Jebb) 여사의 아동권리선언과 같은 해에 공포되었다는 점에서도 의의를 찾을 수 있다.

2) 아동과 청소년 관련 헌장

공약 3장의 내용은 이후 어린이헌장(1957)으로 이어졌다. 어린이헌장은 "어린이는 나라와 겨레의 앞날을 이어 나갈 새 사람이므로 그들의 몸과 마음을 귀히 여겨 옳고 아름답고 씩씩하게 자라도록 힘써야 한다"는 전문에서 볼 수 있는 바와 같이, 어린이를 미래의 주인공으로 상정하고 있음을 알 수 있다. 또한, "어린이는 인간으로서 존중하여야 하며 사회의 한 사람으로 올바로 키워야 한다"(제1조)는 표현에서처럼 어린이는 인격체이지만 여전히 양육의 대상이란 제한된 시각에 바탕을 두고 있음을 알 수 있다. 그러나 어린이헌장은 제네바선언, 아동의 권리

---

3) 방정환의 아동의 권리 공약 3장
- 어린이를 재래의 윤리적 압박으로부터 해방하여 그들에 대한 완전한 인격적 예우를 허하라.
- 어린이를 재래의 경제적 압박으로부터 해방하여 만 14세 이하의 그들에 대한 무상 또는 유상의 노동을 폐하라.
- 어린이에게 그들이 고요히 배우고 즐거이 놀 만한 각양의 가정 또는 사회적 시설을 행하라.

공약 3장, 그리고 세계 아동의 권리 선언을 종합하여 구성됨으로써 한국 아동의 권리도 국제적인 수준에 맞추려 시도했다는 데 그 의미가 있다. 이러한 어린이헌장을 통한 한국에서의 아동의 권리에 대한 국제적 시도는 청소년의 권리 부분에도 영향을 주어 청소년헌장을 선포하게 하였고 청소년의 인권에 관한 과제를 안겨 주었다. 청소년헌장은 1990년 제정되었고 1998년 전면 개정되었다.

최근 정부는 대한민국 아동권리헌장(2016)을 제정 발표하기도 하였다. 이 아동권리헌장은 전문과 9개 조항으로 이루어졌고, 아동들이 겪고 있는 위기에 주목해 학대 등으로부터 보호받을 권리, 놀 권리, 표현의 자유와 참여, 상상과 도전, 창의적 활동 등을 비중 있게 다루었다.

대한민국 아동권리헌장 (2016)

모든 아동은 독립된 인격체로 존중받고 차별받지 않아야 한다. 또한 생명을 존중받고 보호받으며, 발달하고 참여할 수 있는 고유한 권리가 있다. 부모와 사회, 국가와 지방자치단체는 아동의 이익을 최우선적으로 고려해야 하며, 다음과 같은 아동의 권리를 확인하고 실현할 책임이 있다.

1. 아동은 생명을 존중받아야 하며 부모와 가족의 보살핌을 받을 권리가 있다.
2. 아동은 모든 형태의 학대와 방임, 폭력과 착취로부터 보호받을 권리가 있다.
3. 아동은 출신, 성별, 언어, 인종, 종교, 사회·경제적 배경, 학력, 연령, 장애 등의 이유로 차별받지 않을 권리를 가진다.

4. 아동은 개인적인 생활이 부당하게 공개되지 않고 보호받을 권리가 있다.

5. 아동은 신체적·정신적·사회적으로 건강하게 성장하고 발달하는 데 필요한 기본적인 영양, 주거, 의료 등을 지원받을 권리가 있다.

6. 아동은 자신이 살아가는 데 필요한 지식과 정보를 알 권리가 있다.

7. 아동은 자유롭게 상상하고 도전하며 창의적으로 활동하고 자신의 능력과 소질에 따라 교육받을 권리가 있다.

8. 아동은 휴식과 여가를 누리며 다양한 놀이와 오락, 문화·예술활동에 자유롭고 즐겁게 참여할 권리가 있다.

9. 아동은 자신의 생각이나 느낌을 자유롭게 표현할 수 있으며, 자신에게 영향을 주는 결정에 대해 의견을 말하고 이를 존중받을 권리가 있다.

3. 아동·청소년 인권 상황의 변화 양상

1) 아동·청소년 정책 및 학생 인권 조례의 제정 등

1991년 우리나라가 유엔아동권리협약을 비준하여 협약 당사국이 되면서 우리나라의 아동·청소년정책은 권리보장의 관점에서 재정비되었다. 〈아동복지법〉과 〈청소년기본법〉 등은 협약에 명시된 차별금지 원칙과 아동 최선의 이익 원칙을 기본이념으로 규정하였고, 2015년 수립된 '제1차 아동정책기본계획'과 5차례에 걸친 '청소년 육성 5개년 기본계획'을 계기로 '청소년 인권 신장과 자율·참여'가 주요정책

이념으로 제시되는 등 획기적인 전환이 이루어졌다. 또한 사회구성원으로서 아동·청소년의 시민권 보장을 위한 정책이 추진됨에 따라 '청소년 참여위원회' 등 청소년 정책참여기구가 만들어지고 청소년이 정책에 직접 참여·평가하는 시스템을 갖추게 되었다.

2010년 경기도를 시작으로 한 학생인권조례의 제정 역시 우리나라 아동·청소년 인권 상황의 변화를 보여 주고 있다. 학생인권조례 추진은 우선적으로 우리 헌법과 교육 법령 및 유엔아동권리협약 등 국제 인권규범이 보장하는 학생의 인권을 구체화하는 것이다. 아울러 학교에서 학생의 인권이 제대로 보장받고 있지 못한 현실을 성찰하여, 소통과 나눔 속에 학생 인권이 존중되는 행복한 학교, 학생도 교사도 가고 싶은 학교를 만들기 위한 첫걸음으로 조례를 추진하고 있다. 해외의 경우에도 학생의 인권을 보장하는 제도적 장치가 마련되어 있는데, 미국에는 학생자치권과 인권을 보장하는 공동학칙의 사례가 있고 주에 따라 학생인권법을 제정한 곳도 있다. 프랑스는 초등학생이 학교협의회에 참여하며 일본의 경우 여러 자치단체에서 아동권리조례를 제정하고 있다.

학생인권조례는 경기도(2010), 광주(2011), 서울(2012), 전북(2013) 등 4곳에서 제정돼 시행되고 있다. 이들 교육청 학생인권조례는 체벌 금지, 야간자습과 보충수업 강요 금지, 사생활과 개인정보 보호권, 차별받지 않을 권리, 소수자 학생 권리, 건강 및 급식, 학교 복지, 교육환경, 문화활동, 징계 등 절차에 관한 권리 등의 내용을 담고 있다. 특히 이러한 학생인권조례는 몇십 년 동안 갇혀 온 학생 인권에 대한 사회적 관심을 촉발하고 있으며, '사랑의 매'라고 칭해져 온 체벌이 금지되는 변화를 이끌어 내고 있다.

2) 아동 · 청소년 인권에 대한 인식의 변화

우리나라는 아동권리협약에 비준한 이후 아동과 청소년의 개념 및 정책에 대한 인식의 중요한 변화를 맞이하였다. 즉, 아동이 단지 작은 어른 혹은 약자로 보호받아야 한다는 소극적 의미에서 아동도 한 인간으로서 존엄성을 가지며 그 권리가 존중되어야 한다는 적극적 인식으로 전환되었다.

(1) 아동과 청소년: 보호의 대상에서 권리의 주체로

아동과 청소년에 관한 국가의 기본인식은 단순한 보호의 차원에서 점차 권리의 인정과 수용 및 보장의 방향으로 변화되었다. 자유방임주의에서는 아버지의 권리옹호를 통하여, 국가부권주의에서는 아동보호를 우선으로, 가족중심주의에서는 생물학적 부모의 권리를 우선으로, 그리고 아동권리주의에서는 아동과 청소년의 권리보호를 우선으로 하는 국가정책이 이루어졌다. 아동과 청소년을 권리의 향유자이자 주체로 보는 아동권리주의가 출현하게 된 20세기 이전까지 오랜 세월 동안 아동과 청소년은 국가로부터 보호받아야 하는 정도로만 여겨졌다.

(2) 국가정책 방향의 전환:
보호 대상 중심에서 모든 아동 · 청소년 대상으로

20세기 들어 복지국가가 출현하고 가족중심주의적 이념과 아동권리주의가 출현하기 전까지 아동과 청소년에 대한 국가의 방향은 요보호아동 및 청소년 중심이었다. 가족에서 이탈된 청소년이나, 가난한 아동, 부모가 없는 아동 등 국가의 보호 없이는 생존할 수 없는 요보호 대상자 중심의 정책에서 점차 모든 아동을 대상으로 하는 국가의 지지적 개입(가족중심주의)과 아동권리의 보호(아동권리주의)가 강조되었다. 다양한 상황에 놓인 모든 아동을 고려해 그들의 최선의 이익을 보장하고, 성인과 같은 인권을 지닌 국가의 당당한 구성원으로서 아동과 청소년을 보게 된 것이다.

(3) 아동과 청소년의 권리보호의 책임: 가족의 책임에서 가족과 국가 책임의 조화로

아동과 청소년에 관한 국가의 이념적 방향은 자유방임주의, 국가부권주의, 가족중심주의 모두에서 가족의 책임을 강조한다. 국가부권주의에서는 기본적으로 부모가 그 역할을 수행하고, 부모가 부모역할을 제대로 못할 경우에만 국가가 그 역할을 대신한다. 가족중심주의에서도 부모가 부모로서의 책임을 수행하는데 국가가 지원하는 것으로 내용상의 변화만 있을 뿐이다. 그러나 아동권리주의에서 국가는 경우에 따라 부모를 지원하고, 다른 경우에는 부모의 권리를 제한한다. 아동과 청소년의 권리보호를 위해 그 책임을 부모와 공동으로 지지만, 가족의 책임을 감시하고 관리하는 역할은 곧 국가가 제도를 통해서 할 수 있다는 것이다.

활동해 보기

1. 세계인권선언
- 세계인권선언 중 아동·청소년의 인권과 관련 있는 내용을 찾아보자.
- 세계인권선언이 있음에도 불구하고 아동권리협약이 별도로 마련된 배경에 대해 토론해 보자.

2. 유엔아동권리협약
- 유엔아동권리협약이 탄생하기까지의 과정을 정리해 보자.
- 유엔아동권리협약이 탄생하기까지 세계사적인 변화가 무엇이었으며, 이러한 변화가 아동·청소년의 삶에 어떠한 영향을 미쳤을지 생각해 보고 이 내용을 정리해 보자.

3. 마무리 활동
- 청소년헌장과 청소년 정책을 알아보고 이것이 나 개인의 생활에 어떠한 영향을 미칠 수 있는지에 대하여 토론해 보자.
- 아동·청소년이 '보호의 대상자'이면서 '권리의 주체자'라는 의미가 실제로 무엇을 의미하는지 토론해 보자.

제 2 장

아동·청소년의 권리와 아동권리협약

아동학대 재판마다 찾아다니는 나 홀로 법원 감시 '서연이 엄마'

"피고인을 징역 7년형에 처한다." 지난 24일 서울남부지법 법정. 부장판사의 선고가 끝나자 두 여성이 눈물을 흘렸다. 한 사람은 지난해 9월 생후 53일의 딸을 찜솥에 넣어 익사시킨 피고인 김모(42) 씨였고, 다른 한 사람은 방청석에 있던 서혜정(48) 씨였다. 서 씨는 아동학대 관련 재판이 열리는 전국의 법정을 찾아다닌다. 검찰과 법원이 아동학대 사건을 소홀히 다루는지를 감시하며 취재원과 제보자 역할을 하고 있다.

  서 씨는 2013년 아이 돌보미 정모(54) 씨의 폭행으로 7월 늦둥이 딸 서연이(5)를 잃을 뻔했다. 서 씨는 정 씨의 폭행 자백이 담긴 녹음파일을 챙겨 경찰서로 갔다. 그런데 담당 형사는 "고소해 봐야 벌금형 정도로 끝나니 합의해 주고 병원비라도 챙기라"고 했으며, 한 달여 뒤 사건을 넘겨받은 검찰은 '구타에 의한 중상해'라는 의사 소견서를 보고도 구속 수사를 하지 않았다.

출처: 〈중앙일보〉(2016.3.28).

1991년 유엔아동권리협약을 비준한 이래 우리 사회는 아동권리라는 사회적 인식의 확산과 아동권리보장을 위한 법과 정책의 개선을 위해 노력했다. 그러나 아동·청소년을 바라보는 시각은 아직도 아동을 부모의 소유물이라는 인식에서 벗어나지 못하고 있으며, 한편으로는 아동 자신이 생명의 위협으로부터 보호받아야 하는 독자적인 인권을 소유하고 있다는 것을 인식하지 못하는 경우도 있다.

이 장에서는 유엔아동권리협약을 통해 아동·청소년의 인권에 대한 인식을 확고히 하고 인권 침해를 예방하기 위한 방안을 다루고자 한다.

1. 유엔아동권리협약과 아동·청소년의 인권

유엔아동권리협약(이하 '협약')의 국제적 의의는 권리주체로서 아동관을 정립하고, 이에 따라 아동을 대하는 방법과 자세, 양육, 제도 및 정책 방향의 기본이념을 정한 것이다. 협약의 기본이념은 차별의 금지, 아동의 최우선의 이익, 생명 존중, 아동 의견 존중으로, 이러한 아동 권리의 이념 실현은 궁극적으로 인류의 존속과 평화사회를 추구함으로써 인류적 과제를 책임진다고 볼 수 있다. 또한 개발도상국 아동지원과 국제협력을 추진함에 있어 협약은 국제지원의 법적 근거가 되며, 각 국가에 이러한 활동을 촉진시키는 환경조성에 공헌하고 있다.

협약은 국내 현안에도 많은 영향을 미치고 있다. 학교폭력, 아동학대, 빈곤 등 아동의 권리침해에 대한 구제 및 예방에 있어 협약은 문제 해결의 주체로서 아동·청소년을 상정하는 데 기여하고 있다.

1) 유엔아동권리협약의 이해

(1) 유엔아동권리협약의 비준

우리나라는 1990년 9월 25일 협약에 서명하고, 1991년 11월 20일 비준하여 협약의 당사국이 되었으며, 그 국내적 효력은 1991년 12월 20일부터 지금까지 지속되고 있다. 이 협약은 국제법으로서 가입한 당사국들을 구속한다. 그러므로 협약의 당사자로서 우리나라는 동 협약에 규정된 권리들을 실현하기 위하여 모든 입법적, 행정적 및 여타의 적절한 조치를 취할 의무를 부담하게 되었다.

협약 이행 여부는 유엔아동권리위원회(the United Nations Commit-

〈그림 2-1〉 유엔아동권리위원회 보고서 제출과정

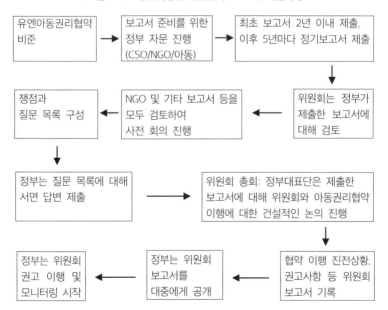

tee on the Rights of the Child) 로부터 심의받는다. 협약 가입 이후 우리나라는 아동·청소년의 권리신장을 위하여 관련 법률과 제도를 정비하고 개선하는 노력을 기울였고, 그 결과가 담긴 국가이행보고서를 유엔아동권리위원회에 주기적으로 제출하고 있다. 우리나라는 1994년 제1차, 1999년 제2차 국가보고서를 제출하여 심의를 받았으며, 2008년에는 제3차 및 제4차의 통합보고서를 제출하고 그에 대한 개선 권고를 받았다. 2017년에는 제5차 및 제6차의 통합보고서를 제출해야 한다.

(2) 유엔아동권리협약의 내용

① 구성

협약은 전문과 54개 조항(총 3부)으로 되어 있으며, 제1부는 제1조에서 제41조까지, 제2부는 제42조에서 제45조까지, 제3부는 제46조에서 제54조까지 구성되어 있으며, 그 내용은 〈표 2-1〉과 같다.

특히 제1부에서는 4가지 기본원칙과 4가지 기본권리를 기초로 세부적인 지침들을 제공하고 있는데 4가지 원칙은 무차별의 원칙, 아동 최선의 이익 원칙, 생존 및 발달 보장의 원칙, 참여의 원칙이며, 이 원칙은 협약의 각 조항과 관련한 정책 및 제도 등의 이행과정에 있어 반드시 고려되어야 할 요소이다. 4가지 기본권리는 생존권, 보호권, 발달권, 참여권을 말한다. 협약이 담고 있는 아동권리의 기본원칙 및 기본권리 내용은 구체적으로 〈표 2-2〉와 같다.

<표 2-1> 유엔아동권리협약 전문 구성 내용

구분	조항	내용
제1부	제1~41조	아동의 실제적 권리내용과 당사국의 아동보호의무를 명시
제2부	제42~45조	아동권리협약에 대한 당사국 내 이행을 확보하기 위한 절차로 국가보고제도와 아동권리위원회의 설치를 규정
제3부	제46~54조	회원국의 서명, 가입, 비준서 기탁, 개정, 유보 등에 관한 사항

<표 2-2> 아동권리협약의 기본원칙 및 기본권리

구분		내용
기본원칙	무차별의 원칙 (Non-discrimination, 제2조)	모든 아동은 부모님이 어떤 사람이건, 어떤 인종이건, 어떤 종교를 믿건, 어떤 언어를 사용하건, 부자건 가난하건, 장애가 있건 없건 모두 동등한 권리를 누려야 한다.
	아동 최선의 이익 원칙 (Best Interests of the Child, 제3조)	아동에게 영향을 미치는 모든 것을 결정할 때는 아동의 이익을 최우선으로 고려해야 한다.
	생존 및 발달 보장의 원칙 (Right to Life, Survival and Development, 제6조)	생애시기에서 특별히 생존과 발달을 위해 다양한 보호와 지원을 받아야 한다.
	참여의 원칙 (Participation Rights, 제12조)	책임감 있는 어른이 되기 위해 아동 자신의 능력에 맞게 적절한 사회활동에 참여할 기회를 가지고, 자신의 생활에 영향을 주는 일에 대하여 의견을 말할 수 있어야 하며 그 의견을 존중받을 수 있어야 한다.
기본권리*	생존권 (Right to Survival)	적절한 생활수준을 누릴 권리, 안전한 주거지에서 살아갈 권리, 충분한 영양을 섭취하고 기본적인 보건서비스를 받을 권리 등. 기본적인 삶을 누리는 데 필요한 권리 (ex. 깨끗한 공기와 음식, 안전한 장소, 아프면 치료받을 수 있는 권리)
	보호권 (Right to Protection)	모든 형태의 학대와 방임, 차별, 폭력, 고문, 징집, 부당한 형사처벌, 과도한 노동, 약물과 성폭력 등 아동에게 유해한 것으로부터 보호받을 권리 (ex. 괴롭힘, 정서적 혹은 성적 학대, 전쟁 등으로부터 보호받을 권리)

<표 2-2> 계속

구분		내용
기본 권리*	발달권 (Right to Development)	잠재능력을 최대한 발휘하는 데 필요한 권리로, 교육받을 권리, 여가를 즐길 권리, 문화생활을 하고 정보를 얻을 권리, 생각과 양심과 종교의 자유를 누릴 권리 (ex. 교육을 받고, 문화생활을 누리고, 자유롭게 뛰어놀 수 있는 권리
	참여권 (Right to Participation)	자신의 생활에 영향을 주는 일에 대하여 의견을 말할 수 있어야 하며 그 의견을 말하고 존중받을 권리로, 표현의 자유, 양심과 종교의 자유, 의견을 말할 권리, 평화로운 방법으로 모임을 자유롭게 열 수 있는 권리, 사생활을 보호받을 권리, 유익한 정보를 얻을 권리 등 (ex. 생각, 양심, 종교적 자유, 의견을 갖고 지역사회와 문화 속에 참여할 권리)

* 생존, 보호, 발달, 참여의 4개 권리 유형은 독립적이지 않고 서로 연계되어 있음.
출처: 유니세프한국위원회(http://unicef.or.kr/crc)(검색일: 2016.10.9).

② 아동의 정의

협약 제 1조는 아동(*child*)을 '18세 미만의 모든 사람'으로 정의하고 있다. 아동의 정의는 그들의 어떤 특별한 권리의 획득(예를 들면 선거권 등), 혹은 특별한 보호의 상실과 같은 문제로 인해 매우 예민하고 복잡한 문제가 될 수 있다. 협약은 이에 대해 명확하게 규정하고 있다. 구체적인 예를 들면 아동에 대한 사형 금지(*no capital punishment*)와 석방 가능성이 없는 종신형 금지(협약 제37조), 15세 미만 아동의 징병 혹은 적대행위에 직접참여 금지(협약 제38조), 고용금지연령 제한(협약 제32조) 등이다(황옥경 외, 2015).

협약은 각 국가들이 법률에서 최소연령(*minimum ages*)을 규정할 때, 협약의 기본원칙을 반드시 준수하도록 한다. 예컨대 아동 최선의 이익 원칙(협약 제3조), 생명권 및 생존 및 발달권(협약 제6조)에서 적용되어야 한다. 또한 아동의 능력발달[*evolving capacities*(협약 제5조)]에서뿐 아니라, 의무교육의 종결연령(협약 제28조), 근로가능연령(협약 제32조), 형사책임연령(협약 제40조) 등에서도 동일하게 적용되어야 한다. 국내법상 아동연령 규정은 〈표 2-3〉과 같다.

③ 유엔아동권리협약의 기본권리의 상호연관성

일부 아동권리 연구는 아동의 생존, 발달, 보호, 참여의 4가지 권리를 상호의존적인 시각에서 연계하지 않고 상호배타적으로 보고 실시하는 경향이 있다. 그러나 협약에서 명시한 4가지 아동권리는 서로 완전히 독립적이지 않다. 일례로 협약에서 일부 보호권은 생존권의 일부조항에서도 발견된다.

일반적으로 보호권을 규정하는 것으로 받아들이는 협약 제38조 '무력분쟁에서의 아동보호' 및 '아동무력충돌에 관한 선택의정서'에서 규정된 '아동의 군사력 동원 금지 및 난민아동의 보호, 아동과 청소년의 살인, 유아살해, 예방 가능한 아동 및 유아사망률' 등은 아동의 생존권과도 연계된다. 다른 한편 생존권도 생명권과 건강권같이 좁은 의미로만 해석되어서는 안 된다. 생명권뿐만 아니라, 생명을 유지하는 권리, 즉 적합한 생활을 누릴 권리 등도 포함한다. 이런 점에서 생존권은 질적인 측면에서의 생존권인 발달권과 밀접히 관련될 수 있다. 따라서 협약에서 제시되고 있는 건강(제24조), 교육(제28조 및 제29조), 영양, 물, 의복과 주거를 포함하는 적합한 생활수준(제27조), 사회보장(제26조) 및 휴식, 레저 및 여가(제31조) 등은 아동 생존권과 관련하여 매우 중요한 의미를 갖는다.

<표 2-3> 국내법상 아동연령 정의

용어		기준연령	대표적인 법률
아동		18세 미만	아동복지법
청소년		9~24세	청소년기본법
		19세 미만	청소년보호법
		연 19세 미만	대중문화예술산업발전법
		18세 미만	게임산업 진흥에 관한 법률, 영화 및 비디오물의 진흥에 관한 법률
아동 · 청소년		19세 미만	아동 · 청소년의 성보호에 관한 법률 (약칭: 청소년성보호법)
아동과 청소년		-	농어업인 삶의 질 향상 및 농어촌지역 개발촉진에 관한 특별법
연소자		-	헌법
미성년자		19세 미만	민법
		16세 미만	인체조직안전 및 관리 등에 관한 법률
형사 미성년자		14세 미만	형법
어린이		13세 미만	도로교통법
		18세 내지 19세 미만	어린이 식생활안전관리 특별법
		5세 미만 어린이	화장품법
소년	소년	19세 미만	소년법
	촉법소년	10세 이상 14세 미만	
	우범소년	10세 이상	
소년		15세 미만	근로기준법
영유아	영유아	출생 후 6년 미만	모자보건법
	신생아	출생 후 28일	
	6세 미만 취학 전		영유아보육법
유아		3세~초등학교 취학 전	유아교육법
장애영아		만 3세 미만	장애인 등에 대한 특수교육법
영아		24개월 이하	아이돌봄 지원법

출처: 황옥경 외(2015).

아동의 생존, 발달, 보호, 참여의 권리를 분리하여 독립적으로 연구하는 경향은 정책적 접근을 용이하게 할 수는 있으나 4개 아동권리 영역이 서로 독립적으로 존재한다는 등의 아동권리의 기본개념에 대한 심각한 오해를 가져올 소지가 있다. 더 나아가서는 아동권리 관련 정책이 별도로 개발되고 실행될 우려가 있어 정책의 분절화 및 효율성을 감소시킬 가능성이 있다. 이는 결국 우리나라 아동의 전반적인 생활상태 및 아동권리 보장 수준을 제대로 이해하는 데 걸림돌이 될 수 있다(이재연·황옥경·김효진, 2010).

2) 유엔아동권리위원회 권고사항 및 이행실태

가입국 정부는 협약이 정한 의무에 따라 가입 뒤 2년 안에, 그 뒤 5년마다 아동 인권상황에 대한 국가보고서를 제출해야 하며, 유엔아동권리위원회는 그 국가보고서를 심의해 아동 인권 보장의 장애요인을 분석하고 그 대안을 해당국 정부와 함께 모색해야 한다. 또한 유엔아동권리위원회의 국가보고서 권고사항은 그동안 우리나라에서 취한 후속조치와 성과, 기존 권고사항 중 미이행된 사항, 주요 권고사항 등으로 구성되어 있다.

우리나라는 그동안 협약이 정한 의무를 이행하기 위해 총 세 차례 국가보고서를 제출하고 심의를 받았다. [1]

---

1) 협약 제44조(국가보고서제출)에 의하여 가입국은 조문별 이행사항, 유엔아동권리위원회 권고 이행사항 등에 대한 보고서를 작성하여 유엔아동권리위원회에 제출하는 의무를 가진다. 우리나라는 협약 가입 이래 제1차 국가보고서(1994년 제출,

위원회는 아동 인권을 일반이행조치, 일반원칙, 시민권과 자유, 가정환경과 대안돌봄, 장애, 기초보건 및 복지, 교육, 여가 및 문화활동, 특별보호조치 등의 영역별로 주요사항을 권고하고 있다. 제3·4차 국가보고서 심의 결과를 요약하면 〈표 2-4〉와 같다.

그동안 우리나라는 협약비준국의 의무와 책임을 다하고 OECD 회원국으로서의 위상에 맞는 국제적 수준의 청소년 인권환경 조성을 위해 다양한 노력을 해왔으나 아직까지 국제적 수준에 이르지는 못한 것으로 평가받고 있다. 그러나 정부에서 협약을 이행하기 위해 꾸준히 노력하고 있으며, 현재 협약의 이념이 국내법에 반영되도록 지속적으로 관련 법을 제·개정하고 있다.

3) 선택의정서의 의미

선택의정서는 협약의 문제점을 보완하고, 아동의 보호와 권리 증진에 충분한 역할을 하기 위해 추가적으로 국가 간에 조약을 맺는 것을 말한다. 우리나라는 현재 제1·2선택의정서에 비준한 상태이다.

우리나라가 비준한 제1선택의정서는 전문을 통해 무력충돌이 아동에게 미치는 유해함과 광범위한 영향력을 우려하며, 무력충돌 상황에서 아동을 목표로 공격하는 행위와 학교나 병원처럼 일반적으로 상당수의 아동이 있는 장소 등을 직접 공격하는 행위가 지속되는 점을 규

1996년 심의), 제2차 국가보고서(2000년 제출, 2003년 심의), 제3·4차 국가보고서(2008년 제출, 2011년 심의)를 제출했고, 2017년 제5·6차 통합보고서를 제출할 예정이다.

<표 2-4> 3 · 4차 국가보고서에 대한 유엔아동권리위원회의 권고 (2011)

영역	권고사항	해당 문단
일반 이행 조치	• 유보조항 철회(아동의 상소권: 제40조 2항 b-v, 입양허가제 도입: 21조 a항) • 2개의 선택의정서 권고이행의 미흡 • 국제법과 국내법 조화의 미흡 • 국내법정에서 아동권리협약 적용 사례 미흡 • 아동정책조정위원회 활동 중단 • 아동의 인권 보호와 증진을 위한 국가행동계획 부재 • 독립적 아동 모니터링 기구의 부재 • 아동예산 미흡: 26개 OECD 회원국 중 하위 • 아동권리교육의 미흡 • 아동 관련 분야별 자료수집의 미흡 • 국제원조 부족 및 기업의 협약 적용 미흡	6~27
일반 원칙	• 취약계층 및 소수집단 아동 차별금지를 위한 조치 및 법안 제정 • 자살예방을 위한 구체적인 정책 및 조치 • 입법 · 행정 · 사법절차의 아동 최우선의 원칙 적용 • 아동의 의사 반영을 위한 법령 개정 및 조치	28~35
시민적 권리와 자유	• 체벌 피해아동이 체벌 사례 신고 가능 제도 필요 • 부모의 법적 지위와 상관없이 모든 아동의 출생신고 보장 위한 체계 도입 • 학교에서의 사상, 양심, 종교의 자유 보장 • 가정, 학교 및 모든 여타 기관에서 체벌 금지를 위한 법률 및 규정 개정 • 아동학대, 방임 및 학교폭력 보고체계 및 지원 강화	36~46
가정환경과 대안돌봄	• 서비스의 질, 대안돌봄 환경에 대한 평가와 점검 • 입양 관련 법 발효 사전 조치 및 헤이그협약 비준	47~50
장애, 기초보건 및 복지	• 일반 장애아동 교육 및 지원 강화 • 보건예산 증가 및 공공의료 지원체계 구축 • 정신건강 증진 위한 정책 및 종합서비스 개발 • 아동 · 청소년 건강 위한 교육, 캠페인 • 의무적인 아동복지 재원 배정 위한 법 개정 • 빈곤 감소와 모든 아동의 생활수준 향상 위한 프로그램 필요	51~61
교육, 여가 및 문화 활동	• 경쟁 및 폭력적 교육환경 개선, 여가 및 문화활동의 권리 보장 • 사교육에서 비롯되는 대학 진학 시 불평등 해소 • 학생 간 괴롭힘 방지, 특히 외국 출신 아동에 대한 특별한 관심이 필요	62~63

영역	권고사항	해당 문단
특별 보호 조치	• 불법체류자 자녀를 포함한 이주아동의 출생 등록 • 미등록 이주아동의 교육권 보장 • 18세 미만 청소년의 근로조건 기준 엄격히 시행 • 아동 성착취 · 매매 처벌 및 예방, 지원 강화 • 2개 선택의정서에 따른 국내법 정비 • 국제기준 부합 소년사법제도 도입 • 성범죄 피해아동 법적 절차 개선	64~83

출처: 보건복지부 · 한국아동권리모니터링센터(2013).

탄한다. 또 무력충돌 시 15세 미만의 아동을 징집 또는 모병을 하거나 적대행위에 적극적으로 참여하도록 이용하는 행위가 전쟁범죄에 포함됨을 강조하며, 협약이 인정하는 권리와 이행을 더욱 강화하기 위하여 무력충돌 참여로부터의 아동보호를 확대할 필요성이 있음을 선포하였다. 특히 전문은 "이 협약의 목적상 아동이라 함은 18세 미만인 자 모두를 말한다"고 규정하며 군입대 가능 연령 및 적대행위 참여 연령을 상향하는 것이 아동의 최선의 이익을 위해 최우선적으로 고려되어야 한다는 원칙의 이행을 강조하고 있다.

제2선택의정서에 대한 논의는 협약 이후에도 아동 인신매매 · 성매매의 증가, 아동 성매수 관광 관행의 확산 그리고 아동노동자 중 특히 여자아동의 성착취 위험이 더 심각해짐에 따라 아동 성착취 근절을 위한 세계적 협력이 강화되어야 한다는 요청으로부터 시작되었다. 이에 유엔은 아동 인신매매 · 성매매 및 아동음란물에 대한 구체적 규제와 강력한 처벌, 국제적 공조와 피해아동 보호를 목적으로 하는 제2선택의정서를 채택하여 아동의 권리 보장을 보다 강화하였다.

협약과 제1·2선택의정서 채택 이후에도 아동의 권리침해 문제는 여전히 전 세계적으로 지속되었고, 대부분의 국가가 아동의 소송권을 제한하거나 아동친화성을 결여한 사법체제를 가지고 있기에 아동권리 침해에 대한 적절한 구제절차를 확보하는 데 어려움을 겪었다. 유엔은 2011년 12월 19일 협약상 개인청원절차에 관한 제3선택의정서를 채택하였다. 제3선택의정서에 따르면 아동권리 침해문제에 대해 당사국이 적절한 구제를 제공하지 못하거나 효과가 없는 경우 아동·아동집단 및 대리인은 아동권리위원회에 직접 청원할 권리를 가진다. 이는 아동의 권리주체성을 보장하고 아동권리에 실질적 효력을 부여함과 동시에 아동권리 문제에 관한 아동권리위원회의 국제 관할권을 확장함을 의미한다. 우리나라는 아직 이 의정서를 비준하지 않았다.

다음은 제1·2·3선택의정서의 간략한 설명이다.

제1선택의정서(Optional Protocol to the CRC on the Involvement of Children in Armed Conflict): 아동의 무력분쟁 참여 금지에 관한 선택의정서

제2선택의정서(Optional Protocol to the CRC on the Sale of Children, Child Prostitution and Child Pornography): 아동의 매매, 성매매, 포르노그래피에 관한 선택의정서

제3선택의정서(Optional Protocol to the CRC on a Communications Procedure): 아동의 개인청원에 관한 선택의정서

2. 유엔아동권리협약의 기본권리

1) 생존권

아동의 생존권 및 보호권은 아동의 생명유지와 안전한 발달을 위해 필수적인 것으로 기본권 중의 기본권이라고 볼 수 있다. 아동의 생존권, 보호권, 발달권, 참여권 이 4가지 아동권리가 어떤 질서나 순서를 갖고 발달해 나가는 것은 아니지만, 생존권이 아동의 존재 자체와 관련되고 심각한 위험에 노출된 아동의 발달적 위험을 고려한다면 생존권과 보호권은 발달권과 참여권에 우선할 수 있어야 한다. 특히 협약의 생존권에 포함된 생명권은 각 국제인권위원회에 의해 최상위의 인권으로 규정되고 있다. 생명권의 효과적인 보장 없이는 여타의 인권도 그 의미를 잃는다.

협약은 아동 및 청소년들이 누려야 할 모든 인권의 토대로 생명, 생존 및 발달에 관한 권리를 두 번에 걸쳐 구체적으로 언급했다. 우선 제6조는 생존권의 의미를 가장 분명하게 규정하는데 이 협약 가입국은 모든 아동이 고유의 생명권을 가지고 있음을 인정하고 가능한 한 최대한도로 아동의 생존과 발달을 보장하여야 한다고 정의한다. 이에 덧붙여 제24조에 규정한 4가지 일반 원칙에도 생존에 관한 권리가 포함되어 있다. 특히 생존에 관한 원칙에 대해서는 특별히 세부규칙까지 정의함으로써 이의 중요성을 반영하고 있다. 그 세부원칙이란 ① 영유아 사망률을 감소시킬 것, ② 모든 아동들에게 건강보장을 위해 필수적인 기초의료 지원을 보장할 것, ③ 영양실조 및 질병, 구체적으로는 적절한 영양소가 포함된 음식과 깨끗한 식수, 환경오염으로 인한 위험을 포괄하는 모든 위험요소와 싸울 것, ④ 산모의 산전·산후 건강을 관리할 것, ⑤ 사회구성원 모두가 아동에게 필요한 영양과 보건지식 수준을 향상시킬 것, ⑥ 아동의 예방적 건강관리를 위해 부모에 대한 지원을 강화할 것 등이다(한국청소년정책연구원, 2009).

사실 일반적인 인권선언이나 조약에는 생존권(*the right to survive*)이란 개념이 명시되지 않는 경우가 많다. 대신 삶에 대한 권리(*the right to life*)라는 보다 포괄적인 개념이 많이 사용된다. 왜냐하면 이 권리는 모든 권리의 기본이자 권리의 주체인 인간이라는 존재 자체의 근간이기 때문이다. 아동·청소년의 고유한 권리로서 생존권이 제기된 이유는 협약 당시 너무나 많은 아동과 청소년들이 예방 가능한 원인으로 죽어가고 있다는 현실적인 인식에 입각한 것이었다. 생존권은 또한 생명권보다 더 긍정적인 의미를 가지는 것으로 해석된다. 즉, 아동의 생명을 연장시키기 위한 긍정적인 조치를 취하는 권리를 의미하는 것이다.

이러한 맥락에서 생존권은 아동이 생명을 유지하고 최상의 건강과 요양급여를 받을 권리를 의미하는 것으로 영양가 있는 음식을 제공받고 가족과 사회로부터 보호를 받을 권리, 의료혜택을 받을 권리, 살아가는 데 필요한 기술을 익히고 교육을 받을 권리, 집과 양부모를 가질 권리, 생존은 물론 삶을 살아가는 데 필요한 훈련을 받을 수 있도록 도움을 받을 권리 등을 포함한다.

1982년 인권위원회는 생존권에 관한 일반논평을 통해 이 권리가 너무 편협하게 해석되어 왔음을 지적했다. '인간이 가진 고유의 생존권'을 보장하는 데 어떠한 제한이 있어서도 안 된다고 강조하며 생존권 보장을 위한 명확한 대책을 마련할 것을 촉구하였다. 이러한 맥락에서 인권위원회는 각국 정부가 영아사망률 감소와 기대수명 연장을 위해 모든 가능한 조치, 특히 영양실조와 전염병 퇴치 조치를 취할 것을 제안하였다.

출처: 인권위원회 일반논평 6(1982).

2) 보호권

생존권, 발달권, 참여권에 비해서 보호권은 협약의 내용이 포괄적이고 광범위하다. 협약은 아동의 성장을 위협하는 요인들과 이로 인해 아동이 입게 되는 위기의 결과를 보호권으로 규정하고 있다. 보호권의 포괄성은 존재할 수 있는 모든 종류의 위험과 위해요소로부터 아동을 보호함으로써 이들에 대한 권리 침해의 영향을 최소화할 수 있어야 한다는 의지의 반영이라고 볼 수 있다.

협약에서 보호권은 "모든 형태의 착취와 학대, 방임, 차별, 가족과의 인위적인 분리, 폭력, 고문, 징집, 부당한 형사처벌, 과도한 노동, 약물과 성폭력 등 유해한 것으로부터 보호받을 권리"로 규정되어 있다. 다시 말해 아동·청소년의 성장을 위협하는 요인들과 이로 인해 아동·청소년이 입게 되는 위기의 결과가 보호권의 내용으로 구성되어 있다. 아동·청소년을 위협하는 경제적 착취, 신체, 정서, 성학대, 방임과 유기, 전쟁, 혹사, 차별대우를 적시하고 있다. 이로 인하여 위법행위를 한 청소년, 돌봐 주는 사람이 없는 아동·청소년, 학대를 당하는 아동·청소년, 성적 상품이 된 아동·청소년, 거리의 아동·청소년, 재난을 당한 아동·청소년(전쟁, 자연재해로 인한 난민 아동) 등이 발달적 위기에 처하게 된다(한국청소년정책연구원, 2009).

3) 발달권

유엔은 1986년 발달에 관한 권리를 채택하였는데, 이 선언에서 발달권은 "능동적이고 자유롭고 의미 있는 발전에 대한 참여와 그것으로부터 발생하는 공정한 급여의 재분배에 대한 참여를 기반으로 하여 모든 개인과 완전한 인간의 복지에 대한 끊임없는 개선을 목적으로 하는 포괄적인 경제적·사회적·문화적·정치적 과정"으로 정의된다. 이 정의에 따르면 발달권은 기본적인 인권이자 양도할 수 없는 권리이고, 모든 인권과 기본적 자유가 완전히 실현되기 위해서는 경제적·사회적·문화적·정치적 발전에 대한 참여와 기여 그리고 향유에 대한 권리의 실현이 필수적이다(한국청소년정책연구원, 2009).

협약의 아동·청소년의 발달권 조항에 따라 아동·청소년 발달권 개념을 정의하자면 다음과 같다. 아동·청소년의 발달권은 모든 아동·청소년이 각자의 발달단계와 능력에 따라 국가 및 부모와 책임자들로부터 신체적·지적·정신적·도덕적·사회적 발달을 지원받을 수 있는 양육, 교육, 훈련, 건강보호서비스, 재활서비스, 정보서비스, 취업 준비, 여가활동, 기회균등 등의 기회를 보장받고 자신의 의사와 행동을 자유롭게 표현할 수 있는 권리라고 할 수 있다.

생존과 발달의 권리는 협약의 다른 조항, 즉 보건에 대한 권리, 적정한 영양 섭취의 권리, 사회적 안전과 적절한 삶의 수준을 누릴 권리, 위생적이고 안전한 환경에서 살 권리, 놀 권리 등의 조항(제24조, 제27조, 제28조, 제29조, 제31조)과 부모의 책임 및 이들에 대한 정부의 지원과 서비스를 명시한 제5조와 제18조 등이다. 아주 어린 시절부터 아동은 영양과 보건서비스, 질병 예방서비스를 제공받아야 한다.

출처: 유엔아동권리위원회, 일반논평 7(2005).

4) 참여권

협약의 아동·청소년의 참여권 조항에 따라 아동·청소년 참여권 개념을 정의하자면 다음과 같다. 아동·청소년의 참여권은 자신의 생각을 형성할 수 있는 모든 아동·청소년에게 제한적 경우를 제외하고 사상, 양심, 종교의 선택에 있어서나 모든 사상과 정보들의 표현과 소통에 있어서 자유로울 수 있는 권리인 동시에 이를 전제로 자신들의 결사와 평화적 집회의 자유를 가질 수 있는 권리라고 할 수 있다.

아동·청소년 참여권은 4가지 영역 중에서 가장 적극적인 인권의 영역이다. 행위의 주체가 주로 양육자나 국가기관인 생존권, 보호권, 발달권과는 달리 참여권은 아동·청소년의 적극적인 참여와 권리행사를 필요로 하기 때문이다. 아동·청소년의 참여는 관점에 따라 다양하게 정의될 수 있으나, 일반적으로 참여민주주의에서의 참여는 의사결정 과정에 영향을 주고자 하는 목적으로 이루어지는 행동이라고 본다. 아동·청소년의 참여권은 특히 시민권적 개념으로 이해할 수 있다.

청소년 임파워먼트(*empowerment*)도 청소년의 참여와 비슷한 개념으로 종종 쓰인다. 임파워먼트는 소외되고 힘이 미약한 사람이 자신의 능력을 인식하여 자기 삶에 영향을 주는 문제에 활발하게 참여하도록 하는 것이다. 즉, 자기 내부의 힘을 찾는 것이라 할 수 있다. 이러한 임파워먼트는 미래는 스스로 변화시킬 수 있으며, 자신을 둘러싼 환경도 자력으로 변화시킬 수 있다는 믿음을 심어 주고자 하는 것이다.

위원회는 의무교육 영역 내에서의 종교의 자유 보장에 관심을 가져 왔다. 위원회는 2001년에 발표한 '교육의 목표'에 관한 일반논평 제 1호에서 아동이 교문을 통과했다고 해서 그 인권을 잃는 것은 아니라는 점을 강조하고 학교에서의 아동의 참여권 존중의 중요성을 부각시켰다.

출처: 유엔아동권리위원회 일반논평 1(2001).

3. 국내 법·제도의 변화

1) 아동·청소년 관련 법

(1) 헌법

헌법은 최상위법으로 국민과 국가의 권리와 의무에 관한 기본사항을 규정하고 있다. 헌법에서 아동·청소년의 인권과 관련된 내용은 기본적 인권보장(제 10조)과 평등(제 11조), 교육받을 권리(제 31조), 연소자의 근로를 보호받을 권리(제 32조 제 5항), 복지권(제 34조 제 4항)과 관련한 조항이다. 구체적으로 살펴보면, 제 10조는 인간으로서의 존엄과 가치를 유지하고 행복을 추구할 권리를, 제11조는 성별·종교 또는 사회적 신분에 의하여 정치적·경제적·사회적·문화적 생활의 모든 영역에 있어서 차별을 받지 않을 권리를 명시하고 있다. 제31조는 모든 국민은 능력에 따라 균등하게 교육을 받을 권리(제1항), 모든 국민은 그 보호하는 자녀에게 적어도 초등교육과 법률이 정하는 교육을 받게 할 의무(제2항)를 규정하고 있다. 또한 제32조 제5항은 연소자의 근로는 특별한 보호를 받을 권리를, 제34조 제4항은 노인과 청소년의 복지향상을 위한 정책을 실시할 국가의 의무를 명시하고 있다.

(2) 〈청소년기본법〉

〈청소년기본법〉은 청소년의 권리 및 책임과 가정·사회·국가 및 지방자치단체의 청소년에 대한 책임을 정하고 청소년육성정책에 관한 기본적인 사항을 규정하고 있다. 청소년의 권리와 책임을 명시한 제5조 제1항에서는 청소년의 기본적 인권이 청소년활동·청소년복지·청소년보호 등 청소년육성의 모든 영역에서 존중되어야 한다고 규정하고 있다. 제2항에서는 청소년은 인종·종교·성별·나이·학력·신체조건 등에 따른 어떠한 종류의 차별도 받지 않아야 함을 규정하고 있다. 제3항은 자기 의사를 자유롭게 밝히고 스스로 결정할 권리를, 제4항은 안전 및 보호받을 권리를 명시하였다.

그 외에 청소년의 자치권 확대, 청소년정책위원회·지방청소년육성위원회의 설치 및 운영, 청소년육성에 관한 기본계획의 수립, 청소년시설의 설치·운영과 지도·감독, 청소년지도사·청소년상담사 양성 및 자격과 채용, 청소년단체의 지원, 청소년활동 및 청소년복지,

청소년육성기금의 조성 및 사용 등에 관한 내용을 규정하고 있다.

(3) 〈청소년복지지원법〉

〈청소년복지지원법〉은 〈청소년기본법〉 제49조 제4항에 따라 청소년의 복지 향상에 관한 사항을 규정하고 있다. 이 법은 청소년의 우대, 청소년의 건강보장, 지역사회 청소년통합지원체계 구축 및 운영, 위기청소년 지원, 교육 선도 시설의 설치 및 운영, 청소년복지지원기관 및 청소년복지시설 등에 관한 규정을 명시하고 있다.

(4) 〈청소년보호법〉

〈청소년보호법〉은 청소년에게 유해한 매체물과 약물 등이 청소년에게 유통되는 것과 청소년이 유해한 업소에 출입하는 것 등을 규제하고, 청소년을 청소년 폭력·학대 등 청소년 유해행위를 포함한 각종 유해한 환경으로부터 보호·구제함으로써 청소년이 건전한 인격체로 성장할 수 있도록 하는 데 목적이 있다. 이 법에서는 청소년 유해매체물의 결정 및 유통 규제, 청소년의 인터넷게임 중독 예방, 청소년 유해약물 등 청소년 유해행위 및 청소년 유해업소 등의 규제, 청소년 보호사업의 추진, 청소년보호위원회의 설치 및 운영 등을 규정하고 있다.

(5) 〈아동복지법〉

〈아동복지법〉은 아동이 건강하게 출생하여 행복하고 안전하게 자랄 수 있도록 아동의 복지를 보장하는 것을 목적으로 한다. 이 법은 아동의 안전·건강 및 복지 증진을 위한 국가·지방자치단체의 책무 및 보호자 등의 책무, 아동정책조정위원회, 아동종합실태조사 및 아동정책 영향 평가, 아동복지심의위원회, 아동복지 전담 공무원, 아동위원, 아동에 대한 보호서비스 및 아동학대의 예방·방지, 아동안전 및 건강 지원, 취약계층 아동 통합서비스 지원 및 자립 지원, 아동복지 전담 기관 및 아동복지시설에 대한 관리·처분 등을 규정하고 있다.

2) 아동·청소년 관련 법의 개선

협약 비준 이후, 아동과 청소년에 관한 법률들이 제·개정되면서 인권 관련 조항들이 포함되기 시작하였다. 최근 아동·청소년 인권 관련 주요 법·제도 개선사항을 구체적으로 살펴보면, 〈아동학대범죄의 처벌 등에 관한 특례법〉(2014. 1. 28. 제정, 2014. 9. 29. 시행), 〈학교 밖 청소년 지원에 관한 법률〉(2014. 5. 28. 제정, 2015. 5. 29. 시행), 〈아동복지법 일부개정안〉(2015. 3. 27 개정, 2015. 9. 28. 시행) 등을 들 수 있다.

〈아동학대범죄의 처벌 등에 관한 특례법〉은 아동학대에 대한 처벌을 강화하고 범죄가 발생한 경우 긴급한 조치 및 보호가 가능하도록 함으로써, 아동학대에 대한 강력한 대처와 예방을 통해 아동이 건강한 사회구성원으로 성장하도록 하고자 제정한 법이다.

〈학교 밖 청소년 지원에 관한 법률〉은 매년 6만~7만 명에 달하는 청소년들이 학업을 중단하는 등 학교 밖 청소년이 지속적으로 발생하고 있으나 이들에 대한 정확한 실태조사가 이루어지지 않고 있으며, 기존의 지원정책이 이들을 시혜적 대상으로 보고 학업복귀 지원에 집중되어 있다는 문제인식에서 제정된 법이다. 또한 2015년 3월 개정한 〈아동복지법〉은 보호자에게 아동에 대한 신체적 · 정신적 고통을 가하는 것을 금지하도록 명시함으로써(제5조 제2항 신설), 가정 내 체벌이나 폭력이 아동학대의 하나임을 명확히 하였다는 의의가 있다.

아동 · 청소년이 살고 있는 지역 단위 법체계인 조례 제정도 늘고 있다. 학생 인권 보장에 관한 사항을 규정한 학생인권조례는 4개 시 · 도에서 시행되고 있으며, 자치단체 차원에서 서울시는 어린이 · 청소년 인권조례를, 부천시는 아동 · 청소년인권조례를 제정하였다. 또한 유니세프 아동 · 청소년 친화도시 조성을 위해 아동친화도시 조성 관련 조례를 제정한 지역은 서울시 성북구 · 강북구 · 동작구 · 송파구, 광주광역시, 군산시, 완주군 등이다.

〈표 2-5〉 법률 제정을 통한 유엔아동권리협약 이행

구분	시기	법령	위원회 권고와의 관련성
신규	제정: 2011.7.4 시행: 2012.7.15	아동의 빈곤예방 및 지원 등에 관한 법률	
	제정: 2012.1.26 시행: 2013.1.27	학교체육진흥법	교육의 여가 문화 및 오락활동 보장
	제정: 2012.2.10 시행: 2013.7.1	난민법	난민아동의 교육과 국적 취득
	제정: 2014.1.28 시행: 2014.9.29	아동학대범죄의 처벌 등에 관한 특례법	시민적 권리와 자유협약의 폭력에 대한 포괄적인 권고와 모든 형태의 체벌 금지(1, 2차와 3, 4차 통합보고서)
	제정: 2014.3.11 시행: 2014.9.12	공교육 정상화 촉진 및 선행교육 규제에 관한 특별법	교육의 공교육화 강화
	제정: 2014.3.23 시행: 2015.3.25	양육비 이행 확보 및 지원에 관한 법률	

출처: 황옥경(2016).

3) 아동 · 청소년 관련 정책 개선

국가 인권정책의 청사진으로서 인권과 관련된 법·제도·관행의 개선을 목표로 하는 국가인권정책기본계획(National Action Plans for the Protection and Promotion of Human Rights. 이하 NAP)은 범국가적인 인권정책 종합계획이다. NAP는 인권상황과 개선조건에 대한 정확한 진단을 바탕으로 인권정책 목표와 추진과제를 제시하는 기본계획의 역할을 수행한다. 이 기본계획 내용 중 사회적 약자 및 소수자의 권리 부분에 아동·청소년 인권 내용이 포함되어 진행되고 있다.

2015년에 아동 인권 신장을 위한 종합적·중장기적 정책 추진계획으로 '제1차 아동정책 기본계획'(2015~2019)이 수립된 것은 매우 의미 있는 일이다. 기본계획은 아동분야에서 처음 수립되는 중기계획으로 협약 및 유엔아동권리위원회의 권고사항을 정책으로 구현하고자 노력한 결과물이다(관계부처 합동, 2015). 기본계획의 핵심목표는 협약의 중요원리인 '아동 최우선의 원칙'을 실현할 수 있는 기반 조성이다. 이 목표를 위해 미래를 준비하는 삶, 건강한 삶, 안전한 삶, 함께하는 삶의 4개 영역 및 기본계획 실행기반 조성 등 5개 부문에 걸쳐 16개 중점과제, 158개 세부과제를 설정하였다. 특히, 기본계획의 실효성을 확보하기 위해 정책 영역별로 개선이 시급한 결과지표를 선정하고 5년 후의 변화된 모습을 목표치로 설정하여 관리할 계획을 담고 있어 이의 시행을 주목할 필요가 있다(한국청소년정책연구원, 2015).

4. 인권의 쟁점과 이슈: 연령과 역량 논쟁

최근 사회 속 아동의 지위에 대한 새로운 비판의 근거는 협약에서 비롯된다. 협약은 아동이 자신의 생존과 발달을 당연히 보장받을 수 있어야 하며 각종 위험으로부터 언제나 보호받아야 하고 동시에 자신의 의사를 말하고 사람들은 아동의 의견을 들어야 한다는 것을 강조한다. 협약은 아동을 보호의 대상자이자 동시에 권리의 주체자라고 천명하였다. 특히 협약은 의사결정이 언제나 아동에게 최선의 이익이 될 수 있어야 한다는 점을 가장 중시한다.

연령에 대한 고정관념이 아동의 자율적 참여활동을 제한한다. 사실상 '연령'이라는 고정관념 때문에 영유아 의사표현에 제한을 가하는 어른들의 태도를 비판하는 하디와 아미티지(Hardy & Armitage, 2002)는 '능력'을 측정할 수 있는 객관적인 방법이 없다는 데 주목한다. 이는 어른이 '아동·청소년은 아직 무능하다' 또는 '가치 있는 결정을 내릴 수 없는 존재'라고 생각하는 태도는 잘못된 것이며, 아동도 권리의 주체자이고, 유능하며, 가치 있는 결정을 내릴 수 있는 존재임을 어른이 인식해야 한다는 뜻이다.

아동·청소년의 인권에 관한 논의에서 이들의 연령이 문제 될 수 있는 영역이 참여권이라 할 수 있다. '참여'는 기본적으로 공동의 행위를 함께하기 위한 개체의 능동적 의사표시라 할 수 있다. 이러한 공동의 행위에 대한 참여의 능동적 의사표시와 의사결정은 참여 여부에 대한 자유로운 가치판단을 전제로 하고 있다.

협약은 영유아조차 의사결정과정에서 자신의 의견을 말할 수 있어야 한다고 강조하며, 연령과 역량 그리고 참여를 연관 짓는 것을 경계한다. 아울러, 아무리 어린 영아라 할지라도 이들의 의사가 표현될 수 있도록 격려할 수 있어야 함을 강조한다.

다음은 청소년이 참여할 수 있는 제도들이다.

① 청소년참여위원회

청소년참여위원회는 〈청소년기본법〉 제5조의 2에 근거하여 청소년시책의 실효성 제고 및 청소년 권익 증진을 도모할 목적으로 설치·운영되고 있다. 청소년들은 이를 통해 여성가족부 또는 지자체 청소년 정책 및 사업에 대한 의견 제시와 자문 및 평가, 지역의 청소년 관련 프로그램·토론회·캠페인 참여 등의 기능을 주체적으로 수행한다.

② 청소년운영위원회

청소년운영위원회는 전국의 생활권 청소년수련시설(청소년수련관, 청소년문화의집)의 사업 및 프로그램 운영과 관련된 의사결정 과정에 참여할 수 있도록 〈청소년활동진흥법〉 제4조(청소년운영위원회)에 근거하여 설치·운영되고 있다. 청소년운영위원회는 1998년 '제2차 청소년 육성 5개년 계획'의 정책기조가 청소년의 자율·참여를 장려하는 방향으로 변화함에 따라 2000년부터 전국 청소년수련시설 설치 운영이 사업지침으로 권장됨으로써 운영이 시작되었으며, 이후 2004년 〈청소년활동진흥법〉 제정으로 법적 근거가 마련되면서 급속도로 설치가 확대되었다.

③ 청소년특별회의

청소년특별회의는 전국 17개 시·도의 청소년 대표들과 전문가들이 토론과 활동을 통하여 청소년의 시각에서 청소년이 바라는 정책과 제를 정부에 건의하는 회의체이다. 〈청소년기본법〉 제12조(청소년특별회의 개최)에 근거하여 운영되고 있다.

언론보도를 통해 청소년의 참여권에 대해 생각해 볼 수 있다.

국정화 반대 청소년들 "어려도 말할 권리 있다"

24일 오후 3시 교복 차림의 앳된 얼굴을 한 청소년 200여 명이 서울 종로구 안국역 앞으로 모여들었다. 이들은 1시간가량 집회를 마친 후 저마다 직접 쓴 현수막과 피켓을 손에 들고 거리로 나섰다. 이들은 정부서울청사까지 행진을 하며 "국정교과서로 우리 역사를 배우게 될 당사자로서 정부의 국정화 시도에 반대한다"고 목소리를 높였다.

집회에 참석한 서울 영신여고 윤수진(17) 양은 "역사교과서 국정화는 헌법 21, 22조의 학문과 표현의 자유를 침해하는 것"이라며 "국정화를 강행하려는 정부 발표를 보고 관련 논문까지 찾아 읽었더니 문제점을 더 알게 됐다"고 말했다.

출처: 〈한국일보〉(2015.10.27).

한국YMCA, "선거연령 18세로 낮추자" 캠페인 실시

한국YMCA가 선거연령을 18세로 낮추는 '18세 참정권' 운동을 실시한다. 한국YMCA는 8일 오후 서울 여의도 국회 의원회관에서 '한국YMCA 18세 참정권 실현 운동본부' 발대식을 갖고 본격적인 활동에 나섰다.

한국YMCA는 "세계 232개 나라 중 92.7%인 215개국에서 18세가 선거연령 기준"이라며 "경제협력개발기구(OECD) 국가 중 선거권 연령을 만 19세로 정한 나라는 한국이 유일하다"고 강조했다. 이들은 또 "18세가 되면 병역·납세·근로의 의무 등 제도적 의무를 지니게 되고 주민등록증이나 운전면허증 등을 발급받으며 사회의 구성원으로 인정받기 시작한다"면서 "다른 의무와 책임, 참여는 다 가능하면서도 유독 선거권만 제약받고 있다"고 주장했다. 한국YMCA는 이어 "청소년들이 학습권이나 입시제도, 인권, 무상급식, 대학등록금 등과 관련이 있는 이해당사자"라며 "청소년들도 자신들의 미래와 삶, 사회적 문제에 대한 의견을 반영할 수 있도록 투표 권리를 가져야 한다"고 지적했다.

출처: 〈국민일보〉(2016.10.8).

5. 실천과제와 전망

현재 우리나라에서 아동권리 향상을 위해 추진되고 있는 정책이나 제도가 아동이 바라는 것과 접촉점이 있는지 그 목소리를 적극적으로 들어야 한다. 이것은 아동·청소년의 참여권과도 관련이 있다. 향후 우리나라의 아동·청소년의 권리가 존중되기 위해서 가장 먼저 고려해야 할 것은 바로 이들의 목소리이다.

우리나라 아동과 청소년의 인권은 아직도 다른 선진국에 비하여 낮다는 평가가 일반적이다. 무엇보다도 아동과 청소년을 미성년자로 파악하여 광범위하게 권리를 박탈하는 법 조항들과 연령차별과 성차별을 당연시하는 관습의 영향이 크다. 소년·소녀가장이나 결식아동의 문제에서 볼 수 있는 바와 같이 기본적인 생존권을 침해당한 아동도 많고 학대나 방임같이 보호권이 보장되지 못하는 경우도 많다. 정규적인 노동권 보장보다는 비정규적인 아르바이트 형식의 저임 연소자 노동 양상이 일상적이며, 가출청소년 등 취약청소년에 대한 생활지원 체계도 미약하다.

우리 사회의 가족구조가 역동적으로 변화하고 있으므로 아동과 청소년의 인권문제도 종래의 가족이라는 틀에서 볼 수는 없다. 과거보다는 조금씩 나아졌다고는 해도 아동과 청소년의 권리 신장을 위해 더욱 적극적인 조치가 필요하다. 특히 핵심적인 아동의 권리 중 하나이면서도 그간 사회적 관심이 미치지 못했던 아동과 청소년의 '참여권' 신장이라는 측면에 초점을 두어야 할 필요가 있다.

활동해 보기

1. 다음 주제에 대한 연령 규정에 대해 어떻게 생각하는지 토론해 보자.
- 부모의 동의 없는 법적 및 의학적 상담, 의학적 처치 혹은 수술
- 의무 교육의 종결
- 고용 혹은 근로연령 (위험한 노동, 파트타임 및 풀타임 노동 포함)
- 결혼
- 성적 행위에 대한 동의
- 자발적 입대, 군대 징병
- 적대행위에 참가
- 형사 능력
- 자유의 박탈 (체포, 구금, 수감: 수용소 및 복지/보건시설 배치 등)
- 사형 및 종신형
- 법정 증언 (민사 및 형사 사건)

출처: 황옥경 외(2015).

2. 유엔아동권리협약의 기본권리
- 협약의 기본권리를 우리 삶에 적용하여 얼마나 권리가 성취되고 있는지 10점 척도로 평가하고 그 이유를 토론해 보자.
- 협약의 기본권리 4개 유형의 권리 보장 정도를 10점 척도로 평가하고 그 이유를 토론해 보자.
- 4가지 인권유형을 다시 한 번 확인하고 각 유형에 해당되는 것이 무엇인지를 찾아보자.

3. 마무리 활동

- 연령이 어리다는 이유로 의견을 말하지 못했거나 자신의 의견이 받아들여지지 않았던 경험을 이야기해 보자.
- 우리 사회에서 일반적으로 어른들이 아동의 의견을 귀담아듣기보다 소홀하게 다루는 경향이 있는데, 그 이유가 무엇인지를 토론해 보자.
- 유엔아동권리위원회의 권고사항 중 우선적으로 실행되어야 할 과제 5가지를 생각해 보자.

제2부

아동·청소년 인권의 실제

제 3 장
부모 및 보호자의 역할과 책임

'가정위탁' 해마다 1만 명, 지원은? 제도 보완 필요

가정위탁제도는 부모의 사정이 좋아지면 언제라도 아이를 찾아갈 수 있어 입양이나 시설보호보다 권장되고 있습니다. 하지만 아이를 키우는 위탁가정이 떠안아야 하는 부담과 책임은 만만치 않습니다. 위탁가정에 대한 현실적인 지원과 양육권에 대한 제도적 보완이 필요하다는 목소리가 커지고 있습니다.

출처: MBC 뉴스(2017.5.21).

"아동권리, 지켜 주세요": 양육의 '부모 책임'과 '국가 책임'에 대하여 …

국가는 양육의 일차적 책임이 부모에게 있음을 강조하고 부모와 자녀가 분리되거나 양육환경이 위험에 처했을 때 최선을 다해 이를 지원해야 한다. 아동의 양육과 성장에 일차적 책임을 져야 하는 것은 분명 부모이지만, 여러 가지 이유로 책임을 다하고 싶어도 하지 못하는 상황이 발생하기도 한다.

출처: 〈문화일보〉(2015.10.22).

한 사회의 미래는 자라나는 아이들에게 있다. 자녀가 그 사회의 좋은 구성원이 되도록 교육적·도덕적·인격적으로 잘 기르는 것이 부모의 역할이자 책임이다. 이러한 부모의 역할과 책임은 오래전부터 이어진 것이나 현대사회에서는 개인적·사회적 가치관의 변화와 사회의 양극화, 경제적 불평등 등 여러 이유로 이를 온전히 수행하기가 어렵다. 더구나 여성의 경제활동 증가와 장시간 근로 관행 등으로 부모의 직접 양육 참여 및 기회가 축소되고 있고, 아동 돌봄 등 가족기능의 상당 부분이 사회로 이관되어 이로 인한 부작용도 증가하는 실정이다. 최근 잘못된 부모역할로 인해 아동학대나 방임이 증가하고, 때로는 그 자녀들도 심각한 문제에 직면해서 가족 모두가 위기에 처하는 경우가 발생하고 있다.

아동·청소년의 인권을 보장하기 위해서는 그들이 자신의 권리를 인식하도록 교육하는 것도 중요하지만, 우선적으로 가정에서 자녀가 부모로부터 인간으로서 누려야 할 최소한의 환경적 지원과 적절한 감독 및 훈육을 받을 권리가 보장되어야 한다. 부모의 역할은 한 아동의 생활과 함께 온전한 삶의 유지에 더없이 중요하며, 나아가 국가와 사회도 부모가 자녀를 양육하는 데 부족함이 없도록 다양한 제도적·정책적 지원을 해야 한다.

정부의 '아동정책기본계획'(2015~2019)도 아동이 가능한 한 가족과 재결합할 수 있도록 지원하고, 불가피하게 대안양육 형태로 지낼경우 국가나 지자체의 공적 책임을 강화하는 방안을 강조하고 있다.

이 장에서는 아동·청소년 인권 관점에서 부모 및 보호자의 역할과 책임에 대해 알아보고 향후 이를 보장할 수 있는 다양한 방안을 모색해 보고자 한다.

1. 아동·청소년 인권 관점에서 본 부모 및 보호자의 역할과 책임

유엔아동권리협약(이하 '협약')의 여러 조항에서는 아동의 건강한 성장 발달을 위해 부모나 국가가 해야 할 의무나 책임을 규명하고 있다. 그러나 최근 급변하는 사회환경으로 가족 유형이 변화하고 있으며, 가족의 규모, 부모의 역할과 자녀 양육을 위한 환경도 크게 변하고 있다. 부모는 자녀 양육에 있어 그 무엇으로도 대체가 불가능한 가장 효율적이고 일차적인 책임자이다. 따라서 부모가 자녀 양육의 역할을 제대로 할 수 있도록 부모를 지원하는 것은 국가의 중요한 책무 가운데 하나이다.

1) 부모 및 보호자의 역할과 책임에 대한 오해

최근 아동학대에 대한 사회적 관심이 높아진 가운데, 자녀를 부모의 소유물로 생각하거나 체벌 등을 통한 엄격한 훈육의 대상으로 보는 부모들이 아동학대를 할 경향이 있음이 드러나고 있다. 자녀를 소유물 또는 엄격한 훈육의 대상으로만 바라보는 인식은 아동에 대한 폭력적 상황을 우발적으로 쉽게 일으킬 수 있다. 가부장적 사고를 바탕으로 하는 가족 중심적 사고가 여전히 강하게 작용하고 있고, 유교적 사고로 인하여 '내 자식은 내 마음대로 한다'는 인식이 여전히 잔재해 있다. 부모가 자녀를 책임져야 한다는 의식이 왜곡되면서 아동의 생명조차 부모가 결정할 수 있는 것으로 착각하는 경우가 많다. 특히 부모

없이 혼자 남은 자녀를 다른 가족이나 복지제도가 제대로 돌보지 못할 것이라는 생각으로 동반자살이라는 극단적 선택을 하는 경우도 있다. 이처럼 우리나라는 '우리'를 중요시하는 경향이 있어 가족이라는 울타리 안에서 자녀를 소유물로 생각하는 잘못된 책임감이 비극을 낳기도 한다. 부모가 여러 가지 경제적·정신적 어려움으로 자녀를 돌보기 어려운 상황에서는 언제든지 사회에 지원을 요청할 수 있어야 하며 사회는 그 요청에 적절하게 대응할 사회 안전시스템을 갖추어야 한다.

2) 부모 및 보호자의 역할과 책임에 대한 이해

(1) 부모 및 보호자의 역할과 책임의 의미

우리나라는 최근 많은 입법과 정책 변화를 통해 부모의 자녀 양육을 다양한 각도로 지원하고 있다. 특히 부모의 책무를 강조하고 아동의 권리를 강조하는 변화를 꾀하고 있다. 민법 개정을 통해 친권의 상실과 제한을 규정함으로써 친권남용으로 인한 아동의 권리와 복지가 침해되는 것을 막고자 하였다.[1]

협약 제18조 제1항에서는 부모의 역할과 책임에 대해 밝히고 있다. 특히 부모의 친권에서 부모의 책임이란 아동 최선의 이익에서 행

---

[1] 부모나 보호자의 지도 권리

협약 제5조는 아동의 권리 행사에 있어서 부모나 보호자의 지도의 권리를 명시하고 있다. 즉, 부모나 보호자의 역할은 아동의 권리를 대신 행사해 주는 것이 아니라, 아동이 자신의 권리를 직접 행사할 때 '아동의 능력 발달에 상응하는 방법'으로 지도·지원하는 것이다.

동하는 부모의 법적 책임으로 간주하고 있다. 따라서 당사국은 부모의 책임에 대해 교육할 의무를 갖는다. 또한 부모 쌍방 모두가 양육과 이에 필요한 재정적인 책임, 법적인 권리 등 모든 면에서 아동에 대한 공동의 책임을 가지고 있다는 점을 강조하고 있다. 이 점은 부모가 이혼이나 별거 시, 한부모 가정이거나 아동이 보호 시설에 가야 하는 상황에서도 동일하게 적용된다.

협약 제18조 제2항은 국가의 부모에 대한 적절한 지원책임을 강조하고 있다. 국가는 아동과 그 가정이 위험에 처하게 되면 재정, 주거, 육아, 가정 내 도움, 심리 및 전문가 도움도 지원해야 한다. 이러한 지원에는 지역사회 내에서 아동과 관련한 여러 시설, 서비스에 대해서도 국가의 책임임을 인식하도록 명시하고 있다. 특히 가족과 함께 거주하지 못하는 아동들에 대한 시설, 취업부모들의 아동양육시설, 그 외에 다양한 아동 관련 시설 혹은 서비스에 대하여도 서비스의 효과성이나 지속적인 평가가 요구된다. 그러나 현재 우리나라 아동양육시설이나 그룹홈, 가정위탁 등 대안양육체계에 있는 아동의 친권자 책무에 대한 규정은 여전히 미비하다.

협약 제18조 제3항은 국가가 취업모를 위한 양질의 육아돌봄서비스를 제공할 책임을 강조하고 있다. 또 부모의 육아휴직, 급여, 가족친화적 직장환경 제공 등이 일정 수준에서 유지될 수 있도록 보장해야 함도 강조하고 있다.

(2) 가정 내 양육 지원

우리나라는 〈영유아보육법〉에 의거하여 일반 가정에 대한 양육지원정책으로 어린이집과 유치원에 다니는 3~5세 영유아에 대한 보육을 무상으로 실시하고 있으며, 가정에서 양육되는 아동을 위한 양육수당도 지원하고 있다. 또한 육아종합지원센터를 중심으로 부모상담과 교육, 시간제 보육 등을 제공하고 있다. 기업 차원에서도 가족친화제도[2]를 도입하여 출산 전후 휴직 및 양육 지원, 유연근무제 등과 같이 다양한 육아 지원을 시행하고 있다.

이러한 제도들이 아무리 잘 만들어졌어도 실행이 제대로 되지 않으면 유명무실이다. 새로운 제도들을 만들기보다는 부모들이 기존의 제도들을 보다 현실적으로 실행할 수 있도록 하는 다각적인 노력이 필요하다. 이를 위해서는 가족친화제도의 필요성과 의미에 대한 기업의 최고 임원진이나 중간관리자급의 이해가 우선시되어야 한다.

최근 여성가족부가 발표한 가족 실태조사(2016)에 의하면 초등학생의 37%가 방과 후에 가족의 돌봄 없이 혼자 지내고 있다고 한다. 이처럼 방과 후 성인의 적절한 돌봄 없이 혼자 지내거나 부모의 야근, 출장, 질병 등으로 돌봄이 필요한 가정에 아이돌봄서비스를 제공함으로써 아동의 안전한 보호 및 가족의 아동양육부담을 경감시키고 있다. 지역아동센터도 방과 후 지역사회 아동의 보호와 교육을 위한 지원을

---

2) 가족친화제도 유형
- 자녀 출산 및 양육 지원: 육아휴직, 육아기 근로시간 단축, 출산 전후 휴가, 배우자 출산휴가, 임산부 지원 프로그램, 수유시설 및 산모 휴게실, 직장어린이집
- 유연근무제도: 탄력적 근로시간제, 시차출퇴근제, 재택근무제, 스마트워크

하고 있어 양육 공백을 방지하는 데 도움을 주고 있다.

다음은 이중고에 시달리는 한부모를 지원하기 위해 설치한 양육비 이행관리원에 대한 설명이다.

양육비이행관리원은 생계와 자녀양육의 이중고에 고생하는 한부모들이 비양육부모로부터 원활하게 양육비를 받도록 지원하기 위해 설치되었으며, 양육부모와 비양육부모 간 양육비 상담, 양육비 청구 및 이행확보 법률 지원, 합의 또는 판결로 확정된 양육비 채권추심 지원 등의 종합서비스를 제공하고 있다.

출처: 여성가족부 보도자료(2016.3.24).

(3) 가정 외 양육 지원

일반적인 가정 내 지원 외에도 우리 사회에서는 여러 이유로 자신의 친가정에서 자라지 못하고 가정 외 보호서비스(out of home care services)를 받는 아동들이 있다. 즉, 친부모나 친가정의 기능이 회복되어 아동을 다시 양육할 수 있을 때까지 혹은 적합한 영구적 가정을 찾을 때까지 일정 기간 동안 일시적으로 양육자 역할을 대신 해주는 것이다. 이러한 대안양육제도에는 아동양육시설, 가정위탁, 그룹홈 등이 포함된다.

우리나라 가정 외 보호서비스 형태는 오랜 기간 동안 가장 전통적인 아동양육 시설보호가 주를 이루었으나, 유엔아동권리위원회의 제 2차 정부보고서에 대한 권고에 따라 매우 빠른 변화가 시작되었다. 즉, 아동복지정책의 흐름은 소년소녀가정제도를 지양하고 그룹홈의 운영을 통한 시설의 소규모화 및 가정위탁제도를 통한 가정보호로 이루어지게 되었다. 최근 정부에서도 사회보장기본계획을 통해 아동과 원가정 분리를 최소화하고 대안양육제도가 아동 친화적 방식으로 운영될 수 있는 기반을 조성할 것을 발표했다.

이후 가정 외 보호는 가정과 유사한 환경에서 안전하게 지내는 소규모 아동보호 방식으로 전환하는 중이다. 2015년 12월, 아동보호체계를 통한 대안적 양육 및 보호가 필요한 상태의 요보호아동은 4,503명으로 2000년대 중반 이후 지속적으로 감소하고 있다. 그러나 요보호아동에 대한 보호조치 결과를 살펴보면, 현행 보호체계가 다양한 발달위기아동의 안전보장 측면에서 예방적 개입과 원가정 양육에 대한 지지와 지원을 통해 아동의 이익을 최우선으로 고려하는 것으로 보기에는 어려운 상황이다(한국보건사회연구원, 2015).

① 가정위탁

친부모가 아이를 제대로 양육할 수 없는 상황일 때 일정 기간 친가정 대신 일반 가정이 위탁양육하다가 가족기능을 회복하였을 때 아동이 친가정으로 돌아갈 수 있도록 지원하는 아동복지사업이다. 현재 가정위탁은 조부모의 대리양육이나 친인척 위탁가정이 대부분으로 결국은 요보호아동의 원가족 및 친족에 대한 의존이 매우 크다.

우리 사회에는 혈연관계가 아니면서 입양의 형태도 아닌 가정위탁 보호에 대한 사회적 인식이 여전히 미흡하며, 현재의 일반 가정 위탁도 해외입양을 기다리고 있는 영유아를 중심으로 이루어지고 있어 향후 학령기 아동·청소년을 위한 일반 가정 위탁사업의 확대를 위해 더욱 노력할 필요가 있다. 장기적으로 시설보호를 줄이고 아동의 성장환경으로서의 가정위탁을 확대하기 위해서는 먼저 이에 대한 인식 개선 및 저변 확대를 위한 노력과 함께, 위탁가정에 대한 지원 금액의 현실화와 자격 있는 위탁부모의 모집과 훈련 등의 노력이 필요하다(한국청소년정책연구원, 2014).

② 입양

아동이 원가정에서 성장할 수 없는 경우 대안양육의 형태로서 입양을 선택할 수 있다. 과거 우리나라 입양에서 상당 부분을 차지했던 해외입양은 그동안 많은 논란을 거쳐 그 수가 대폭 감소하였고, 관련 법에서도 국내입양을 우선 추진하는 방향으로 변하면서 국내입양에 대한 관심이 증가하고 있다. 입양서비스는 입양의 3자, 즉 아동과 입양부모, 친부모 모두의 권리를 존중해야 하는데 우리나라 실정은 아직도 친부모의 권리보다는 입양부모나 입양아동의 권리보호에 더 치중하는 것으로 나타난다.

최근 〈입양특례법〉과 입양숙려제 등이 도입되면서 입양과 관련한 아동의 인권보호와 개선이 많이 이루어지고 있으며, 중앙입양원을 통해서 체계적인 입양과 사후관리 등이 이루어지고 있다. 우리나라는 96개국이 가입한 '헤이그국제아동입양협약'에 아직까지 가입하지 않은 상태이나, 현재 입법 추진 중이다. 다음 내용은 위원회의 입양에 관한 권고사항으로, 해외입양 절차와 관련한 당국의 의무를 명시한 법률의 부재 및 헤이그협약 비준 등에 관한 내용을 담고 있다.

위원회는 입양에 대해 가정법원의 승인 결정을 요구하도록 한 〈입양특례법〉과 민법의 개정을 긍정적으로 보는 한편, 해당 법이 시행되기 이전의 중간 기간 동안 아동의 입양에 대해서 우려를 나타냈다. 또한 입양에 관해 규제 감독하도록 명확하게 위임받은 중앙 당국의 부재와 해외입양 절차에 개입할 소관 당국의 의무를 명시한 법률의 부재, 입양아동이 13세 미만일 경우 아동의 의사 청취의 부재, 청소년 비혼모로부터 태어난 아동의 압도적인 대다수가 입양 보내지고, 청소년 비혼모의 부모 또는 법적 후견인이 청소년 비혼모의 동의 없이 입양을 위한 아동의 양도를 승인하도록 허용되어 있는 점, 입양 후 가용서비스의 결핍, 특히 해외입양된 아동이 그들의 생물학적 출신에 관한 정보를 찾을 때 맞닥뜨리는 언어적 어려움에 관련된 것을 포함한 조치의 부족, 해외입양과 관련 '아동의 보호와 협력에 관한 1993년 헤이그협약'에 비준할 것 등을 권고하였다.

출처: 유엔아동권리위원회 제 3, 4차 권고사항(2011).

다음 내용은 위원회의 제 3, 4차 권고사항으로 대안양육기관에 대한 평가와 양육의 질 평가까지 포함하는 과정이 중요함을 담고 있다.

위원회는 요보호아동을 위한 대안양육기관에 대한 평가가 시설의 행정적인 운영만을 평가하고, 양육의 질, 기술과 전문적인 훈련, 제공된 처우를 평가하지 않는 것을 우려하였다. 또한 그런 기관에서의 학대 또는 방임 사건을 다루기 위한 진정 절차에 대한 정보가 부족함에 대해서도 우려하였다. 아울러 부모와의 교류가 단절된 아동을 위한 추적 시스템의 부재에 대해서도 우려를 표시하였다.

출처: 유엔아동권리위원회 제 3, 4차 권고사항(2011).

3) 부모 및 보호자 역할과 책임이
아동·청소년 인권에 미치는 영향

협약은 각 당사국이 부모나 보호자가 일차적으로 아동의 양육을 책임질 수 있도록 '적절한 지원'을 보장해야 한다고 명시하고 있다. 당사국은 아동의 권리 보장에 관한 법적 의무를 지니고 있지만, 그것은 주로 아동의 복지에 필요한 보호 및 치료 등의 조치이며, 아동의 내면적·정신적인 성장 및 발달과 관련한 권리의 보장은 일차적으로 부모나 보호자에게 있음을 강조하고 있다. 또한 친권행사의 기준으로서 자녀복리를 꼽고 있는데, 이는 협약의 '아동이익 최우선의 원칙'을 반영한 것이라고 할 수 있다. 최선의 이익을 늘 고려해야 한다는 관점에서 권리를 어떻게 조율해야 하는가에 대한 고민이 필요하다.

부모 및 보호자가 제 역할을 다하지 못하면 자녀들에게 상당한 영향을 미칠 수 있다. 자녀의 전반적인 발달 영역에도 부정적인 영향을 미칠 것이며 특히 성장하는 과정에서 범죄에 노출될 우려도 있다. 따라서 친권자가 그 역할을 제대로 이행할 수 없을 때에는 아동후견인 지정을 통해 아동이 부모로부터 오랫동안 방치되는 것을 예방하고, 동시에 부모의 친권과 아동 및 대리양육자의 권리를 보호할 수 있다.

아동을 위한 부모의 당연한 책임과 역할은 가정의 책임에서만 끝나지 않으며, 사회적 책임과도 연관된다. 부모가 자녀를 건강한 사회인으로 양육하지 못하면 결국 사회적으로 심각한 위험을 초래할 수도 있기 때문이다. 이를 막기 위해서는 아동·청소년 인권 증진에 대한 인식과 부모책임의 수준을 향상시킬 수 있는 교육의 체계화가 필수적이다.

2. 인권 침해 사례

1) 친권으로 인한 인권 침해의 가능성

대부분의 부모는 자녀가 건강하고 잘 성장·발달할 수 있도록 책임감을 가지고 양육하고 있다. 그러나 때로는 폭넓은 범위의 아동들이 친권이라는 명목으로 학대에 노출되기도 하며 그 후유증은 매우 심각하다. 친권이란 부모가 미성년인 자녀에 대해 가지는 신분·재산상의 권리와 의무를 말한다. 친권은 자녀의 복리실현을 우선으로 하기 위해 부모에게 주어진 법적 권리이자 의무다. 부모는 적절한 친권행사를 통해 미성년 자녀가 건강한 환경에서 성장할 수 있도록 보호해야 하는데, 부모에 의한 기본적인 양육이 제공되지 않았을 경우에는 아

〈표 3-1〉 친권자 및 양육자 변경 건에 대한 결정례

사건명	친권자 및 양육자 변경(때로는 친권 남용으로 인한 인권 침해 가능성에 노출될 수 있으므로, 친권을 제한하는 법이 시행되고 있음)
제목	자녀를 실질적으로 양육하고 있는 모에게 친권 및 양육권과 양육비, 대학 학비 일체 등 조정(2016.10.6)
내용	청구인(여, 42세)과 상대방(남, 49세)은 슬하에 2남(21세, 15세)을 두었으나, 상대방의 가정폭력으로 인하여 2005년 3월 협의이혼 하였다. 협의이혼 당시 상대방은 이혼에 합의해 주는 조건으로 청구인에게 양육권을 포기하도록 요구하였고, 청구인은 상대방의 계속되는 폭언 및 폭력으로 인해 요구에 응할 수밖에 없었다. 청구인은 두 아들을 양육하기 위하여 빚을 내며 양육비를 부담해 왔으나, 혼자서는 더 이상 빚을 감당하기 어려워졌고, 안정적인 양육을 위하여 친권자를 청구인으로 변경하고, 양육비를 청구하고자 법률구조를 요청하였다.
결과	조정성립(수원지방법원 2016.7.12). 친권자 및 양육자를 청구인으로 변경하고, 청구인에게 양육비로 두 아들이 성년이 되기 전날까지 양육비를 지급하며, 자녀들이 대학에 진학할 경우 학비 일체를 상대방이 부담한다.

출처: 수원지방법원(2016.1.1).

동보호의 의무를 지니고 있는 국가가 개입하게 된다. 2015년부터 시행되고 있는 친권상실과 같은 조항은 친권의 남용을 막아 아동이 보다 건강한 환경에서 성장할 수 있도록 보호하려는 국가의 의지를 나타내는 것이다. 정부는 친권의 남용으로 인한 아동권의 침해를 예방하기 위해 친권제한 제도를 도입·실행하고 있다.

부모의 친권 남용 및 학대로부터 아동의 행복을 보호하기 위해 친권의 '일시정지' 및 '일부제한' 제도 등을 도입하는 민법, 〈가사소송법〉, 〈가족관계의 등록 등에 관한 법률 개정안〉이 공포되어 시행되고 있다.

개정안 시행으로 아동학대나 부당한 친권행사로 고통받는 자녀 본인과 지방자치단체의 장도 친권상실·정지·제한 등의 청구권을 가지게 되어, 아동의 권익 보호가 좀더 원활하고 신속하게 이루어질 것으로 기대된다. 결론적으로, 아동학대나 부모의 친권 부당행사에 대해 국가가 좀더 효율적으로 개입하여 아동의 복리를 보호할 수 있게 되고, 부모와 자녀의 관계를 종료시키는 친권상실은 최소화함으로써 온전한 가족관계의 유지에도 크게 도움을 줄 것으로 기대된다.

다음은 친권제한 제도 신설에 관한 기사이다.

아동을 학대하는 부모에게는 자녀에 대한 친권을 정지시키거나 제한하기로 했다. 아동학대 신고는 한 해 1만 건이 넘게 들어오지만, 자녀를 학대한 부모에게서 자녀에 대한 친권을 몰수하는 친권상실제도를 이용하는 경우는 한 해 130건 정도에 불과하다.

정부는 친권을 최장 2년 동안만 일시적으로 박탈하는 '친권정지', 그리고 자녀의 교육이나 질병치료에 대한 결정권 등 친권의 일부만 후견인에게 맡기는 '친권제한' 제도를 신설하기로 했다. 친권을 정지하거나 제한해 달라고 청구할 수 있는 사람도 친족이나 검사뿐 아니라 복지단체를 관할하고 있는 자치단체장까지 확대해 사각지대를 최소화할 계획이다.

출처: MBC 뉴스(2014.11.28).

2) 양육방임 사례

아동이 신체적 · 정신적 · 사회적으로 건전하게 자랄 수 있도록 최소한의 보호책임도 다하지 못하는 아동방임이 사회문제로 떠오르고 있다. 아동을 방치하는 부모들은 대부분 경제적으로 어렵거나 우울증 등 정신질환을 겪고 있는 것으로 나타나, 제도적 보완책이 필요하다. 중앙아동보호기관에 따르면 2014년 학대로 사망한 아동 14명 가운데 3명은 오로지 방임 때문에 목숨을 잃은 것으로 나타났다(중앙아동보호전문기관, 2015). 방임은 아동학대의 시작점이라는 의미에서 더 많은 관심이 필요하다. 다음은 양육방임의 전형적인 사례이다.

인천에 사는 박모(23) 씨는 태어난 지 100일도 안 된 딸을 시끄럽게 운다는 이유로 바닥에 수차례 던졌다. 박 씨의 폭행으로 아이는 온몸에 멍이 들고 두개골이 함몰됐다. 박 씨의 부인 이모(23) 씨는 남편의 상습적인 학대를 지켜보면서도 아무런 조치를 취하지 않았다. 아이는 성장표준치에 훨씬 못 미치는 저체중 상태로 숨을 거뒀다.

출처: 〈국민일보〉(2016.8.31).

3. 관련 법 및 정책

1) 국제규정

협약 제18조 제1항은 당사국은 아동의 양육과 발달에 있어 양쪽 부모가 공동책임을 지고, 부모나 보호자는 아동의 양육과 발달에 일차적 책임을 지며 아동에게 무엇이 최상인가에 관심을 가져야 한다고 명시하고 있다. 제18조 제2항에서는 부모나 보호자에게 아동양육을 위한 적절한 지원을 제공해야 하며, 제18조 제3항에서는 당사국은 취업부모의 아동들이 이용할 자격이 있는 아동보호를 위한 편의 및 시설로부터 향유할 수 있는 권리가 있음을 보장하기 위하여 모든 적절한 조치를 취하여야 한다고 규정하고 있다(〈표 3-2〉 참조).

2) 국내법

부모의 책임과 역할은 민법의 친권 개념에 근거한다. 가족해체 같은 경우에도 자녀양육권은 그대로 적용되고 있으나 2014년 민법 개정을 통해 친권정지 및 제한을 가능하게 하였다. 즉, 친권 행사에 있어 부모의 자녀에 대한 일방적인 지배권이 아닌 자녀의 복리를 우선적으로 고려해야 함을 강조하고 있다. 〈근로기준법〉, 〈남녀고용평등과 일·가정 양립 지원에 관한 법률〉 등에서 취업부모의 육아휴직 및 근로시간 단축 등에 관한 내용을 보장하고 있으나, 이러한 제도들을 보다 자유롭게 사용할 수 있도록 사회적 인식이 변화될 필요가 있다(〈표 3-3〉 참조).

<표 3-2> 유엔아동권리협약의 부모 및 보호자 관련 조항

제5조 당사국은 부모 또는 적용 가능한 경우, 현지 관습에 의하여 인정되는 확대가족이나 공동체의 구성원, 법정 후견인 또는 기타 아동에 대한 법적 책임자들이 아동의 능력 발달에 상응하는 방법으로 적절한 감독과 지도를 행할 책임과 권리 및 의무를 가지고 있음을 존중하여야 한다.
제18조 - 제1항. 당사국은 부모 쌍방이 아동의 양육과 발전에 공동 책임을 진다는 원칙이 인정받을 수 있도록 최선의 노력을 기울여야 한다. 부모나 법정 후견인은 아동의 양육과 발전에 일차적 책임을 진다. 아동 최선의 이익이 그들의 기본적 관심이 된다. - 제2항. 이 조약에 규정된 권리를 보장하고 촉진시키기 위하여, 당사국은 아동의 양육 책임 이행에 있어서 부모와 법정 후견인에게 적절한 지원을 제공하여야 하며, 아동보호를 위한 기관, 시설 및 편의의 개발을 보장하여야 한다. - 제3항. 당사국은 취업부모의 아동들이 이용할 자격이 있는 아동보호를 위한 편의 및 시설로부터 이익을 향유할 수 있는 권리가 있음을 보장하기 위하여 모든 적절한 조치를 취하여야 한다.
제20조 일시적 또는 항구적으로 가족환경을 박탈당하거나 가족환경에 있는 것이 스스로의 최선의 이익을 위하여 허용될 수 없는 아동은 국가로부터 특별한 보호와 원조를 부여받을 권리가 있다.
제21조 입양제도를 인정하거나 허용하는 당사국은 아동의 최선의 이익이 최우선적으로 고려되도록 보장하여야 한다. 아동의 입양은 적용 가능한 법률과 절차에 따라서 그리고 적절하고 신빙성 있는 모든 정보에 기초하여, 입양이 부모, 친척 및 법정 후견인에 대한 아동의 신분에 비추어 허용될 수 있음을, 그리고 요구되는 경우 관계자들이 필요한 협의에 의하여 입양에 대한 분별 있는 승낙을 하였음을 결정하는 관계 당국에 의해서만 허가되도록 보장하여야 한다.

<표 3-3> 부모의 역할 관련 국내법 내용

관련 법	내용
민법	제909조 제1항: 부모는 미성년자인 자의 친권자가 된다.
아동복지법	제5조 제1~3항: 아동의 보호자는 아동을 가정에서 권익과 안전을 존중하여 건강하게 양육하여야 한다.
영유아보육법	제4조: 영유아의 친권자, 법적 후견인을 비롯한 실질적 보호자에게, 더 나아가 국민과 국가에도 영유아의 건전한 보육의 책임이 있다.
유아교육법	제3조: 초등 취학 전까지 아동을 국가 및 지자체, 보호자가 교육할 책임이 있다.

관련 법	내용
교육기본법	제13조: 초중등교육을 의무기간으로 두고 보호자가 아동을 교육할 권리와 책임이 있다.
근로기준법	제74조: 임신한 여성근로자에게 90일의 산전·산후 휴가를 보장하고 근로시간을 단축한다.
남녀고용평등과 일·가정 양립 지원에 관한 법률	제18조, 제19조: 산전·산후 휴가기간 동안 통상임금에 준하는 급여 지급, 자녀양육 위해 1년간 육아휴직 보장
한부모가족지원법	제3조: 한부모가족의 모 또는 부와 아동은 자립과 생활향상 위해 노력해야 한다.
건강가정기본법	자녀양육가정의 양육 부담 완화와 보육, 방과후서비스, 양성 평등한 육아휴직제 등의 정책을 적극적으로 확대 시행하여야 한다.

3) 관련 정책 및 지원

건강한 가정에서 아동이 성장·발달하기 위해서는 부모 및 보호자의 역할과 책임이 매우 크고 중요하다. 이에 각 국가는 다양한 제도로 이들의 자녀양육을 돕고 있다. 특히 최근에는 부모의 자녀양육 상담이나 부모교육의 중요성을 강조하는 다양한 프로그램을 시행하고 있다.

(1) 가정 내 아동양육 지원
관련 기관 및 부처의 지원 내용은 다음과 같다.

① 육아종합 지원센터
- 현재 전국 91개소 운영
- 지역사회 내 육아지원을 위한 기관으로 어린이집 지원관리 및 가

정양육 보호자에 대한 맞춤형 지원
- 부모상담 및 교육, 시간제 보육 등 가정양육 지원 기능 서비스

② 건강가정 지원센터
- 현재 전국 161개소 운영
- 가족문제 예방과 상담 및 치료, 돌봄 및 가족기능 강화를 위한 포괄적 서비스 실시
- 양육공백이 발생한 가정의 만 12세 이하 아동 대상으로 찾아가는 돌봄서비스 제공
- 생애주기별 부모교육 실시

③ 여성가족부 및 보건복지부
- 출산 전후 휴직 및 양육지원, 유연근무제 등 가족친화제도 시행
- 양육수당 지급

④ 지역아동센터
- 방과 후 지역사회 아동의 보호, 교육, 문화, 정서, 지역사회연계 등을 위한 서비스 제공

(2) 가정 외 아동양육 지원

가정에서 부모가 불가피하게 자녀를 돌볼 수 없을 때 이용 가능한 지원정책은 다음과 같다.

① 가정위탁

- 가정위탁아동의 상해보험료 지원, 의료비 지원
- 만 18세 퇴소 시 자립정착금 지원, 심리치료비 지원
- 대리양육, 친인척 위탁 가정 전세자금 대출 지원

② 아동양육시설과 그룹홈

- 해당 아동에게 기초생활보장 수급 지원과 자립정착금 지원

③ 입양

- 국내입양가정에 대한 경제적 지원
- 입양아동 양육수당지급, 장애아동의 경우 장애아동 입양보조금 및 의료비 별도 지급

호주에서는 가정 외 보호아동들의 권리에 대한 책자를 만들어 그들 자신에 대한 정체성 확립을 도와주고 있으며(NSW Department of Family and Community Services), 부모 역할 지원을 위해 관련 정책 정보를 인터넷으로 안내하고 있다. [3] 미국에서는 가정방문을 통한 부모교육 프로그램[4]으로 자녀와 부모 모두가 실제적인 도움을 받아 긍정적 효과

---

3) 부모 역할 웹센터(Rasing Children Network: the Australian Parenting Website): 자녀 연령별 부모 역할 안내(정책 정보 및 전문가 정보 포함). 부부의 부모 역할을 지원할 때 고려해야 할 정책적 사안들(문화적 다양성, 정부의 지역사회 및 가족서비스에 대한 관점, 부모를 위한 재정적·물적 서비스 등)을 별도 메뉴로 구성하여 제공.
4) MIECHV(Maternal, Infant, and Early Childhood Home Visiting): 미국 내 46

를 본 것으로 나타나 가족기능을 강화하는 정책을 펴고 있는 우리나라
에도 시사하는 바가 크다.

4. 도움 받을 수 있는 기관

- 학생인권상담소: CYS-NET, 청소년전화 1388, 청소년사이버상담
  (www.cyber1388.kr), 문자 카카오톡 상담(#1388), 학생인권상담
  소 '넘어'(070-8656-0907), 카카오톡 상담(@학생인권상담소 넘어.
  화·목·토 오후 5~11시).
- 중앙입양원: 국내입양을 활성화하는 업무를 수행하기 위하여 설립.
  www.kaoption.or.kr, 02-6943-2600.
- 중앙가정위탁지원센터: 일반 국민들의 가정위탁보호 인식 증진을
  위한 홍보 및 위탁부모 모집활동 전개를 통하여 가정위탁보호의 활성
  화를 목적으로 함. www.fostercare.or.kr, 02-796-1406.
- 한국아동청소년그룹홈협의회: 가정해체, 방임, 학대, 빈곤, 유기
  등의 이유로 보호가 필요한 아동에게 가정과 같은 주거환경에서 보
  호양육서비스를 제공하는 소규모 아동보호시설.
  www.grouphome.kr, 02-346-1611.

개 주에서 연방정부의 재정지원을 받아 운영. 5세 미만 아동이나 임산부 대상으로
아동건강 증진, 아동학대 및 방임 감소, 미취학 아동의 학업 준비 및 성적 향상, 가
정폭력 감소, 자립능력 배양서비스를 진행. 집으로 찾아가는 일대일 부모교육 프로
그램을 제공해 자녀와 부모 모두에게 중요한 긍정적 효과.

- 청소년방과후아카데미: 초등 4학년부터 중학 3학년까지의 청소년을 대상으로 건강한 방과 후 생활과 전문체험 및 학습 프로그램, 생활관리 등 종합서비스를 지원. www.youth.go.kr, 02-330-2831.
- 건강가정지원센터: 여성가족부가 주관하며 건강한 가정과 가족구성원의 역량을 강화하기 위해 다양한 프로그램을 실시하고 있음. www.familynet.or.kr, 1577-9337.
- 육아종합지원센터: 영유아, 부모, 가족, 어린이집, 지역사회에서의 보육과 육아와 관련된 다양한 욕구 충족을 위해 전문적인 보육지원, 육아서비스 제공, 양육 지원을 위한 통합체계를 구축하여 포괄적 보육 육아지원서비스를 제공. www.central.childcare.go.kr, 02-701-0431.

5. 가정과 국가의 아동·청소년 양육 조화는 가능한가?

가족과 가정으로부터 분리하여 온전한 아동의 성장·발달을 기대할 수는 없다. 부모가 자녀를 위해 양육에 대한 책임과 의무를 다하려고 해도 여건이 허락되지 않을 경우, 대안 양육지원 상황에 놓인 아동들이 최적의 환경에서 지낼 수 있도록 부모들의 근무환경, 안정적이고 질 높은 지원체계, 사회적 분위기가 수반되어야 한다.

부모가 자녀를 양육할 권리와 책임을 다하지 못하는 경우에 어느 수준에서 국가가 부모의 자격과 권리를 박탈하거나 제한할 것인지도 신중하게 고려할 필요가 있다. 또한 반드시 법원의 정식 재판을 거친 경우에만 친권을 제한할 수 있도록 할 것인지, 친권의 구체적인 내용과 한계는 무엇인지에 대한 합의와 관련 법규의 정비가 필요하다.

가족 단위의 아동보호 우선 원칙을 실현함과 아울러 아동이익 최우선의 원칙을 바탕으로 가정의 구조적 문제점을 해결할 수 있도록 지원하여 궁극적으로 가족기능을 회복하도록 지원해야 한다. 또한 아동을 친가족에서 분리할 때와 분리된 아동을 가족으로 복귀시킬 때 합리적 근거에 따라야 하며, 대리양육을 받는 아동이 친가족과 의무적으로 접촉할 수 있는 방안을 모색해야 한다. 더불어 시설양육, 가정위탁, 그룹홈 아동을 배치단계부터 종결까지 추적 보호할 수 있는 통계시스템이 필요하다. 현재 가정 외 보호서비스는 국가의 모니터링과 책임성이 다소 부족하므로 보다 아동 중심적 서비스가 되어야 할 것이며, 이를 위해 요보호아동 배치를 통합적이고 전문적으로 전담할 수 있는 공공 인력과 통합배치센터를 전국적으로 마련하는 방안도 고려할 수 있을 것이다.

현재와 미래의 우리

현재의 우리는?	미래의 우리는!
요보호아동의 60% 이상이 시설보호	대안가족의 확산 또는 대형 시설보호 폐쇄
가정 외 보호아동의 사후양육 지원 취약	가정 외 보호아동의 사후양육 지원 강화 * 권리교육 통한 아동 중심적 서비스 실시

■ 관련 문헌·영상물

중앙육아종합지원센터(2014). 〈아동학대 예방부모교육 동영상〉.

EBS(2005. 11. 21). 〈지식채널e: 잊혀진 대한민국 2부 '해외입양'〉.

_____(2010. 3. 22). 〈지식채널e: 그 남자의 권리〉.

_____(2016. 7. 20). 〈지식채널e: 그렇게 가족이 된다〉.

활동해 보기

1. 자녀 양육
- 주변에 자녀 양육으로 힘들어하는 이웃이 있다고 가정하고 이들이 도움 받을 수 있는 기관으로는 어떠한 곳이 있는지 찾아보자.
- '친권제한'과 '양육방임'에 대한 기사를 찾고 본인의 생각을 적어 보자.

2. 마무리 활동
- 아동·청소년들이 경험한 부모의 역할과 책임의 중요성을 토의해 보고 이러한 경험들이 학생들에게 어떤 영향을 주었는지 공유해 보자.
- 부모의 역할과 책임이 아동·청소년의 권리와 상충되는 상황을 경험한 적이 있었는지 생각해 보자.
- 부모의 친권을 박탈해야 하는 경우는 어떤 상황일지 생각해 보자.
- 가정 내 부모 양육 지원에는 어떤 점이 더 필요할지 생각해 보자.

제 4 장

가정 내 폭력으로부터 보호

어른들이 미워요, 정말 사랑입니까?

윤수(13・가명)는 겉으로 보기엔 남부러울 것 없어 보이는 아이였다. 고소득 전문직인 부모 밑에서 부족함 없이 자랐다. 윤수 아버지는 아들의 교육에 관심이 많았다. 아주 어릴 때부터 윤수를 끼고 함께 문제집을 풀었고 답을 틀리면 때렸다. 아버지에게 폭력은 윤수를 올바른 길로 이끄는 수단이었다. 답을 틀렸을 때 회초리 한두 대로 시작됐던 매질은 갈수록 심해졌다. 나중에는 아이의 옷을 벗기고 때리거나 밤새 때리는 지경에까지 이르렀다. 윤수는 언제부턴가 거짓말하는 버릇이 생겼다.

부모의 이혼으로 할머니 손에서 자란 지혜(17・가명)는 중학교 때부터 할머니와 자주 갈등을 빚었다. 할머니는 지혜의 귀가시간이 조금만 늦어도 바깥으로 쫓아냈고 화장을 하면 "남자 꼬시려고 그랬느냐"는 폭언을 퍼부었다. 지혜는 결국 가출해서 제 손으로 할머니를 경찰에 신고했다.

출처: 〈경향신문〉(2016.5.5).

"사랑의 매", "매를 아끼면 아이를 망친다"는 것은 훈육을 위해 체벌이 필요하다는 속담이다. 이처럼 우리나라에는 귀한 자녀일수록 매를 아끼지 말아야 한다며 체벌을 합리화하고 당연시하는 풍조가 있다. 아동학대 근절을 위해 특례법이 시행되고 처벌규정이 강화되었지만 아동학대는 여전히 줄어들지 않고 있다. 아동보호자가 '아동에게 신체적 고통이나 폭언 등 정신적 고통을 가해서는 안 된다'고 명문화했지만 여전히 처벌 규정은 없다. 친권자가 자녀에게 필요한 징계를 할 수 있도록 규정한 민법과 학교장이 법령과 학칙에 따라 징계를 할 수 있도록 한 〈초중등교육법〉은 체벌을 허가하는 것으로 해석된다.

1979년 세계에서 처음으로 자녀 체벌금지를 법제화한 스웨덴에서는 아동체벌금지법을 알리기 위해 '당신은 때리지 않고 아이를 성공적으로 키울 수 있습니까?'라는 제목이 붙은 브로슈어를 아이를 키우는 모든 가정에 배포했고, 우유갑에 아동체벌금지와 관련한 내용을 담았다. 이 법을 제정할 당시 국민 70%가 반대할 정도로 논란이 심했지만 법 시행 이후 인식이 서서히 변해 자녀를 체벌하던 부모의 비율이 1980년대 28%였던 것이 2011년 조사에서 3%까지 낮아졌다(〈경향신문〉, 2016. 5. 5).

가정 내 폭력은 지속적이고 반복적으로 발생하는 특성이 있다. 특히 자녀들에게 훈육이라는 미명 아래 발생하는 폭력은 사회적 무관심 속에 방치되어 왔다. 이러한 가정폭력을 경험한 아동·청소년들은 폭력을 대물림 받아 가정을 떠나서도 여러 가지 다양한 폭력상황에 노출될 확률이 높다. 아직도 우리나라의 사회·문화적 분위기는 가정 내 폭력을 훈육으로 보고, 아동·청소년이 이에 대응할 능력을 갖추지 못했으며,

지원체계가 충분히 홍보되지 않는 등 다양한 문제가 산재해 있다.

이 장에서는 아동·청소년 인권 관점에서 가정 내 폭력을 들여다보고, 그에 따른 예방책과 구제체계를 알아본다. 이로써 아동·청소년이 가정폭력으로부터 보호될 수 있도록 지원해야 할 것이다.

1. 아동·청소년 인권 관점에서 본 가정폭력

가정폭력[1]의 심각성은 일반폭력과 달리 가족을 포함한 친밀한 관계에서 지속적으로 반복되는 특성을 지니고 있으며, 시간이 지남에 따라 그 정도는 더욱 심해진다. 가정 내 폭력의 피해자는 의식 속에 내면화된 폭력이 피해자 당사자뿐만 아니라 대대로 전승될 수 있어 이들이 문제해결에 폭력을 쉽게 사용할 수 있는 악순환에 놓이게 된다(변화순, 2010). 우리나라의 헌법이나 어린이헌장 등에서 아동의 존엄성과 아동학대의 금지를 선언하고 있으나, 현실적으로 아동의 인권에 대한 미약한 국민적 인식은 체벌이 훈육과 혼용되어 아동에 대한 폭력을 당연시하거나 확대시키는 요인이 되고 있다. 더욱이 폭력은 피해자들에게는 생명의 위협을 느끼게 하고 자녀의 미래를 막아 버리는 등 심각한

---

1) 〈가정폭력범죄의 처벌 등에 관한 특례법〉 제2조 제1항에 의하면, 가정폭력은 가정구성원 사이의 신체적, 정신적 또는 재산상의 피해를 수반하는 행위를 말하며 가정구성원 사이의 모든 폭력을 포괄하고 있다. 가정폭력의 범주는 직접적인 폭행, 상해, 상습범, 유기, 명예훼손, 협박, 감금, 체포, 학대 등과 아울러 심한 욕설과 같은 언어적 폭력 및 의심과 같은 정신적 폭력도 포함한다.

인권유린 행위이며 범죄행위(사회복지 참여연대 홈페이지)라는 것을 인식해야 한다. 아동·청소년은 부모 또는 보호자의 소유물이 아닌 한 인간으로서, 이들의 인권을 존중해야 한다는 인식의 전환이 필요하다.

유엔아동권리협약(이하 '협약') 제19조, 제28조 제2항, 제37조의 '체벌이나 다른 잔인하고 모욕적 형태의 처벌로부터 보호받을 권리'에 관한 일반논평(General Comment) 제8호는 모든 형태의 신체적·정신적 폭력으로부터 아동을 보호해야 하는 국가의 의무를 확실히 하고 있다. 어떠한 수준의 폭력도 허용하지 않으며, 체벌이나 다른 잔인하고 모욕적인 형태의 처벌은 폭력이고 국가는 그러한 폭력을 근절하기 위하여 모든 적절한 법적·행정적·사회적·교육적 조치를 취하여야 한다는 점을 명시하고 있다(황옥경 외, 2015).

세이브더칠드런(2011)은 아동폭력 보고서에서, 아동을 대상으로 폭력을 행하는 것이 사회적으로 용인되고 있는 점이 아동폭력을 근절하는 데 주요한 장애물이 되고 있으며, 아동폭력이 대수롭지 않고 아동을 양육하는 데 있어 정상적 과정이라고 생각하는 이러한 믿음들이 아동폭력을 지속시키는 원인이 되고 있음을 지적하고 있다. 유엔 아동폭력 연구에서는 국가나 시민사회가 아동에 대한 폭력을 근절하기 위해 지원해야 할 12가지 권고사항을 다음과 같이 제시했다.

① 국가 및 지역사회의 책무와 조치 강화
② 모든 형태의 아동폭력 금지
③ 예방 최우선
④ 비폭력가치 및 인식 촉진

⑤ 아동 관련 직업 종사자의 역량 강화

⑥ 회복 및 사회 재통합 서비스 제공

⑦ 아동의 참여 보장

⑧ 접근이 쉽고 아동친화적인 신고체계 및 서비스

⑨ 책임성 강화와 면책 금지

⑩ 아동폭력에 대한 양성적 관점

⑪ 체계적인 국내 데이터 수집, 연구 개발 및 시행

⑫ 국제적 책무 강화

다음은 유엔아동권리위원회의 가정폭력 관련 권고사항이다.

① 제 1차 권고(1996)

가정폭력 및 아동학대 대응 조치 확립: 가정폭력과 아동학대를 방지하고 피해아동을 보호하며 적절한 육체적・사회적 회복을 실현시키기 위한 조치를 할 것. 가정폭력이나 아동학대를 조기에 발견하고 감독하며 적절한 기관에 의뢰할 수 있는 체계를 확립할 것.

② 제 2차 권고(2003)

가정 내 아동폭력 가・피해자 상담・회복・재통합: 개입 또는 처벌에 그치기보다는 가정폭력의 피해자와 가해자 모두에게 원조를 제공할 것. 폭력의 모든 피해자들에게 상담과 회복, 재통합을 위한 지원을 보장하는 전국적인 대응 체계의 구축을 위하여 아동학대예방센터 설립을 위한 노력을 강화할 것.

③ 제 3 · 4차 권고(2011)

아동에 대한 폭력 방지를 위한 국가전략 개발: 아동에 대한 모든 형태의 폭력을 방지하고 해결하기 위한 포괄적 국가전략을 개발할 것. 아동폭력을 명시적으로 금하는 법의 도입과 자료 수집 · 분석 · 보급 체계 통합 및 아동폭력 관련 연구의제를 통합할 것.

아동학대 및 방임 피해아동 지원: 더 많은 보호기관 설치, 학대 및 또는 방임 피해자 위한 충분한 외상 후 지원 및 재활 지원 등의 효과적 운영에 필요한 인적 · 기술적 · 재정적 지원을 할 것.

아동학대 및 방임 신고의무자 법적 의무 강화: 아동학대 및 방임 신고자의 신원 및 안전을 고려하는 적절한 보고체계를 마련하여, 아동학대 및 방임을 신고할 법적 의무를 강화하고 확대할 것.

1) 가정폭력에 대한 오해: 가정폭력은 특별한 가정에서만 일어난다?

지속적으로 발생하고 있는 아동학대의 근본적인 문제해결을 위해서는 '가정폭력의 가해자는 경제적 빈곤이나 특정 가정에서만 발생한다'는 편견에서 벗어나야 한다. 일반적으로 문제가 있는 부모들에게서 자녀에 대한 폭력이 보다 흔하게 발생한다고 생각하지만, 자녀를 학대하는 하나의 성격유형이 존재하지 않는다는 것은 분명하다. 다시 말해 정상적인 부모들조차 때때로 자녀에게 위험할 수 있으며, 폭력을 당한 경험이 있는 부모들이 반드시 폭력의 가해자가 되는 것은 아니라고 알려져 있다(김승경 · 송미경 · 김미경, 2014).

다음은 흔히 가질 수 있는 체벌에 관한 6가지 오해이다.

1. 단순 폭력과 '사랑의 매'는 다른 거 아닌가요?

- 체벌은 아동학대의 출발점. 갈수록 체벌의 강도는 높아짐.

2. 저도 맞고 자랐는데 이렇게 훌륭하게 자랐는걸요?

- 체벌은 아이들이 외롭고, 슬프고, 버려졌다고 느끼게 만들고 정서적 교감을 어렵게 함.

3. 꼭 법으로 금지할 필요가 있을까요? 교육으로 충분하지 않을까요?

- 교육과 법이 한목소리를 내야 함. 비폭력적이고 긍정적인 방식으로 관계 맺는 법 모색.

4. 부모에겐 원하는 방식대로 아이를 키울 권리가 있는 건 아닌가요?

- 아동은 부모의 소유물이 아님. 아동의 의견을 듣고 논리적으로 설명해 주면 아동도 수긍 가능.

5. 세상에 법으로 체벌을 금지하는 나라가 어디 있나요?

- 세계 47개국에서 아동체벌을 금지하고 있고 점점 늘고 있는 추세.

6. 체벌은 우리의 전통 양육방식 아닌가요?

- 체벌은 전통이 아니라 아동폭력을 사회적으로 용인하는 악습임.

출처: 세이브더칠드런(www.sc.or.kr).

2) 가정폭력의 이해: 가정폭력은 또 다른 폭력의 씨앗!

(1) 가정폭력의 후유증

① 낮은 자아정체감

폭력은 폭력의 대상자뿐 아니라 구성원 전체가 불안, 두려움 등으로 인한 자존감 상실과 더불어 조절장애 등 다양한 정서적 문제에 노출될 수 있다. 특히, 미성년 자녀에게는 폭력이 학습되는 경향이 있어 사회적 폭력으로 확대될 위험성이 도사리고 있으며, 이로 인해 자아 정체감이 낮아지는 경향도 있다.

② 폭력의 대물림

가정폭력은 가족이라는 친밀한 관계 속에서 지속적으로 반복되고 그 정도가 심화되는 가정 내 무의식적 인권 침해로, 주요 범죄의 잠재적 요인이 되며, 폭력이 대물림되는 등의 악순환이 일어나는 특성을 가진다.

(2) 가정폭력의 원인

가정폭력이 발생하는 근본적인 원인은 훈육에 대한 무지, 체벌을 당연시하거나 부모가 자녀를 소유물로 여기는 왜곡된 풍조, 부모의 그릇된 욕심과 기대 그리고 고립된 가정환경 및 부부갈등 등으로 볼 수 있다. 이처럼 가정폭력에 의한 아동학대는 다양하고 복합적인 원인에 의해 발생하고 있다.

가정 내에서 부모 간 폭력 상황에의 노출경험은 청소년에게 심각한 영향을 미치며, 특히 이 과정에서 경험한 언어적·정서적 폭력 경험은 청소년의 공격성과 학교폭력 가해에 영향을 미친다. 이는 가정이 폭력의 학습장으로 기능하고 폭력이 세대 간에 전이됨으로써 이후 사회문제로까지 이어질 수 있음을 시사하고 있어 이에 대한 근본적인 대책이 필요하다.

다음은 가정폭력의 실태를 보여 주는 자료이다.

아동학대 발생장소를 살펴본 결과 가정 내에서 발생한 사례가 9,378건(85.9%)으로 압도적인 수치를 보였고, 학대 행위자는 부모인 경우가 8,841건(81.8%)으로 가장 많았다. 2015년 전국 아동보호전문기관에 신고된 아동학대 11,708건 중 아동방임은 2,007건으로 중복학대(5,346건)와 정서학대(2,045건)에 이어 3번째로 많은 것으로 나타났다.

출처: 중앙아동보호전문기관(2015).

(3) 가정폭력의 형태

① 신체폭력

물리적인 힘이나 도구를 이용하여 신체를 직접적으로 때리는 것 외에 물건을 집어 던지거나 어깨나 목 등을 꽉 움켜잡는 것이 포함된다. 아동의 건강복지를 해치거나 정상적인 발달을 저해할 수 있는 신체적 폭력 또는 가혹행위로, 우발적 사고가 아닌 상황에서 의도적으로 행하는 것이 대부분이다. 훈육상의 체벌이라는 이름하에 부모가 행하는 경우가 많다. 부모 자신의 좌절, 분노, 미성숙 등의 원인과 관련되어 나타나며, 멍, 화상, 찢김, 골절, 장기파열 등의 형태로 나타난다.

다음은 신체폭력의 사례다.

B씨는 2일 오후 1시께 인천시 남구의 한 다세대 주택 화장실에서 양치를 하던 딸이 갑자기 의식을 잃고 쓰러지자 머리채를 잡아 흔들어 바닥에 부딪히게 한 뒤 머리, 배, 엉덩이를 발로 걷어찬 혐의를 받고 있다. 당시 그는 꾀병을 부린다는 이유로 딸을 폭행한 것으로 조사됐다. B씨는 지난달

14일부터 딸이 숨진 이달 2일까지 말을 듣지 않는다거나 인사를 제대로 하지 않는다는 등의 이유로 총 8차례 발바닥과 다리 등을 때렸다. 그는 딸을 폭행할 때 신문지에 테이프를 감아 만든 길이 45센티미터 몽둥이나 세탁소에서 주로 사용하는 철제 옷걸이 등을 사용한 것으로 조사됐다.

출처: 연합뉴스TV(2016.8.5).

② 정서폭력

자녀에게 지극히 부정적인 태도를 갖고 언어적 폭력과 정서적 위협, 감금이나 억제, 기타 가학적인 행위를 가하는 것이다. 자녀를 무시하거나 애정이나 칭찬을 거부하는 것과 같은 소극적인 것도 포함된다. 비교 및 차별, 놀리거나 겁을 주는 등 정서적으로 불안하게 하는 행위는 당장은 자녀들에게 심각한 손상으로 나타나지 않으나 이후 대인관계나 사회적 적응에 부정적인 영향을 끼치게 된다.

다음은 정서폭력의 사례다.

A씨는 술에 취한 채 귀가해 자신의 집에서 딸(11)에게 "너는 내 딸이 아니다. 나가라"고 소리치며 집에서 내쫓으려 한 혐의로 기소됐다. A씨는 '그만하라'는 딸의 애원에도 "앞으로 아저씨라고 부르라"며 화를 내는 등 딸을 재우지 않고 1시간 30분 동안 소란을 피웠다.

출처: 〈연합뉴스〉(2017.5.27).

③ 방임 및 유기

부모나 양육자가 자녀의 신체적·지적·정서적 능력개발을 위해 기본적으로 필요한 조건들을 제공하지 못해 영양결핍, 불충분한 의료 보호, 소홀한 교육 등 자녀가 건강과 안전을 위협받고 정서적 박탈감을 경험하게 되는 것이다.

다음은 방임 사례다.

전북 전주의 한 다세대 주택에서 4.5톤 쓰레기 속에 방치된 4남매가 발견되었다. 집 내부에서는 바퀴벌레와 해충 등이 발견됐고, 장기간 위생 상태가 좋지 않은 것으로 보였다. 경찰은 부모를 물리적 방임에 의한 아동학대 혐의로 조사할 예정이다.

출처: 〈연합뉴스〉(2016.8.10)를 수정 · 인용함.

〈그림 4-1〉 가정폭력의 위험성

은폐되는 폭력 가정 내 폭력, 사회적 요인	반복되는 폭력 지속적, 반복적	중복되는 폭력 배우자, 자녀, 부모폭력	순환되는 폭력 세대 간 전이

개인적 요인
정신적 문제, 폭력의 학습, 음주, 스트레스

가정 내 요인
부부 소통 문제, 가부장적 태도, 경제적 요인

사회적 요인
사회적으로 묵인하는 태도, 사회 전반에 걸친 폭력문화

성폭력	학교폭력	아동학대	노인학대	성매매	자살

출처: 여성긴급전화 1366 서울센터(www.1366.or.kr)(2016.12.12).

④ 그 외 폭력

- 경제적 폭력: 생활비를 주지 않는 것뿐만 아니라 직업을 갖지 못하게 하는 것도 포함한다.
- 성폭력: 아동을 대상으로 하는 모든 성적 행위로, 성적 수치심을 유발하는 행위나 원치 않는 성관계를 요구하는 것을 포함한다.

다음은 성폭력 사례다.

A씨는 지난 2011년 10월부터 2012년 9월까지 남양주의 자택에서 수면 제를 영양제로 속이거나 주스에 몰래 넣어 당시 15살이던 친딸에게 먹인 뒤 5차례에 걸쳐 성폭행을 하거나 추행한 혐의로 기소됐다.

출처: 〈일요신문〉(2016.2.18).

3) 가정폭력으로 인한 아동 · 청소년의 인권 침해

가정폭력은 외부로 드러나지 않는다는 특수성 때문에 사회가 묵인할 경우 지속적이고 반복적인 폭력으로 이어진다. 부모의 폭력은 자녀에게 전이되며, 나아가 사회적인 문제인 성폭력, 학교폭력, 아동학대, 노인학대 등으로 확대된다. 아동 · 청소년이 경험하는 다양한 형태의 가정 폭력은 개인의 발달과정에 부정적인 영향을 미치고 나아가 성장과정에서 비행과 범죄로 확대되는 경향이 있다. 가정폭력은 학교폭력을 유발하는 요인일 가능성이 높으며, 특히 학대를 경험한 청소년일수록 그 피해는 심각할 수 있다. 이러한 가정폭력은 청소년기의 학교폭력을 거쳐

<표 4-1> 울산 입양 아동학대 사건

학대 개요	- 40대 양부모 A씨는 2014년 10월, 25개월 된 입양아가 콘센트에 젓가락을 꽂고 장난을 친다는 이유로 플라스틱 자로 엉덩이와 다리 등을 수차례 때리고 학대하였다. 이로 인해 다음 날인 10월 26일 아이는 끝내 숨졌다. - 119구조대와 병원 의료진은 아이의 몸 곳곳에 있는 멍 자국을 발견하였고, 아동학대가 의심된다며 경찰에 신고하였다. 경찰은 40대 양부모를 긴급체포하였다. 타살에 합당하다는 부검의 소견이 나온 후, 경찰은 아동학대 치사 혐의를 적용해 40대 양부모에 대해 구속영장을 신청하였다. - 수사 결과 양부모가 아이를 철제 빨래걸이로 구타한 흔적이 발견되었고, 샤워기로 찬물을 전신에 뿌려 고통을 준 사실도 밝혀졌다.
사건 이후	1심 재판부는 양부모에게 징역 20년을 선고하였다. 이번 사건으로 개정·공포된 입양특례법 시행규칙에 의해, 보건복지부는 앞으로 예비 양부모에 대한 조사가 부실한 입양심사기관에 대해서는 가차 없이 바로 업무정지 처분을 내리고, 입양 후 1년간 사후 관리를 할 예정이다.

출처: 〈한겨레〉(2014.10.29)와 YTN(2015.1.5)을 재구성함.

성인이 된 후 데이트폭력 및 군폭력 등 사회문제로 이어질 수 있다.

따라서 가정폭력 노출경험이 있는 아동·청소년들의 사회적 기능을 향상시킬 수 있는 다양하고 집중적인 치료프로그램을 지원할 필요가 있다. 즉, 국가의 적극적인 지원책이 필수적이다. 참고로 아동학대 가해자의 80% 이상이 친부모이며, 이들은 주로 양육태도 및 방법부족과 사회경제적 스트레스 및 고립 등으로 인한 특성을 가지고 있다. 이에 대한 대책이 절실히 필요하다.

〈표 4-1〉은 양부모에 의한 아동학대로, 예비 양부모에 대한 조사가 부실한 입양심사기관은 바로 업무정지 처분을 받게 되는 등 입양 후 1년간 사후관리 강화의 중요성을 나타내고 있다. 또한 〈표 4-2〉는 인천에서 발생한 아동학대로, 이 사건을 계기로 교육부는 전국 초중등학교의 장기 결석 아동에 대한 전수조사를 확대하였다.

<표 4-2> 인천 학대 여아 탈출 사건

학대 개요	2015년 12월, 인천에서 친부와 계모에 의하여 2년 동안 집에 감금되어 학대와 폭행을 당하던 11세 피해 여아는 너무 배가 고파 2층 세탁실에서 가스 배관을 타고 집을 탈출하였다. 슈퍼마켓에서 과자를 훔쳐 먹던 여아를 발견한 주인은 겨울에 반팔과 반바지를 입고 또래에 비해 지나치게 마른 모습을 수상하게 여겨 경찰에 신고했다. 친부 B와 계모 C는 여아를 수시로 감금하고 상습적으로 폭행한 혐의로 구속되었고, 같은 집에 살면서 폭행에 가담하던 D도 같은 혐의로 구속되었다. 　피해자는 2012년 8월까지는 경기도 부천시의 한 초등학교에 다녔으나 부천시의 다른 동네로 이사한 뒤부터는 학교에 출석하지 못했다. 피해자가 다니던 학교는 피해자가 7일 동안 무단결석하자 출석을 독촉하는 통지문을 보내고, 피해자가 거주하던 지역의 주민센터에 이를 통보하였다. 부천교육지원청과 경기도교육청에 차례로 결석 사실이 보고되었으나 피해자의 가족이 전입신고를 하지 않아 소재가 파악되지 않았다.
사건 이후	이 사건을 계기로 교육부는 5,900개 전국 초등학교를 대상으로 장기 결석 아동에 대한 전수 조사를 실시, 이후 중학교와 미취학 아동으로 대상을 확대하였다. 이 과정에서 부천 초등학생 토막살인 사건, 부천 여중생 백골 살인사건 등이 추가로 밝혀졌다.

출처: 〈한국일보〉(2015.12.21)를 재구성함.

2. 관련 법 및 정책

1) 국제규정

협약에서는 부모의 역할과 의무를 밝히고, 부모가 이를 수행하지 못할 경우 국가가 대신해야 한다고 명시하고 있다. 따라서 국가가 더 이상 '가정폭력은 가정 내에서 알아서 할 일'이라고 간과하는 것이 아니라 가정폭력 아동·청소년을 보호하기 위한 시스템을 마련하고 지속적으로 지원해야 한다.

협약 제 3조. 아동의 최선의 이익

공공 또는 민간 사회복지기관, 법원, 행정당국 또는 입법기관 등에 의하여 실시되는 아동에 관한 모든 활동에 있어서 아동 최선의 이익이 최우선적으로 고려되어야 한다.

협약 제 5조. 부모의 지도와 아동의 진화하는 역량

당사국은 부모 또는 적용 가능한 경우 현지 관습에 의하여 인정되는 확대가족이나 공동체 구성원, 법정 후견인 또는 기타 아동에 대한 법적 책임자들이 아동의 능력 발달에 상응하는 방법으로 적절한 감독과 지도를 행할 책임과 권리 및 의무를 가지고 있음을 존중하여야 한다.

협약 제 18조. 부모의 책임

당사국은 부모 쌍방이 아동의 양육과 발전에 공동 책임을 진다는 원칙이 인정받을 수 있도록 최선의 노력을 기울여야 한다. 부모 또는 경우에 따라서 법정 후견인은 아동의 양육과 발전에 일차적 책임을 진다. 아동의 최선의 이익이 그들의 기본적 관심이 된다.

협약 제 19조. 폭력과 학대

당사국은 아동이 부모, 법정 후견인 또는 기타 아동 양육자의 양육을 받고 있는 동안 모든 형태의 신체적, 정신적 폭력, 상해나 학대, 유기나 유기적 대우, 성적 학대를 포함한 혹사나 착취로부터 아동을 보호하기 위하여 모든 적절한 입법적·행정적·사회적·교육적 조치를 취하여야 한다.

2) 국내법

〈아동학대범죄의 처벌 등에 관한 특례법〉(이하 〈아동학대특례법〉)은 기존의 〈아동복지법〉과 달리 아동학대를 범죄행위로 인식해 범죄자 처벌과 학대아동의 사후관리를 강화한다는 내용을 담고 있다. 상습범은 가중 처벌하고 부모가 상습적으로 아동학대를 했다고 판정되면 친권상실까지 할 수 있는 근거조항을 마련했다. 그러나 〈아동학대특례법〉에서 다루는 아동학대 개념이 다소 모호하다는 견해도 있어 개선의 여지가 있다.

① 〈아동학대특례법〉

제7조. 아동복지시설의 종사자 등에 대한 가중처벌

아동학대 신고의무자가 보호하는 아동에 대하여 아동학대범죄를 범한 때에는 그 죄에 정한 형의 2분의 1까지 가중한다.

제9조. 친권상실 청구

아동학대 행위자가 범죄를 저지른 때에는 검사는 그 사건의 아동학대 행위자가 피해아동의 친권자나 후견인인 경우에 법원에 친권상실의 선고 또는 후견인 변경 신청 심판을 청구하여야 한다.

제10조. 아동학대 신고의무와 절차

누구든지 아동학대범죄를 알게 된 경우나 그 의심이 있는 경우에는 아동보호전문기관 또는 수사기관에 신고할 수 있다.

제47조. 피해아동 보호명령

판사는 직권 또는 피해아동, 법정대리인, 변호사, 아동보호전문기관장의 청구에 따라 피해아동 보호명령을 내릴 수 있다.

② 〈가정폭력범죄의 처벌 등에 관한 특례법〉

제1조. 가정폭력범죄로 파괴된 가정의 회복과 피해자의 인권보호

③ 〈아동·청소년의 성보호에 관한 법률〉

제1조. 성범죄 피해아동·청소년을 위한 구제절차와 보호

④ 〈아동복지법〉

제22조. 아동학대 예방과 방지의무, 피해아동에 대한 신분 조회

제26조. 아동학대 신고의무자에 대한 교육

제27조. 아동학대 등의 홍보

제28조. 사후관리

제29조. 피해아동 및 가족 등에 관한 지원, 아동학대 행위자에 대한 상담 및 교육 권고

3) 정책 지원

정부는 가정폭력 및 아동학대 대응 인프라를 확충하여 피해자들을 지원한다. 중앙아동보호전문기관을 비롯하여 전국에 55개 지역아동보호전문기관 및 40개소의 학대피해아동쉼터가 있다. 학대피해아동쉼터에는 상근원장 및 심리치료 전문 인력을 배치하여 심리치료 기능을 강화하고, 아동학대 발생 가정의 기능 회복을 위한 가족기능 강화 프로그램을 운영한다.

아동학대 신고를 보다 활성화하고 일반 시민들의 인식을 개선하기

위해 교육과 홍보활동을 강화하였다. 아동학대 예방을 위한 유관기관 간 공조체계도 강화하였다. 2014년 〈아동학대특례법〉 제정·시행으로 아동학대범죄 신고의무를 강화하고 그 범위도 확대하였으며, 특히 아동학대 처벌 및 보호절차를 대폭 강화하였다. 자녀를 상습적으로 학대하거나 중·상해를 입힌 부모는 검사의 청구로 친권을 상실당할 수 있음을 포함한다.

다음은 가정폭력 피해자 지원제도 중 일부이다〔출처: 경찰청 공식 블로그 폴인러브(http://polinlove.tistory.com)〕.

① 숙소 지원제도
- 가정폭력 피해자 임시숙소 제도
- 가정폭력 피해자 보호시설 연계: 가정폭력 피해자 대상 긴급피난처 및 장기보호시설로 연계, 숙식 및 맞춤형 서비스 제공(18세 미만 자녀와 동반입소 가능)
- 문의: 여성긴급전화 1366센터

② 치료비 지원제도
- 가정폭력 피해자 의료비 지원제도: 신체적·정신적 치료가 필요한 가정폭력피해자에게 의료비 지원
- 긴급복지 지원제도: 가정폭력을 당한 경우, 가구구성원으로부터 방임 또는 유기되거나 학대 등을 당한 경우에 각종 검사, 치료 등 의료서비스 지원

③ 심리·법률 상담제도

- 피해자 전담 경찰관: 초기 현장 출동 피해자 심리안전 유도, 피해자 심리평가·상담 및 피해자 지원단체 등 연계, 최초 상담 후 피해자 상태 확인 등 사후관리

- 법률지원제도: 무료 법률 상담, 민·가사 소송대리 등 법률 구조

④ 경제적 지원

- 긴급복지 지원제도: 가정폭력을 당하여 가구구성원과 함께 원만한 가정생활이 곤란한 경우 생계 지원, 교육 지원, 동절기 난방비, 전기요금 등 지원

- 배상명령제도: 형사사건 또는 가정보호사건 심리과정에서 간편한 방법으로 민사소송 가능, 범죄로 인하여 발생한 직접적인 물적 피해, 치료비, 위자료 등 배상

⑤ 기타 지원

- 아동취학 지원: 가정폭력 피해자 혹은 동반 가족이 아동인 경우, 주소지 외 지역에서의 취학 지원(시설입소 증명 등을 해당 학교의 장에게 신청)

- 주민등록 열람 제한: 피해자가 폭력을 피해 이사했을 경우 주민등록 열람 제한(주소 비노출)

다음은 〈아동학대특례법〉에서 명시하고 있는 신고 내용과 아동학대 신고의무자에 해당하는 직군에 대한 내용이다. 이 직군에 종사하

는 자가 아동학대를 발견하거나 의심이 드는 경우에는 반드시 아동보호전문기관이나 수사기관에 신고하여야 한다.

아동학대 신고내용

- 신고자의 이름, 연락처, 아동의 이름, 성별, 나이, 주소, 학대 행위자로 의심되는 사람의 이름, 성별, 나이, 주소, 아동이 위험에 처해 있거나 학대를 받고 있다고 믿는 이유
- 아동이나 학대 행위자의 정보를 파악하지 못해도 신고는 가능하며, 가능한 한 많은 정보를 제공하도록 하며, 신고자의 신분은 〈아동학대특례법〉 제 10조, 제 62조에 의해 보장된다.

아동학대 신고의무자란?

다음 각 호의 어느 하나에 해당하는 사람이 직무를 수행하면서 아동학대 범죄를 알게 된 경우나 그 의심이 있는 경우에는 아동보호전문기관 또는 수사기관에 신고하여야 한다(〈아동학대특례법〉 제 10조 아동학대범죄 신고의무자와 절차 참조).

1. 가정위탁지원센터의 장과 그 종사자
2. 아동복지시설의 장과 그 종사자
3. 〈아동복지법〉 제 13조에 따른 아동복지 전담 공무원
4. 〈가정폭력 방지 및 피해자 보호 등에 관한 법률〉 제 5조에 따른 가정폭력 관련 상담소 및 같은 법 제 7조의 2에 따른 가정폭력 피해자 보호시설의 장과 그 종사자

5. 〈건강가정기본법〉 제35조에 따른 건강가정지원센터의 장과 그 종사자

6. 〈다문화가족지원법〉 제12조에 따른 다문화가족지원센터의 장과 그 종사자

7. 〈사회복지사업법〉 제14조에 따른 사회복지 전담 공무원 및 같은 법 제34조에 따른 사회복지시설의 장과 그 종사자

8. 〈성매매 방지 및 피해자 보호 등에 관한 법률〉 제5조에 따른 지원 시설 및 같은 법 제10조에 따른 성매매피해상담소의 장과 그 종사자

9. 〈성폭력 방지 및 피해자 보호 등에 관한 법률〉 제10조에 따른 성폭력피해상담소 및 같은 법 제12조에 따른 성폭력피해자보호시설의 장과 그 종사자

10. 〈소방기본법〉 제34조에 따른 구급대의 대원

11. 〈응급의료에 관한 법률〉 제2조 제7호에 따른 응급의료기관에 종사하는 응급구조사

12. 〈영유아보육법〉 제7조에 따른 육아종합지원센터장과 그 종사자 및 제10조에 따른 어린이집의 원장 등 보육교직원

13. 〈유아교육법〉 제20조에 따른 교직원 및 같은 법 제23조에 따른 강사 등

14. 삭제(2016. 5. 29. 시행일: 2016. 11. 30)

15. 〈의료법〉 제3조 제1항에 따른 의료인과 같은 법 제3조 제1항에 따른 의료기관의 장과 그 의료기관에 종사하는 의료인 및 의료기사

16. 〈장애인복지법〉 제58조에 따른 장애인복지시설의 장과 그 종사자로서 시설에서 장애아동에 대한 상담·치료·훈련 또는 요양 업

무를 수행하는 사람

17. 〈정신건강 증진 및 정신질환자 복지서비스 지원에 관한 법률〉제
3조 제 3호에 따른 정신건강복지센터, 같은 조 제 5호에 따른 정신
의료기관, 같은 조 제 6호에 따른 정신요양시설 및 같은 조 제 7호
에 따른 정신재활시설의 장과 그 종사자

18. 〈청소년기본법〉제 3조 제 6호에 따른 청소년시설 및 같은 조 제
8호에 따른 청소년단체의 장과 그 종사자

19. 〈청소년보호법〉제 35조에 따른 청소년 보호·재활센터의 장과
그 종사자

20. 〈초중등교육법〉제 19조에 따른 교직원, 같은 법 제 19조의 2에
따른 전문상담교사 및 같은 법 제 22조에 따른 산학 겸임 교사 등

21. 〈한부모가족지원법〉제 19조에 따른 한부모가족복지시설의 장과
그 종사자

22. 〈학원의 설립·운영 및 과외교습에 관한 법률〉제 6조에 따른 학
원의 운영자·강사·직원 및 같은 법 제 14조에 따른 교습소의 교
습자·직원

23. 〈아이돌봄지원법〉제 2조 제 4호에 따른 아이돌보미

24. 〈아동복지법〉제 37조에 따른 취약계층 아동에 대한 통합서비스
지원 수행인력

25. 〈입양특례법〉제 20조에 따른 입양기관의 장과 그 종사자

3. 도움 받을 수 있는 기관

- 중앙아동보호전문기관: 지역아동보호전문기관을 지원하고, 아동학대예방사업 연구 및 자료 발간, 효율적인 아동학대예방사업을 위한 연계체계 구축, 아동학대예방 프로그램 개발 및 평가, 아동학대예방 관련 교육 및 홍보. 전국에 55개의 아동보호전문기관이 있음.
www.korea1391.or.kr, 02-558-1391 · 아동학대 신고전화 112.

- 해바라기 아동센터 (아동성폭력 피해상담): 성폭력 피해아동의 신체적 · 정신적 피해에 대한 종합진료체계를 구축하여 피해아동 중심의 통합서비스를 실시하여 성폭력 피해아동의 건강한 성장과 함께 부모 및 보호자의 정신건강을 증진하고자 함.
www.child1375.or.kr, 02-3274-1377.

- 여성긴급전화 1366: 가정폭력 · 성폭력 · 성매매 등으로 긴급한 구조 · 보호 또는 상담을 필요로 하는 여성들이 언제라도 전화로 피해상담을 받을 수 있도록 전국적으로 통일된 국번 없는 특수전화 1366을 365일, 24시간 운영하여 여성 인권을 보호. 전국 17개소 운영.
www.seoul1366.or.kr.

- 반디톡톡 (가정폭력 피해아동 사이버상담):
이메일 상담(wmhotline@stop. or. kr), 게시판상담(www. women-hotline. or. kr), 카카오톡상담(banditalk).

- 중앙건강가정지원센터 및 160개 전국 지역건강가정지원센터:
건강한 가족을 위한 역량 강화 및 부모교육 실시.
www.familynet.or.kr, 1577-9337.

4. 가정 내 폭력 근절을 위하여

그동안 우리 사회에서는 학교에서의 체벌이나 간접체벌에 대한 논의는 활발히 이루어졌으나, 가정 내 체벌에 대해서는 관대한 편이었다. 내 아이는 내가 때려서 가르쳐도 된다는 생각은 폭력을 습관으로 만들어 증폭시키게 된다. 아동은 신체적·정신적 폭력의 모든 형태로부터 보호받아야 하기 때문에 폭력적이고 위협적인, 그리고 체벌을 동반한 훈육은 부모의 정당한 지도에 포함될 수 없다는 인식이 사회적으로 널리 공유되어야 한다. 따라서 가정폭력 예방 프로그램의 내용에 있어서도 갈등해결 방법, 자신과 타인의 인권 보호 등에 기반하여 폭력의 폐해로부터 벗어날 수 있도록 교육하는 것이 필요하다. 무엇보다 아동·청소년이 이러한 가정폭력 상황에 처했을 때 되도록이면 초기에 상담기관의 도움을 받아 폭력의 늪에서 구제될 수 있도록 해야 한다. 폭력은 어떠한 상황에서도 정당화될 수 없는 범죄행위인바, 우리 국민의 인식을 개선하기 위해서는 교육 및 홍보가 지속적으로 이루어져야 할 것이다.

현재와 미래의 우리

현재의 우리는?	미래의 우리는!
부모에 의한 아동학대, 전체 중 80% 이상 [출처: 중앙아동보호전문기관(2015)]	생애주기별 체계적인 부모교육을 통한 부모에 의한 아동학대 0%
취약한 부모 및 보호자 양육능력 향상을 위한 지원 미흡	부모의 상황과 요구를 반영한 실질적인 부모 양육지원 체계 확립

■ 관련 문헌·영상물

한국양성평등교육진흥원(2017. 6. 7). 폭력예방교육 추천 콘텐츠(216종) e-book.

EBS(2015. 3. 3). 〈지식채널e: 사랑이라는 이유로〉.

_____ (2016. 5. 13). 〈평등채널e: 민감한 목격자〉.

_____ (2016. 5. 20). 〈평등채널e: 누구나 알지만 누구도 모르는〉.

_____ (2016. 5. 31). 〈평등채널e: 한 번도 안 되는 것〉.

활동해 보기

1. "사랑의 매", "매를 아끼면 아이를 망친다"는 말은 우리 사회에서 자녀양
   육을 하는 과정에 대해 흔히 사용하는 속담이다. 이러한 관념을 없애기
   위해 사회는 어떻게 바뀌어야 하는가?

2. 다음 주제로 토론하며, 가정폭력을 아동·청소년 인권 관점에서 이해
   할 수 있도록 편견이나 오해를 불러일으킬 수 있는 상황을 제시하고 판
   단해 보자.

   • 가정 내에서 부모와 아동은 동등한 가치를 가지고 있는가?
   • 친구가 가정폭력으로 고통당하고 있는 상황을 발견했을 때 내가 할
     수 있는 일은 무엇일까?
   • 가정 내 아동학대는 왜 일어날까?
   • 아동학대 근절방안은 무엇일까?

제5장
시설보호아동 · 청소년의 인권

인권위, 아동양육시설 아동 인권 증진제도 개선 권고

다음 사례는 국가인권위원회가 2014년 서울 · 경기 지역 내 50명 이상의 아동이 거주하는 아동양육시설을 방문조사한 결과에 따라 내린 권고사항이다.

"B시설에서 아동 면담 시 생활지도사가 막대기로 체벌하였다고 하였고, 시설생활에서 싫은 것에 대한 질문에서 생활지도사 선생님이 때리는 것이 싫다고 응답하였으며, 일부 아동은 사무실에서 무릎을 꿇고 한 시간가량 벌을 섰다고 응답하였음. 또한 직원들도 심각한 체벌이 아닌 경우에는 경고 정도로 그친다고 응답하는 등 경미한 체벌도 정서학대 등의 아동학대가 될 수 있다는 것에 대한 종사자들의 의식이 부족하다는 것을 확인할 수 있었음. 따라서 경미한 체벌, 간접 체벌도 아동의 인격과 신체에 고통을 줄 수 있으므로 원칙적으로 금지되어야 하고, 이에 대한 종사자들의 의식 개선 등을 위한 인권교육이 필요함."

출처: 국가인권위원회 보도자료(2015.2.3).

국가인권위원회는 2014년 수도권의 5개 아동양육시설 인권실태조사를 통해 다수의 시설보호아동·청소년 인권 침해 사례에 대해 시정 권고조치를 내린 바 있다. 보건복지부에서 발표한 연도별 요보호아동 현황을 살펴보면, 2010년 8,590명에서 2011년부터 점차 줄어들어 2013년 6,020명, 2014년 4,994명, 2015년 4,503명으로 감소 추세를 보이고 있다. 그럼에도 불구하고 시설에서의 인권 침해 사례는 더욱 다양해지고 지속적으로 일어나고 있다. 보호가 필요한 아동·청소년은 입양, 가정위탁, 아동양육시설, 그리고 공동생활가정 등으로 보내지게 되는데, 우리나라의 경우 요보호아동의 발생지역과 아동의 특성, 문제의 심각성 등을 고려하여 아동에 대한 보호체계가 결정되어야 하지만 현재는 이러한 특성들이 고려되기보다는 행정 편의적인 우선순위에 따라 대부분 시설로 보내질 수밖에 없는 것이 현실이다.

이 장에서는 시설보호아동·청소년이 겪고 있는 어려움과 시설 내 인권 침해 양상을 살펴보고, 이에 따른 인권 침해 예방책 및 구제방안 등에 대하여 구체적으로 알아보고자 한다.

1. 아동·청소년 인권 관점에서 본 시설보호

보호자가 아동을 부양할 수 없거나 아동을 보호하기에 부적합하다고 인정될 때에는 국가나 사회가 부모를 대신하여 아동이 가정다운 분위기에서 성장할 수 있도록 적극적으로 개입하여 도와주어야 한다. 이것이 현대사회에서 국가의 당연한 의무이고 역할이다.

우리는 시설을 보통 '제 2의 가정'이라고 부른다. 이것은 시설이 여러 가지 이유로 가정에서 생활하기 어려운 아동·청소년을 돌본다는 의미와 함께 시설이 가정과 같은 환경을 제공하는 것을 목표로 운영되어야 한다는 뜻이다. 일반적으로 가정은 인간이 사회화 과정을 경험하는 최초의 사회이면서 동시에 사회학습의 장이기 때문에 가정의 심리적 환경은 아동의 자아 개념뿐만 아니라 개인의 정신적·사회적 적응에 중대한 영향을 미친다. 그러기에 평균 10년 이상 생활하는 시설은 그것이 가정과 같은 기능을 수행하는지가 매우 중요할 수밖에 없다. 그러나 실제로 가정 같은 환경이 주어지는 시설이 있는가 하면, 시설 종사자의 인권의식 부재 또는 시설 내 또래 간의 인권 침해 현상 등으로 오히려 인권을 보장받지 못하는 경우도 많다.

아동복지시설에서의 아동 인권 보장은 협약 당사국에 부여된 의무이행 사항이지만, 협약이행 상황을 모니터링하기 위해 설치된 아동인권위원회(제43조)는 2003년 우리 정부에 '대안양육 체계의 개발이 여전히 제한적이며, 사적 양육기관이 정부의 규제나 정기적인 감사를 받고 있지 않음'을 우려하면서, '모든 공적·사적 시설에 입소한 아동에 대한 정기적인 감사를 보장'할 것을 권고하였다.

출처: 유엔아동권리위원회 제2차 권고(2003).

1) 시설보호에 대한 오해

그간 우리나라에서는 보호가 필요한 아동에 대한 국가의 책임은 단지 의식주 해결이라는 인식이 팽배했다. 이러한 보호시설에서 성장한 아동은 보통 일반 가정에서 자란 아동보다 신체적·정신적 기능뿐만 아니라 사회성도 낮다는 연구결과가 지속적으로 보고되고 있다. 또한 보호시설에서 일어나는 아동 인권 침해문제들도 심각하게 대두되고 있다.

시설보호는 부모가 자녀를 양육하고 보호할 능력을 상실하거나 보호할 의사가 없을 경우 아동을 보호하기 위해 제공하는 사회적 서비스이나, 단순히 보호의 의미만은 아니다. 아동이 지닌 불만이나 문제점을 해결 또는 치유하고, 아동의 인격발달이나 기능에 장애를 가져오는 사회적·정서적 문제점을 개선하여 아동의 정상적인 성장을 돕는 데 목적이 있다.

아동양육시설 청소년기 입소자의 시설생활에 대한 경험을 질적 분석한 연구(이화명·김영미, 2015)를 살펴보면, 입소청소년들은 입소전에 가정에서 오는 불안감과 두려움 등으로 인해 자존감의 상실 등을 경험하고 부정적인 시각에서 스스로를 바라보는 경우가 많았다. 따라서 보호시설의 역할이 의식주 해결이라는 인식에서 벗어나 아동 최선의 이익을 추구하는 처우를 마련하고, 아동이 생활주체임을 인정하며, 아동이 안정된 생활을 해나갈 수 있는 시설 보호가 목적이 되어야 할 것이다.

2) 시설보호아동 · 청소년의 이해

(1) 시설보호아동 · 청소년의 정의

시설보호의 목적은 가정에서 욕구가 제대로 충족될 수 없는 아동들에 대해 아동복지시설에서 가정의 대리적 서비스를 제공하여 아동 · 청소년이 누려야 할 권리를 보장해 주는 것이다. 관련 개념을 살펴보면 다음과 같다.

- 보호대상아동이란 보호자가 없거나 보호자로부터 이탈된 아동, 또는 보호자가 학대하는 아동 등 그 보호자가 아동을 양육하기에 부적합하거나 양육할 능력이 없는 경우의 아동을 말한다(〈아동복지법〉 제3조).
- 아동복지시설은 시설보호가 필요한 아동들에게 위탁, 보호, 양육을 포함하여, 아동들의 신체적 · 정신적 · 교육적 · 제도적 발달을 위한 서비스를 제공하는 국가 또는 지방자치단체의 시설을 말한다(〈아동복지법〉 제16조).
- 아동복지시설의 종류는 아동양육시설, 아동일시보호시설, 아동보호치료시설, 공동생활가정, 자립지원시설, 아동상담소, 아동전용 시설, 지역아동센터 등을 포함한다(〈아동복지법〉 제52조).

이와 같이 우리나라는 〈아동복지법〉에 의해 보호가 필요한 아동 · 청소년이 각 상황에 맞게 다양한 아동복지시설로 배치되며, 그 안에서 보호와 양육을 받게 된다.

(2) 시설보호아동 · 청소년 현황

보건복지부의 '2015년 요보호아동 발생 및 조치 현황' 통계에 의하면 2015년에 발생한 요보호아동은 4,503명이었다. 이들을 발생원인에 따라 구분한 결과 1,094명이 학대 피해아동이었다. 또 부모의 이혼으로 인한 경우가 1,070명, 미혼모 출산으로 인한 경우가 930명이었다.

전체 요보호아동 숫자는 2013년 6,020명, 2014년 4,994명, 2015년 4,503명으로 감소 추세를 보이고는 있으나, 이 숫자는 결코 적은 수가 아니다. 보호가 필요한 아동·청소년이 시설에 입소하여 퇴소하기까지 인권보호와 원가정 복귀가 제대로 이루어지지 않으면 이에 따른 부정적 파급효과가 생길 가능성도 배제할 수 없으므로 시설보호는 굉장히 중요하다고 할 수 있다.

(3) 시설보호 측면에서의 아동 · 청소년 인권

시설아동 인권에 대해 여타 일반 아동의 인권 처우와는 다른 시설보호 측면에서의 인권내용을 유엔아동권리협약의 내용에 비추어 살펴보고자 한다(국가인권위원회, 2010).

첫째, 아동을 인권의 주체로 인식하는 것이 우선 필요하다. 성인과 아동의 관계에서, 또한 성인이 제공하는 보호내용에서 아동이 최종적인 자기결정권을 가진 인간이라는 것을 서비스를 제공하는 시설 종사자들이 인정해야 한다.

둘째, 아동 자신에 관한 충분한 정보를 제공받아야 하고, 아동도 자신에 관한 결정에는 참가할 인권을 보장받아야 한다. 왜 시설에 입소되어야 하는가, 왜 이 시설이어야 하는가, 얼마 정도 시설에 머물러야 하는가, 앞으로 어떻게 될 것인가 등에 대하여 아동은 충분한 정보를 제공받고 그 의견을 전달할 수 있어야 한다.

셋째, 시설 안에서 아동만의 자주적인 모임이나 조직을 인정해야 하며, 자유로운 의사표명을 인정하고 존중해야 한다.

넷째, 아동의 사생활이 충분히 지켜지는 것이 필요하다. 시설에 입소하기 전까지 지니고 있던 소유물, 귀중한 물건의 보관, 애완동물의 인정 등 개인 사물함의 설치 및 개인 방과 점유공간의 보장이 필요하며, 아울러 이를 위한 환경정비도 필요하다.

다섯째, 보호아동이 보호내용 등에서 받는 불이익에 대하여 아동 자신이 호소할 수 있는 기관이 있어야 한다. 그 기관에 대한 정보가 입소 시 아동에게 충분히 알려져서 보호아동이 불이익을 받는 경우 해당 기관에 연락할 수 있도록 해야 한다.

여섯째, 입소시설은 가정환경을 빼앗긴 아동의 심적 문제에 대응하기 위해 그 치료를 위한 보호를 해야 한다. 이를 위해서 규칙적이고 여유 있는 생활, 애정이 깃든 충분한 양의 식사, 청결한 침구와 안심하고 푹 잘 수 있는 환경, 개인 소지품 및 책상이 확보 가능한 공간, 그리고 동일한 환경에 있는 적절한 크기의 아동집단, 아동의 부모-자녀 관계의 회복에의 노력을 포함하여, 아동의 기분과 생활을 지원하고 배려하는 지도원, 보모 등이 필요하다.

이러한 조건을 바탕으로 시설이 아동의 인권을 보장하기 위한 운영 시스템을 갖추고, 종사자의 인식 개선을 위해 지속적인 노력을 기울여야 할 것이다.

2. 인권 침해 사례

1) 시설보호로 인한 아동·청소년의 인권 침해 양상

시설아동은 자신의 인권을 옹호해 줄 부모로부터 버림을 받았거나, 설사 부모나 연고자가 있더라도 권익을 옹호받기 어려운 상황에 있다. 이로 인해 아동복지시설에 살고 있는 아동은 생존권과 발달권의 확보, 의사표명권리, 학대로부터 보호받을 권리, 권리구제절차의 교육과 고지, 시설 내 정보공개 등에서 불이익을 받기 쉽다. 국가인권위원회(2005)에 의하면, 시설에서 양육되는 아동들은 시설에 오기 전부터 불안정한 가정환경으로 인해 상처와 피해를 입고, 시설로 보내지는 과정에서도 자신의 의견이 전적으로 반영되지 못하는 경우가 많았다.

(1) 다수를 위한 생활

아동복지시설에서의 아동·청소년 인권문제는 시설보호의 특성상 일반 가정에 비해 상대적으로 민감할 수밖에 없다. 시설보호아동의 양육환경 자체가 대부분 대규모 집단생활보호이다. 집단생활을 하는 시설에서는 제한적인 공간과 획일적인 운영체계 내에서 행동해야 하는 경우가 많기 때문에 개별적인 선택의 기회가 제한적일 수밖에 없다.

(2) 시설 종사자의 인권의식 부재 및 과중한 업무

아동과 함께하는 시설 종사자들의 인권의식 부재와 과중한 업무 등으로 이들이 아동에 대한 애정적·자율적·수용적인 양육태도보다는 권위적·통제적인 양육태도를 보임으로써 체벌이나 폭력 등의 아동 인권 침해 문제가 쉽게 야기될 수 있다.

(3) 관리 체계 미비

한국의 입소시설은 국가나 지자체가 직접 설립·운영하는 시설이 거의 없고, 대개가 사회복지법인에 의해 운영되고 있다. 문제는 국가와 지자체가 이들 법인을 지원만 할 뿐 관리감독은 제대로 하지 않고 있어 시설 안에서 벌어지는 아동학대를 예방, 감시하지 못한다는 것이다. 행정적 관리뿐만 아니라, 입소 전 상황의 심리적·정서적 어려움을 가진 아동·청소년의 치유 및 상담 프로그램 등이 충분히 관리·지원되지 않아 시설 내 아동·청소년 간 또 다른 인권 침해를 불러오기도 한다.

2) 인권 침해 사례

국가인권위원회에서 아동양육시설의 인권 침해 행위를 직권조사한 결과, 다음과 같은 사례들을 발견하고 개선사항을 권고(2013. 5. 2) 했다. 이 사례를 통해 생존권, 자기결정권, 표현의 자유 등의 인권이 어떻게 침해당하고 있는지를 살펴보도록 하자.

- 관행적인 체벌과 가혹행위 확인: J시설 원장은 직원을 시켜 나무 또는 플라스틱 막대로 아이들의 따귀를 때리는 등 체벌하게 하였고, 욕설을 하는 아동에게 생마늘과 청양고추를 먹이거나 그 방법을 교사들에게 소개한 것으로 드러남.

- 이른바 '타임아웃방'(독방) 운영으로 사실상 감금 행위: 말을 듣지 않는 아동을 통제하는 수단으로 타임아웃방을 운영. 아동들은 최근까지 짧게는 몇 시간에서 길게는 수개월까지 이곳에 머물렀는데, 일부 아동은 밖에서 문을 잠가 화장실에도 못 가는 상태에 놓였으며, 두려움에 자살까지 생각한 경우도 있었다고 함.

- 다양한 규제와 일상생활 제약으로 일반적 행동자유권 제한: J시설 아동들은 자유롭게 의복을 선택하지 못하였고, 외출도 상당한 제약을 받았음. 밥을 먹을 때는 말을 하지 말고 국그릇을 들어선 안 된다거나, '어른들과의 언쟁은 절대로 허용되지 않는다'는 생활규정을 명시하기도 함.

- 기본적 생존권 침해 사례 확인: J시설에서는 온수 공급이 원활치 않아 아동들이 겨울에도 차가운 물로 씻었으며, 식사시간에 맞춰 귀가하지 못할 경우 밥을 굶긴 경우도 있었음.

- 특정 종교 지속적 강요 등 종교의 자유 제한: 다수의 아동이 자신의 의사와 무관하게 교회에 가고 의무적으로 십일조를 냄. 또한 시설 직원도 아닌 외부 주일학교 교사가 교회에 가는 길에 아동들이 떠들었다는 이유로 노상에서 무릎을 꿇게 하는 등의 체벌을 함.

- 자기결정권 및 알 권리 제한: J시설에서 생활하다 2011년 3월 퇴소한 아동 K는 학원 수강 등의 명목으로 자신의 이름으로 적립돼 있는 자립지원금 지급을 요청하였으나 J시설은 2012년 11월이 돼서야 지급함. 또한, 아동들은 자신의 통장에 얼마의 돈이 들어 있는지 자세히 알지 못하고 안내받지 못했음.

- 표현의 자유, 참여권 등 기타 기본권 제한: J시설에서는 2009년 8

월부터 단 3회 자치회를 개최하였을 뿐 이후 어떠한 자치회 활동도 없었음. 또한 인권위 진정함을 설치만 하고 아무런 안내문도 첨부하지 않음.

• 장애아동 보호조치 소홀: 장애아동의 경우 장애 특성을 감안한 보호조치를 받지 못하고 있는 것으로 확인. 시설 생활교사 등도 장애아동 및 ADHD 아동의 특성에 대한 적절한 교육을 받지 못한 것으로 확인됨.

이외에도 아동복지시설에서 일어나기 쉽고 언론에 자주 보도되는 인권 침해 사례는 주로 체벌로 인한 아동학대, 법인시설에서는 종교의 자유, 표현의 자유 및 참여권 제한(자치회 운영, 진정절차), 운영의 어려움으로 생긴 생존권 보장 위협 등이 있다.

3. 관련 법 및 정책

1) 국제규정

협약 제20조는 아동이 가족 등의 문제로 보호가 필요할 경우에 국가로부터 직접적인 보호와 지원을 받을 권리를 규정하고 있다. 이때 보호란 가정적인 환경이 제공되는 대안양육에 의해 아동이 보호되고, 보호에 필요한 적절한 지원이 시설아동에게 제공되고 있는지를 확인해야 한다는 것이다. 또한 현재 시설보호아동에 대한 서비스 체계 내에서 가정적 환경제공을 위한 최선의 선택이 이루어지고 있는지를 점검해 보아야 한다는 것이다.

협약 제 20조

제 1항. 일시적 또는 항구적으로 가정환경을 박탈당하거나, 가정환경에 있는 것이 자신의 최선의 이익을 위하여 허용될 수 없는 아동은 국가로부터 특별한 보호와 지원을 받을 권리가 있다.

제 2항. 당사국은 국내법에 따라 이러한 아동을 위한 대체적 보호조치를 마련해야 한다.

제 3항. 이러한 보호조치는 특히 양육위탁, 회교법의 카팔라, 입양, 또는 필요한 경우 적절한 아동 양육기관에 두는 것을 포함한다. 해결책을 모색하는 경우에는 아동 양육에 있어 계속성 보장이 바람직하다는 점과 아동의 인종적 · 종교적 · 문화적 · 언어적 배경을 적절히 감안하여 조치한다.

2) 국내법

〈아동복지법〉 제 2조는 차별금지, 제 4조는 아동이 태어난 가정에서 성장할 수 없을 때에는 가정과 유사한 환경에서 성장할 수 있도록 해야 한다고 규정하고 있다. 기본적으로 아동의 복지가 인권보장의 관점에서 어떠한 차별이 있어서는 안 되며, 보호를 필요로 하는 아동에 대한 가정적 환경 제공과 이들과 관련한 사안에 아동의 의견을 존중하고 적극적으로 반영할 것을 명시하고 있다. 이를 토대로 아동 · 청소년의 인권보호를 위하여 아동복지시설 운영기준, 퇴소아동의 자립지원에 대한 법률을 규정하고 있다.

또한 〈국가인권위원회법〉 및 〈국가인권위원회법 시행령〉에는 인권침해나 차별행위에 대한 내용 진정절차를 규정함으로써 시설보호아동·청소년이 인권 침해에 대하여 진정할 수 있는 창구를 마련해 두었다. 그러나 시설장이 이를 시설보호아동·청소년들에게 안내하고 교육시키는 것을 꺼려할 수 있으며, 진정절차를 거칠 때 아동·청소년의 인권이 얼마나 보장될 수 있는지 등의 문제가 있을 수 있으므로 이에 대한 충분한 안내와 교육을 실시하여야 한다.

〈표 5-1〉 시설보호 관련 국내법 내용

아동복지법	• 제2조. 차별금지 • 제3조. 보호대상아동과 아동복지시설의 정의 • 제4조. 아동이 태어난 가정에서 성장할 수 없을 때에는 가정과 유사한 환경에서 성장할 수 있도록 함 • 제31조. 아동복지시설의 안전기준 마련 및 교육 • 제38조. 시설 퇴소 시 자립지원 • 제39조. 자립지원계획의 수립 등 • 제40조. 자립지원전담기관의 설치·운영 등 • 제41조. 아동자립지원추진협의회 설치 • 제54조. 아동복지시설의 종사자 • 제55조. 아동복지시설 종사자의 교육훈련 • 제57조. 아동복지시설의 장의 의무
국가인권위원회법	• 제30조. 인권 침해나 차별행위에 대한 내용을 진정할 수 있음 • 제33조. 진정의 내용에 따라 다른 구제 절차와 이송 • 제57조. 진정서 작성 등의 방해에 대한 징역 및 벌금조항
국가인권위원회법 시행령	• 제2조. 다수인 보호시설 중 아동복지시설에 대한 정의 • 제6조. 진정방법의 고지 등 • 제7조. 진정함의 설치·운용 • 제8조. 위원회가 보낸 서면의 열람 금지 • 제9조. 진정서의 자유로운 작성 및 제출 • 제10조. 방문 진정접수

3) 관련 정책 및 제도

우리나라의 '요보호아동 보호' 사업은 아동학대, 가정불화, 경제적 어려움 등의 이유로 원가족과 분리되어 생활할 필요가 있는 아동이 아동복지시설이나 그룹홈, 위탁가정 등에 거주할 수 있도록 지원한다. 또한, 요보호아동이 성년(18세)이 되어 시설을 퇴소할 경우 자립에 필요한 자금을 마련할 수 있도록 지원하는 사업을 수행하는 등 '요보호아동 자립지원'을 위한 사업을 함께 추진하고 있다.

(1) 아동복지시설 지원

요보호아동을 보호하는 아동복지시설은 2015년 말 기준으로 총 281개소가 운영되고 있다. 그중 243개소가 아동양육시설로 거의 대부분을 차지하고 있으며, 보호치료시설 11개소, 자립지원시설 12개소 등 그 외 시설은 10개소 내외로 운영 중이다. 보건복지부 〈2016년 아동분야사업안내〉는 다음과 같이 아동복지시설을 운영하고 입소아동·청소년을 보호·지원해야 한다고 제시한다.

- 지자체 역할: 시설 내 성범죄 및 학대 예방 등 입소아동 인권강화를 위한 관리감독 강화, 시설아동 인권강화를 위하여 관할 아동보호전문기관 등과 연계하여 아동 대상 인권 실태조사 실시 및 시설 종사자에 대한 아동학대 예방교육 참여 여부 점검.
- 시설장 역할: 아동 인권 실천에 대해 아동이 가정, 학교, 사회로부터 침해받아 온 인권을 보호해야 하며, 인권교육 실시 및 모든

프로그램(안전, 건강과 영양 등)에 있어 아동권리를 실현하고 아동의 인권의식을 강화하도록 지원.

(2) 요보호아동 자립지원제도

우리나라는 아동양육시설 퇴소 또는 위탁보호 종료 이후 보호대상아동의 자립을 위해 주거·생활·교육·취업 등을 지원하고 있다.

〈표 5-2〉 요보호아동 자립지원제도

지원제도	지원내용
퇴소 및 보호종결 아동 자립지원정착금 지원	지자체별로 아동복지시설(양육시설, 그룹홈) 퇴소아동과 가정위탁보호 종결 아동에게 1인당 100만~500만 원 지급
대학등록금, 전세자금 지원	일부 시·도에서 시설 퇴소, 가정위탁(소년소녀가정 포함) 종결 아동에게 대학등록금, 장학금, 전세자금 등 지원
자립준비 프로그램 지원	- Ready? Action! 표준화 프로그램 지원 - 자립시뮬레이션 프로그램(자립체험관), 자립준비캠프 - 교육: 주거지원, 금전관리 (자립정착금, CDA), 정보제공 등 자립에 필요한 교육
주거 및 교육비 지원 사업	① 주거안정자금 지원: 일정 심사를 거쳐 연 최대 500만 원을 1년간 지원 및 사례관리(보증금, 월세 등 주거비용 사용) ② 등록금 지원: 한 학기 최대 500만 원까지 1년간 지원 및 사례 관리, 학업생활보조비 연간 100만 원 지원 ③ 자격증 취득 지원: 만 17세 이상 30세 미만 아동복지시설 및 가정위탁아동 자격증 취득비 지원 및 사후관리 ④ 어학교육지원(YBM 지원): 2개월간 전국 YBM어학원 강좌 중 1과목 지원

4. 도움 받을 수 있는 기관

1) 권리구제 체계

(1) 아동복지시설의 신고의무

아동·청소년 관련 기관 등에 해당하는 기관시설 또는 단체의 장과 그 종사자는 직무상 아동·청소년 대상 성범죄 발생사실을 알게 되었을 때 즉시 그 사실을 수사기관에 신고하여야 한다(〈아동·청소년의 성보호에 관한 법률〉제34조). 또한 신고의무자가 아동·청소년 대상 성범죄를 알게 된 즉시 인근 수사기관(경찰서) 등에 신고하여야 하며, 상담 또는 자문이 필요한 경우 전국청소년성문화센터, 성폭력상담소, 해바라기 아동센터, 아동보호전문기관 등에 자문할 수 있다. 신고의무 위반 시 300만 원 이하의 과태료를 부과한다(동법 제67조 제4항). 이때 신고인의 신분은 보호되어야 하며 그 의사에 반하여 신원이 노출되어서는 안 된다. 또한 종사자가 보호하는 아동에게 아동학대범죄를 범한 때에는 그 죄에 정한 형의 2분의 1까지 가중된다.

(2) 진정제도

• 〈국가인권위원회법〉제31조에 따른 시설보호아동에 대한 진정권을 보장하고, 진정서 작성에 필요한 시간과 장소 및 편의를 제공하여야 한다.

• 시설 거주자가 위원 또는 위원회 소속 직원 앞에서 진정하기를 원하는 경우 소속 공무원 등은 즉시 그 뜻을 위원회에 통지하여야 한다.

• 아동복지시설의 장은 아동을 최초로 보호할 때 시설보호아동에게 인권 침해 사실을 위원회에 진정할 수 있다는 뜻과 그 방법을 고지해야 한다.

• 아동복지시설의 장은 진정함의 설치 장소를 위원회에 통보하고, 시설아동이 직접 진정서를 봉투에 넣고 진정함에 넣을 수 있도록 하여야 한다.

• 매일 지정된 시간에 시설아동이 위원회에 제출할 목적으로 작성한 진정서 또는 서면이 진정함에 들어 있는지 여부를 확인하여야 하며, 진정함에 진정서 또는 서면이 들어 있는 때에는 지체 없이 이를 위원회에 송부하여야 한다.

(3) 도움 받을 수 있는 기관

• 국가인권위원회(02-2025-9700) : 인권상담, 진정, 민원 신청

• 경찰청긴급지원센터(117) : 폭력 피해자 상담 및 수사 지원

• 청소년상담지원센터(1388) : 지역사회청소년통합지원체계, 위기청소년 긴급구조, 일시보호소 제공, 청소년동반자 상담서비스

• 아동보호전문기관(1577-1391) : 학대받은 아동의 발견, 보호치료 및 상담

• 중앙아동보호전문기관(1588-1391, 보건복지부 콜센터 129) : 학대, 폭력 등 상담 및 신고

• 여성긴급전화(1366, 휴대폰은 지역번호 + 1366) : 피해자에 대한 1차 긴급상담, 서비스연계상담소, 보호시설 의료 및 법률기관, 긴급피난처 제공, 현장상담서비스

2) 예방책

(1) 아동양육시설용 인권평가지표를 통한 정기적 점검

아동복지시설에서 발생하는 인권 침해 문제의 개선을 위해 국가인권위원회는 인권평가지표를 마련하였다. 이는 시설 스스로도 정기적인 점검을 해볼 수 있는 기준이 마련되었다고 볼 수 있다. 그중 가장 많은 아동·청소년이 입소하여 생활하는 아동양육시설용 인권평가지표 내용을 〈표 5-3〉에 제시하였다. 아동양육시설용 아동인권지표에 대한 세부조항은 국가인권위원회 홈페이지(www.humanrights.go.kr)에서 확인할 수 있으며, 이 외에도 보건복지부의 〈아동복지시설평가지표〉 중 '아동권리' 영역지표, 〈2016 아동분야사업안내〉 책자 내 아동복지시설의 '아동 인권 자체점검표'를 활용할 수 있다.

〈표 5-3〉 아동양육시설 인권평가지표

내용 구분	조항 내용
생존권	식생활, 의생활, 주생활, 보건, 안전 등 5개 중분류 영역 아래 22개 질문항목으로 구성
보호받을 권리	입소 시의 준비, 시설에서의 아동보호, 체벌과 문제행동, 특별한 아동에 대한 보호, 부모와의 관계 증진, 귀가·퇴소와 사후지도 등 6개 중분류 영역 아래 25개 세부항목으로 구성
발달권	교육받을 권리, 풍부한 인간관계, 문화적 권리 등 3개 중분류 아래 11개 세부항목으로 구성
자유권·참정권	개인생활에 대한 의사결정, 사생활의 권리, 용돈 관리와 아르바이트, 시설 운영에 참여, 지역사회와 관계 형성 5개 중분류 아래 19개 세부항목으로 구성
권리보장 체계	권리 옹호를 위한 제도적 장치, 인권 옹호 지침과 고충 처리, 인권교육, 직원의 권리상황, 투명한 시설운영 등의 5개 영역으로 중분류 아래 14개 세부항목으로 구성

출처 : 국가인권위원회(2010), 〈2010 아동복지시설 아동인권상황 실태조사〉 내용 재구성.

(2) 예방교육

〈아동복지법〉에 의하면 아동을 보호하는 기관은 반드시 연 1회 이상 아동학대 예방교육을 실시해야 한다. 이는 2016년부터 아동학대 예방 및 신고의무에 관한 법령, 신고방법 및 피해 아동보호 절차 등에 대해 집합 및 사이버교육 등으로 보다 적극적으로 진행되고 있다. 예를 들면, 충북은 국가인권위원회와 아동보호 전문기관의 전문강사를 초빙해 아동 인권의 이해와 아동의 권리, 아동학대 실제 사례 분석과 대응방안 등을 주제로 교육을 실시하고 있으며, 충남 안산시는 아동복지시설 종사자를 대상으로 아동학대 조기 발견, 신고요령, 성폭력 예방교육, 화재예방 교육 등 다양한 교육을 진행하고 있다.

그러나 한국사회복지협의회 · 사회복지연구평가원(2015)이 아동복지시설 종사자를 대상으로 현재 진행하는 예방교육을 평가한 결과, 아직 개선해야 할 점들이 많았다.

① 전 직원 신고의무자로서 기본사항 숙지 교육

〈아동학대특례법〉이 지난 2014년 9월부터 시행되었고, 아직 모든 아동복지시설 종사자들은 아동학대 신고의무자로서 아동학대가 의심만 되어도 신고하도록 되어 있는 것을 정확히 인지하지 못한 상태이다. 시설에서 미신고 시 받게 되는 처벌에 대하여도 교육이 필요하다.

② 아동학대 범위와 훈육과 체벌 구분

많은 아동복지시설에서 종사하는 직원들은 아동들을 바르게 양육하기를 희망한다. 그러나 최근 아동학대 등 인권문제가 사회적으로 이슈화되면서 양육 차원에서의 훈육과 아동학대의 구분을 정확히 알고 싶어한다. 종사자들 가운데 50.2%가 이 부분에 대하여 교육받기를 원한다고 응답하였다. 또한 아동들을 어떻게 긍정적으로 훈육해야 아동들이 보다 밝고 명랑하고 바르게 성장할 수 있는지를 알고 싶다고 응답했다.

③ 체벌금지 교육 필수

아직도 일부 생활지도원들은 아동을 위하여 적절한 체벌이 필요하다고 응답하였고, 시설에서 체벌을 할 수 있어야 한다고 주장하는 응답자들도 29.5%나 되었다. 절대 체벌을 해서는 안 된다고 인식하는 종사자는 32.0%로서 적절한 체벌은 아동을 위해 필요하다고 보는 종사자들과 비슷한 응답률이 나타났다. 분명히 시설에서는 어떠한 경우에도 아동을 체벌해서는 안 된다는 것을 확실히 주지시킬 필요가 있다.

④ 상담교육

아동의 권리에 대한 실질적인 고민과 해결방안에 대하여 다각적으로 살펴보고 그 경험을 공유할 수 있는 교육이 필요하다.

5. 실천과제와 전망

시설보호아동·청소년들은 가족으로부터 분리돼 살아야 하는 심리적 고통을 경험하기 때문에 지속적인 치료적 보호가 필요하며, 이를 위해서는 이들을 위한 상담 지원이 다각적으로 이루어져야 한다. 또한 또래

간에 소외나 배척, 폭력 등이 발생하지 않도록 관심을 가져야 하며, 시설 종사자의 인권의식 개선을 위해 지속적인 교육을 제공하여 시설보호 아동·청소년들에게 학대나 폭력이 가해지지 않도록 관리해야 한다.

미국의 경우에는 '아동·청소년 보호'라는 틀에서 벗어나 가족의 다양한 욕구에 대응할 수 있도록 하고 있다. 아동을 대리보호하는 중요한 원칙 중 하나는 아동과 가족을 통합적인 차원에서 파악해야 하며, 서비스에 아동과 가족의 적극적인 참여를 전제해야 한다는 것이다. 우리나라도 원가정으로 돌아가는 것을 목표로 아동·청소년뿐만 아니라 가족의 상담·치료까지 포함하는 광범하고 다양한 지원체계가 필요하다.

또한 시설보호아동·청소년들은 그 권익을 옹호해 줄 수 있는 사람(주로 부모)의 부재로 적극적인 권익옹호가 필요함에도 아직까지 아동권리 보장체계(권리옹호를 위한 제도적 장치, 인권옹호 지침과 고충 처리, 인권교육, 시설의 투명성)가 미흡한 상황이다. 앞서 언급한 J시설과 같이 진정함이 설치되어 있음에도 이를 이용하기는 쉽지 않으며, 시설보호아동·청소년의 문제를 전문적으로 상담해 줄 마땅한 곳이 없어 이들의 인권을 보호할 지원책이 필요하다.

시설보호의 궁극적인 목표는 모든 아동을 지역사회에서 그들 고유의 가정, 입양, 위탁가정 또는 공동생활가정(그룹홈)과 같은 가정생활로 복귀시키는 것이다. 〈표 5-4〉에서 볼 수 있듯이 원가족과의 관계가 지속될 수 있는 방안이 강구될 필요가 있으며, 가족과 시설청소년 간에 소통의 장이 마련될 수 있도록 지원하는 프로그램이 필요하다. 또한 아동복지시설서비스는 좀더 영역을 넓혀서 시설아동의 가족은 물론 지역사회의 일반 가정의 가족보존과 가족지지를 지향하며, 아동의 최선의 이익을 지향한다는 아동권리 철학과 실천방향을 잊지 말아야 할 것이다.

〈표 5-4〉 미국의 맞춤대응(Differential Response, DR)

내용	맞춤대응은 1993년에 시작되어 2014년에는 38개 주가 전체적, 부분적으로 실시하고 있다. 아동부 산하 아동복지정보게이트웨이(Child Welfare Information Gateway) 보고서에 따르면 2004년에 비하여 2013년에는 친부모와의 재결합은 물론 입양, 후견인은 증가하고 장기보호시설에서 생활하는 아동의 수는 줄어든 것으로 확인되었다.
경로	1. 아동학대 및 방임 신고로 접수되었으나 조사 결과 학대, 방임이라 보기 어려운 경우, 가족이 지역 내 민간기관의 상담, 부모교육 등 서비스를 받을 수 있도록 연계하여 가족의 안정과 아동보호를 도모. 2. 아동학대 및 방임 사례로 판단되지만 정도가 심각하지 않고, 가족에게 집중적인 서비스를 제공할 경우, 또는 아동의 안전이 담보될 수 있다고 판단될 경우 가족의 동의하에 아동보호기관(CPS)과 민간기관이 다양한 서비스를 해당가구에 집중 제공. 3. 아동학대 및 방임 정도가 심각하여 아동이 가정에서 생활하는 것이 안전하지 않다고 판단될 경우 가정 외 보호하며, 법원, 경찰이 공동개입. 4. 아동이 위탁가정에 배치되었으나 이후 가족과 재결합(reunification)한 경우 아동학대, 방임의 재발을 방지하기 위한 목적으로 서비스를 제공.

현재와 미래의 우리

현재의 우리는?	미래의 우리는!
대규모 시설중심의 아동보호로 인한 인권 침해 극대화	가족과 떨어진 아동·청소년을 시설에 수용하는 대신 그룹홈과 위탁양육 확대 등 다양한 지원제도 실시 [출처: 유엔아동권리위원회 2차 권고사항 (2003)]

활동해 보기

다음 사례에 어떻게 대처할 수 있을지 생각해 보자.

아동 H는 중학교 3학년 남아로, 자신의 숙사에서 동생들을 괴롭히거나 짜증을 내는 일이 많다. 또한 지금 생활하고 있는 숙사에서 살기를 싫어하여 다른 숙사로 이동하기를 원하나, 다른 숙사의 같은 또래 및 동생들이 H에게 여러 차례 괴롭힘이나 심한 장난을 당한 적이 있다. 타 숙사 아동들은 H가 자신들의 숙사에 옮겨 오는 것을 아주 싫어하여 담당교사에게까지 반대입장을 명확히 밝혔다. 결국 해당 아동은 다른 아동들에게 미움을 받아 숙사를 선택할 권리를 박탈당했다. 해당 아동은 현재 자기가 속해 있는 곳을 거부하지만 결국 자기 숙사와 타 숙사 모두에서도 행복감을 느끼지 못하고 있다.

열린 대처방안: 아동의 선택권이라고도 볼 수 있지만, 아동 간의 관계에서 발생하는 갈등은 아동의 보호권과도 관련된다. 다음의 대처방안은 다양한 측면에서 고려해 본 것이므로 더 많은 생각과 대처방안을 자유롭게 토론해 보자.

1. 이 아동의 인간관계 형성과정이나 의사소통의 능력 등에 대한 깊이 있는 관찰 및 상담이 필요하다. 대인관계 형성과정에서 아동에게 풀어야 할 과제가 있다면 그걸 우선적으로 해결할 수 있도록 돕는 편이 바람직하다.
2. 자연스러운 또래그룹을 형성하고 집단프로그램을 계획하여 근본적인 원인을 제거하는 것이 필요하다.

제6장
이주아동 · 청소년의 인권

방치된 '그림자 아이들'

우리나라에는 학교에도 병원에도 갈 수 없는 '그림자 아이들'이 있다. 한국에서 태어났으나 출생신고조차 못해 서류상으로 존재하지 않는 그림자 아이들이 약 2만 명으로 추정된다. 한국말을 하지만 숨어 지내는 아동들이다. 우리나라는 속인주의 원칙에 따라 부모 중 한 명이라도 한국 국적을 가져야 그 자녀가 국적을 취득할 수 있으나, 이들은 부모 모두 외국인으로 미등록 상태이거나 합법적 체류기간이 만료되어 한국 국적을 취득할 수 없는 불법체류자의 자녀들이다.

세계 10위권의 경제대국이자 경제협력개발기구(OECD) 회원국인 한국에서 2만 명의 그림자 아이들이 의무교육도 받지 못하고 아파도 병원에도 못 가고 있다. 이들이 사회안전망의 사각지대에 방치되어 있는 비인간적인 현실은 국제적인 수치다. 유엔 사무총장까지 배출한 한국은 그 위상에 걸맞은 지구촌 사회의 책임과 의무를 다하도록 법적, 제도적, 그리고 인도적 조치를 시급히 취할 필요가 있다.

출처: 〈세계일보〉(2016.6.15).

최근 우리 사회는 국내에 거주하는 외국인근로자가정과 국제결혼에 의한 결혼이민자 가정이 급증하면서 빠르게 다문화사회로 변모하고 있다. 그러나 단일민족과 혈통주의를 강조하고 피부색이나 국적에 따른 차별과 배타적 경향이 강한 사회적 분위기로 인해 다양한 인권 침해 사례가 발생하고 있는 실정이다. 초기 다문화정책이 다문화여성 중심이었다면 이제 정책의 중심은 그 자녀인 다문화아동으로 옮겨지고 있으며, 다문화아동의 형태 또한 중도입국자녀, 미등록아동, 난민아동 등 다양한 문화적 배경을 가진 아동들이다. 우리 사회는 이들의 권리보장에 관한 법제도적 정비를 해나가고 있으나 현실의 생활영역에서는 다양한 사회문화적 차별이 존재하고 있다(이재연 외, 2015).

〈다문화가족지원법〉 등 법제도 내에서 지원대상이 되는 자녀들이라 할지라도, 법제도 자체의 보호와 지원이 미흡한 문제도 나타나고 있다. 앞의 기사에 나오는 '그림자 아이들'처럼 국제사회의 권고에도 불구하고 법제도 밖의 사각지대에 방치된 아동들은 지원 법제 안으로 들어오기에 앞서 법에 의한 기본적인 권리보장이 전제되어야 하는 것이 현실이다(송효진 외, 2015). 통계에는 잡히지 않지만 다양한 형태로 미등록 상태에 놓인 이주아동은 2만 명이 넘을 것으로 추산된다.

이 장에서는 증가하고 있는 이주아동·청소년의 현실과 인권 침해 사례 그리고 그에 대한 지원체계를 알아봄으로써 우리 사회 이주아동·청소년의 인권을 향상시킬 수 있는 방안을 모색해 보고자 한다.

1. 인권 관점에서 본 이주아동·청소년의 상황

1) 이주아동·청소년에 대한 오해

다양한 배경을 가진 이주아동·청소년이 낯선 환경에서 적응하기 위해 상당한 기간과 노력이 필요하듯이 내국인 학생과 교사도 이들을 이해하고 배려하는 자세가 필요하다. 내국인 학생과 교사의 태도나 인식이 변화하지 않는 경우에 문제가 발생하기도 하는데, 일례로 학생을 만나는 교사가 호기심을 표현할 때 해당 학생은 불쾌감을 느낄 수도 있다. 또한 유사한 일이 지속적으로 반복되면 학교 구성원들은 다문화가정에 대해 좋지 않은 인식을 갖게 될 가능성이 있고, 이는 학교 자체에 대한 부정적 인식으로 연결될 가능성이 있다(오성배, 2011).

이러한 점과 더불어 최근 이주아동·청소년에 대한 학업중단율과 학습 부진 등에 대한 내용이 자주 언론에 보도되면서 그들에게 '특별'이라는 이름의 구분과 낙인을 지우는 것에 대한 우려가 나타나고 있다. 한국청소년정책연구원의 연구에서도 이들을 모두 하나의 집단으로 범주화해 부족하고 결핍된 존재로 인식하는 것은 심각한 판단 오류라고 지적하며 이들을 다른 사람으로 구분해서 지원하는 대신 같은 이웃으로 통합하는 정책이 더 필요하다고 강조했다(서울특별시교육청, 2014).

암묵적인 배타적 태도와 편견, 고정관념으로 인해 다문화가정 자녀의 학교생활과 적응이 어려워지기도 한다. 이러한 차별과 편견의 경험은 이주아동·청소년들이 학교를 중도 이탈하는 요인으로 작용하기도 한다. 정확한 근거도 없이 만들어 내는 고정관념과 편견은 그것이 차별의 의도가 없을지라도 해당 학생에게는 큰 상처가 되므로 학교에서뿐만 아니라 사회 전반적으로 다문화 인권교육이 시행될 필요가 있다.

2) 이주아동 · 청소년의 이해

이주배경을 가진 사회구성원의 증가에 따라 학교에서도 이들의 수가 꾸준히 증가하고 있다. 2016년 다문화 학생 비율은 전체의 1.7%를 차지하고 있는 것으로 나타났다(교육부, 2016). 특히 최근 외국인 부모의 국가에서 생활하다가 청소년기에 입국하는 동반 중도입국청소년과 같은 다양한 형태의 다문화청소년이 증가하고 있어 문화적 이질성으로 인한 사회 부적응 현상도 여러 양상으로 발생하고 있다.

중도입국청소년은 이주자로서의 문제에 청소년 성장기의 어려움을 더하여 겪게 되며, 미등록 이주가정 청소년은 신분상의 불안정으로 정규학교 입학에 어려움을 겪거나 학교생활이 불안정한 상태에 있다(여성가족부, 2015). 이주아동[1] · 청소년은 자아정체감이 확립되는 청소년기에 낯선 환경에서 다른 언어를 사용하며 살아간다는 점에서 자신이 가진 고유한 정체성을 잃고 방황하기도 한다. 또한 부모의 재혼으로 한국에 입국한 이주아동 · 청소년은 새로운 가족의 형성과 원활하지 못한 의사소통 및 문화적 차이, 복잡한 가족환경의 변화에 따른 가족 간의 갈

---

1) 이주아동: 한국 국적이 없이 한국에서 살고 있는 18세 미만의 사람으로 출생지에 따라 외국 출생자와 한국 출생자로, 국적에 따라 외국적자와 무국적자로, 체류 자격에 따라 등록아동과 미등록아동으로 나뉜다(이주아동권리보장기본법 제정 추진 네트워크, 2015).

등을 겪게 된다. 교우관계의 경우, 자신과 같이 외국에서 이주해 온 친구들로 비교적 제한되는 경우가 많고 학교를 다니지 않는 경우도 많아 한국의 주류 청소년들과 어울릴 수 있는 기회가 상대적으로 적어 상당한 어려움을 겪고 있다. 이와 같이 이주아동·청소년은 학업과 사회정서, 진로 등 실로 다양한 부분의 어려움에 직면해 있다.

유엔아동권리협약(이하 '협약')에서는 당사국에 거주 중인 아동에 대해 포괄적 차별금지(제2조), 이주권(제10조) 및 교육권(제28조)의 보장, 아동의 인격, 재능, 정신적·신체적 능력의 최대한 개발 등 아동에 대한 교육(제29조)의 지향점을 명시함으로써 아동에 대한 권리를 구체적으로 보장하도록 하고 있다.

미등록이주민의 자녀를 포함한 이주아동이 실질적으로 교육에 접근하고 교육받을 수 있도록 보장하는 정책과 전략을 개발하고 채택할 것을 당사국에 권고한다.

협약의 제7조에 합치되도록 위원회는 부모의 법적 지위나 출신에 상관없이 모든 아동에게 출생 등록이 가능하도록 보장하기 위한 조치를 취할 것을 당사국에 촉구한다. 그렇게 하는 가운데, 출생 등록이 아동의 생물학적 부모를 정확히 지시하고 검증하도록 보장할 것을 또한 당사국에 촉구한다.

출처: 유엔아동권리위원회 이주아동 관련 권고사항(2011).

당사국에서 태어난 난민, 인도적 지위 체류자 및 난민신청자의 자녀, 그리고 미등록 이주민의 자녀의 출생을 적절히 등록할 제도와 절차를 마련할 것을 권고한다.

출처: 유엔 인종차별철폐위원회의 권고사항(2012).

유엔아동권리위원회(2011)는 우리나라에 거주하는 다문화·이주자 출신의 아동에 대한 차별, 난민아동 등이 정부의 지원 조치로부터 당하는 배제를 포함하여 끈질기게 지속되는 차별의 복합적인 형태에 우려를 표했고, 협약 제2조를 충실히 따르는 법률을 채택할 것을 목적으로 〈차별금지법〉을 신속히 제정할 것과 인식 향상, 대중 교육 캠페인 등 취약하거나 소수자 상황의 아동을 향한 차별적 태도를 근절하고 방지하기 위한 모든 조치를 취할 것을 권고하였다(구은미 외, 2012). 이미 국가인권위원회에서도 2006년 부모의 체류자격에 관계없이 모든 이주노동자 자녀에게 부모와 함께 지내며 양육받을 권리와 교육받을 권리를 보장하고, 양육비와 의료비를 지원하는 사회복지체계를 구축해야 함을 권고하였다. 또한 2010년에도 교육과학기술부장관에게 이주아동에 대한 한국어 교육 시스템과 모국어 정보 시스템을 강화하고, 학교장이 이주아동의 전입학을 거부하지 못하도록 관련 법규를 정비하거나 행정지도, 관리감독을 강화할 것 등을 권고한 바 있다(황옥경 외, 2015). 이에 2012년 이주청소년의 다양한 수요에 대응하고 위기 상황별 지원정책의 근거를 마련하기 위해 〈청소년복지지원법〉이 개정되었으나, 이들의 법적인 권리 또한 제약이 많고 신분 보장에 어려움이 있다.

다음 기사 속 통계는 중도입국아동·청소년의 학업중단율을 감소시킬 수 있는 다양한 방안이 마련될 필요가 있음을 시사하고 있다.

14일 안산이주아동청소년센터의 중도입국자녀 공교육 진입 현황에 따르면 그동안 입국한 학령기 외국인 수는 지난해 말 현재 2만 8천여 명이며 국내 학교에 재학 중인 외국인 학생 수는 1만 4천 명이다. 국내 입국한 외국인 가정 자녀 10명 중 3명은 공교육을 제대로 받지 못하고 있는 것으로 조사됐다.

출처: 〈연합뉴스〉(2016.7.14).

교육부 자료에 따르면 다문화학생 학업중단율은 2014년도(2014. 3~2015. 2) 기준 1.01%였다. 초등학교 0.80%, 중학교 1.20%, 고등학교 2.10%로 학교 급이 높을수록 증가하고 있다. 일반 학생들의 학업중단율이 감소세를 보이는 가운데 다문화학생의 학업중단율만 증가하고 있어 전문가들이 우려하고 있다.

출처: 〈내일신문〉(2016.5.30).

2. 인권 침해 사례

1) 인권 침해 결정 사례

국가인권위원회는 이주아동의 인권, 특히 미등록 이주아동의 기본적 인권을 보장하기 위해서는 안정적인 체류가 보장되어야 하고, 18세 미만의 이주아동은 단속 및 구금조치를 받지 않도록 하여야 한다고 이주인권가이드라인에 권고한 바 있다(국가인권위원회, 2012). 〈표 6-1〉의

<표 6-1> 국가인권위원회 침해구제 결정 사례:
미성년 외국인학생에 대한 부당한 강제퇴거

사례	가. ○○출입국관리사무소는 2012.10.2. 고등학교 1학년생인 피해자를 경찰로부터 인계받은 후, 당일 오전 피해자에 대하여 강제퇴거명령 및 보호명령을 하였고, 당일 오후에 ○○외국인 보호소로 이송시켰다. 3일 후 피해자를 몽골로 강제퇴거시키는 과정에서 ○○출입국관리사무소와 ○○외국인보호소는 이의신청 및 일시 보호해제 등에 대해 그릇된 정보를 제공하였고 이로 인해 피해자가 강제퇴거된 바 있다. 나. 2012.10.5. 08:00경 ○○외국인보호소는 다른 보호외국인과 함께 피해자에게 수갑을 채워 호송차로 인천국제공항으로 이송시켰는데, 이 과정에서 피해자가 미성년 아동임을 고려하지 않고, 피해자를 성인외국인과 분리수용하지 않고, 피해자에게 적절한 식사와 위생적인 담요를 제공하지 않은 점은 인권 침해이다.
결정	미등록이주아동이 단속되어 보호 조치될 경우에 아동권리협약 제3조 제1항 및 제9조 제1항에 따라 부모와 분리되어 단독으로 퇴거되는 사례가 발생되지 않도록 관련 법령에 근거를 마련하는 등 재발 방지대책을 수립하는 것이 필요하다.

출처: 국가인권위원회 결정례(2013.6.24).

사례는 이주아동의 기본적 인권을 심각하게 침해당한 경우이다.

2) 인권 침해 사례

(1) 이주아동·청소년의 교육권: 배우고 싶어요!

협약 제28조, 제29조가 규정하는 교육권에 따르면, 교육은 인간의 기본권인 동시에 가장 높은 효과를 가져올 수 있는 사회적 자본의 기능을 수행한다. 특히 교육과 상호 밀접하게 연결된 소득의 불평등은 건강의 불평등, 교육의 불평등을 초래할 수 있다.

이주아동·청소년의 인권 침해 사례 중 '일함이의 사례'는 그들의 상황에서 교육권이 어떠한 양상으로 침해받고 있는지를 잘 보여 준다.

중국에서 태어난 일함이는 어렸을 때 어머니가 단신으로 한국에 이주하는 바람에 중국에 홀로 남아 친척들 손에 자랐고, 중학교를 졸업한 뒤 한국으로 오게 되었다. 한국에 오자마자 고등학교에 입학하려고 필요한 서류를 준비해 찾아갔지만, '한국어 미숙'이라는 사유로 입학을 거부당했고, 그 후 약 1년 반 정도 열심히 한국어를 공부한 다음 다문화특성화 고등학교에 입학을 신청했다. 그러나 학교에서 가족관계등록부, 주민등록등본 등 한국 국적을 가진 아동만이 발급받을 수 있는 서류를 제출할 것을 요구했다. 입양 절차가 진행 중이어서 학교에서 요구하는 서류를 발급받을 수 없었고, '국민의 자녀임을 증빙할 수 있는 서류 미비'를 이유로 다시금 입학이 거부되었다. 다문화특성화 고등학교조차 받아들여 주지 않는 이 아이는 도대체 어디에 가서 공부해야 할까.

출처: 이주아동권리보장기본법 제정 추진 네트워크(2015).

교육권은 성장과정에 있는 아동의 인격실현에 있어 중요한 요소로, 아동의 발달단계 및 연령에 따른 적합한 교육 지원은 반드시 필요하다. 그러나 앞의 사례처럼 중도입국청소년이거나 미등록 이주아동의 경우, 교육지원에 대한 국내 제도상의 한계, 체류자격에 따른 제약, 입학절차의 비일관성 등으로 인해 공교육에 접근하기가 어려운 상황이다.

이주아동·청소년의 교육권을 강화하기 위해서는 이들의 교육권에 대한 권리로서의 인식을 강화시켜야 하며, 교육권을 국가의 시혜나 자선 또는 정책적 선택의 문제가 아닌 기본적인 사회정의와 인권의 문제로 접근해야 한다. 교육의 권리가 보장되지 않으면 자신에게 보장되어야 할 그 외의 권리에 대해 알 수 없으며, 권리침해로부터 자신을 지키거나 권리를 행사하는 것도 불가능하다. 즉, 교육의 권리는 그 자체가 인권임과 동시에 그 밖의 모든 권리실현의 기반이 될 불가분하며 포괄적인 특성을 지닌다(신은주 외, 2013). 법의 보호권에 있는 이주아동·청소년과는 달리 미등록 이주아동은 부모의 불안정한 체류자격으로 인해 학령기에도 단속과 강제출국에 대한 불안에 시달리며 안정된 교육권을 보장받지 못하고 있다.

다음은 국가인권위원회가 이주아동·청소년의 교육권 개선을 위해 권고한 내용이다.

- 학교의 이주아동 전입학 거부행위 근절하기 위한 조치 강화: 모든 사람에게 초등교육을 의무적으로 제공하고, 차별 없는 교육기회를 부여한다는 차원에서 학교장이 학교의 여건과 기자재 부족 등을 이유로 이주아동의 전입학을 거부하지 못하도록 관련 법 조항 정비 또는 행정지도 관리감독 강화.
- 이주아동의 공교육 이탈을 방지하는 조치 강화: 이주아동의 공교육 이탈 예방을 위해 장기결석 요인에 대한 검토에 기초해 이주아동이 학업에 흥미를 가질 수 있도록 하는 방안을 마련하고, 학교생활에 대한 상담을 강화하며, 학교생활을 위한 비용을 최소화하는 조치를 강화.
- 이주아동에 대한 차별과 인권 침해의 예방 및 구제 조치 강화: 교육현장에서 이주아동을 대상으로 하는 한국아동의 차별과 인권 침해 문제를 개선하기 위하여 다른 나라의 문화에 대한 이해와 더불어 이주아동을 비롯한 우리 사회 소수자를 존중하는 인권의식을 제고할 수 있도록 다문화교육의 지향점과 방향을 정립하고, 이주아동에 대한 차별 및 인권

침해 예방과 그 피해아동 지원 등에 관하여 지도교사들이 활용할 수 있는 지도 매뉴얼을 작성하여 제공하는 구체적인 방안을 마련할 것.

- 이주아동과 그 부모의 단속, 강제퇴거제도 개선: 국내 체류 외국인에 대한 단속, 보호, 강제퇴거 시 미성년자 처우에 대한 부분을 출입국관리법 등 관련 법령에 추가하고, 미등록 이주아동이 초·중·고 재학 중인 경우, 그들의 교육권 보장 차원에서 그 부모가 단속되어 강제퇴거 대상자로 분류되었더라도 해당 학기 또는 해당 학년 수업을 완료하는 시점까지는 강제퇴거의 집행을 유예하는 방안 등을 강구.

출처: 국가인권위원회 결정례(2011.2.16).

이러한 권고에 따라 교육부는 다양한 지원책을 내놓고 있지만 여전히 이주아동·청소년의 공교육 진입 문제가 기대만큼 해소되지 않았고, 새로 도입된 일부 제도는 현장과 괴리되어 있다는 지적을 받았다(〈내일신문〉, 2016. 5. 30). 언어장벽, 학업 부진, 차별, 교사의 인식 부족 등으로 학업을 중단하는 사례가 많아지고 있어 대책 마련이 시급하다. 다문화가족의 자녀는 '친구나 교사와의 관계'의 어려움으로 인해 학업을 중단하고 있어(행정자치부, 2014) 이에 대한 학교 차원의 지원이 필요하다.

현행 법제도에는 이주아동이 법령 내 의무교육 대상자로 명시되어 있지 않다. 교육부의 다문화학생 학적관리 매뉴얼에 체류자격과 무관하게 의무교육을 받을 수 있다고 명시되어 있으나 학교장의 재량권이나 교육 관계자들의 정보 부재 등으로 이들의 공교육 진입이 어렵게 되기도 한다. 특히 학교 현장의 중도입국청소년의 기피심리도 공교육

진입의 장애물이 되고 있다. 학교마다 입학 담당교사의 인식 차이가 커서 외국인이라고 하면 무조건 부정적으로 보아 입학이 어려운 경우도 있다. 차별과 따돌림을 경험한 중도입국 아동·청소년이 학교에 적응하는 데에는 교사의 사회적 지지가 중요하므로 교사의 이주아동·청소년에 대한 인식이 매우 중요하다.

청소년기는 여러 면에서 매우 중요한 시기임을 고려할 때, 이주아동·청소년의 교육을 위해서는 언어뿐만 아니라 그들이 겪고 있는 다양한 고민과 어려움을 공유하고, 함께해 줄 누군가와 서비스가 필요하다(국가인권위원회, 2014). 무엇보다 〈이주아동권리보장기본법〉 제정과 더불어 국내에 거주하는 모든 아동을 의무교육 대상에 포함하도록 하는 〈교육기본법〉 개정이 필요하다.

(2) 이주아동·청소년의 의료권: 치료해 주세요!

협약 제6조는 '모든 아동은 생명에 관한 고유의 권리를 가지고 있으며, 생존과 발달을 최대한 보장받아야 한다'고 제시하고 있고, 제24조는 당사국이 도달 가능한 최상의 건강수준을 향유하고 질병의 치료와 건강의 회복을 위한 시설을 이용할 수 있는 아동의 권리를 인정하도록 하고 있으며, 이러한 권리의 완전한 이행을 위해 모든 아동에게 필요한 의료지원과 건강관리의 제공을 보장하는 조치를 취하여야 한다고 정하고 있다.

이주아동·청소년의 인권 침해 사례 중 '마리아 부부의 사례'는 그들이 처한 상황에서 자녀의 의료권이 어떠한 양상으로 침해받고 있는지를 잘 보여 준다.

필리핀에서 대가족의 생계를 책임졌던 마리아 부부는 고용허가제를 통해 2010년 한국에 입국했다. 1년 뒤 마리아는 임신을 했고, 태아의 상태가 좋지 않다는 말에 일을 그만두었다. 공장의 구조조정으로 마리아의 남편마저 해고되면서 두 사람은 경제적인 어려움을 겪게 되었다. 남편이 새로운 일자리를 구하던 중, 마리아가 임신 33주 만에 1.9킬로밖에 되지 않는 미숙아를 출산해, 서울의 한 종합병원 신생아 중환자실에서 인큐베이터 치료를 받아야 했다. 아기에게 건강보험이 없어 매일 고액의 입원비가 쌓이는데, 일정한 수입 없이 지내던 마리아 부부는 병원비를 감당할 능력이 없었고, 그렇다고 아기의 생명을 포기할 수도 없는 어려움에 처했다.

출처: 이주아동권리보장기본법 제정 추진 네트워크(2015).

국내에 거주하는 미등록 이주아동은 앞의 사례처럼 〈의료급여법〉이나 〈국민건강보험법〉의 적용 대상에 포함되지 않아 공공 및 일반 의료서비스의 사각지대에 놓이는 문제가 발생하고 있다. 특히 임신과정에서부터 모성보호가 이루어지지 않아 유·사산, 신생아질환의 확률이 매우 높을 수 있다. 이와 같은 상황에서 미등록 이주아동은 의료서비스가 필요한 경우 인권단체, 민간의료지원단체 등의 지원을 받을 수밖에 없으며, 이러한 경우에도 재원이 충분하지 않아 사실상 이들에 대한 의료지원은 매우 미흡한 실정이다. 다만 응급의료에 관한 법률과 공공보건의료에 관한 법률에 의하여 국내에 체류하고 있는 미등록 미성년 이주자에 대해서도 일정 범위 내의 무료 진료를 시행하고 있기는 하다. 하지만 응급상황을 제외하고 일반적인 의료서비스를 받는 것은 사실상 매우 어렵다.

질병관리본부의 필수예방접종 국가부담사업을 미등록 이주아동에게도 적용하고 있으나 정보 부족 등으로 이용자가 적은 것으로 나타났다(국가인권위원회, 2015). 이완수 외(2015)의 연구에서도 미등록 이주아동 부모는 다른 정보에 비해 정부의 무료의료 관련 지원 사업 등에 대한 정보를 제대로 알지 못한 것으로 나타났고, 실제 권리행사를 하는 데 있어서도 많은 차별과 어려움을 경험하고 있다고 했다.

국가인권위원회는 보건복지부 장관과 법무부 장관에게 미등록 이주아동의 의료접근권 개선방안에 미등록 이주아동이 안정적으로 의료서비스를 제공받을 수 있도록 '외국인 근로자 등 소외계층 의료비 지원 사업'의 지원 절차를 개선하고 의료비 지원 범위 및 진료기관 수 확대, 안정적 예산확보 등의 조치를 하고 미등록 이주아동이 의료급여 수급권자에 포함되도록 〈의료급여법〉 등 관련 규정을 개정할 것을 권고한 바 있다(국가인권위원회, 2011).

(3) 취약한 상황에서 보호와 지원을 받을 권리: 나는 어디로 가야 하는 걸까요?

이주아동 가운데 다음의 사례에서처럼 보호자가 없거나 보호자로부터 이탈되는 경우 또는 보호자가 아동을 양육할 수 없는 상황인 경우가 늘고 있다. 그에 따라 빈곤, 질병, 학대 등 사회경제 및 정서적으로 특별한 지원이 필요한 취약계층 이주아동도 상당수에 이를 것으로 추정된다. 그러나 이주아동은 외국인이라는 이유로 기존의 아동보호 및 지원체계에서 철저히 배제되고 있으며, 이러한 지원이 필요한 이주아동에 대한 실태조차 파악되지 않고 있다.

현행 〈아동복지법〉에서는 이주아동이 입양, 가정위탁, 시설보호, 아동학대와 같은 아동보호체계에서 배제되어 있으므로, 법 개정을 통해 보호가 필요한 이주아동에게 보호서비스를 지원할 것을 명시할 필요가 있다(이주아동권리보장기본법제정 추진 네트워크, 2015).

'용수의 사례'는 보호자로부터 이탈되었거나 그와 유사한 상황에 처한 경우 아동보호체계 내에서 이주아동·청소년의 인권이 어떠한 양상으로 침해받는지를 잘 보여 준다.

용수의 어머니는 베트남 사람으로 한국인 남성과 결혼했으나, 돌도 되기 전에 아버지는 세상을 떴고 홀로 된 어머니는 용수를 아버지의 가족들에게 남기고 떠나 버렸다. 아버지의 가족들은 용수를 보육원에 입소시켰고, 얼마 뒤 친자관계부존재확인의 소를 제기하여 승소하였다. 용수는 가족관계등록부가 폐쇄되고 한국 국적을 상실하면서 무국적 미등록 이주아동이 되었다. 주민등록이 말소되면서 용수에 대한 모든 정부 지원이 중단되었고, 보육원 측이 구청, 교육청, 보건복지부, 출입국관리사무소 등에 문의하였지만 돌아오는 대답은 '한국 국적이 없는 아동은 시설이 보호할 수 없다', '불법체류자를 보호하는 것도 범죄다'라는 것이었다. 아버지를 잃고 어머니에게 버림받은 용수가 보육원에서마저 나가야 한다면, 국적도 이름도 없는 5살 용수는 어디로 가야 하는 것일까?

출처: 이주아동권리보장기본법 제정 추진 네트워크(2015).

(4) 출생을 등록할 권리: 내 이름과 생일을 알고 싶어요!

우리나라의 현행 출생등록제는 〈가족관계의 등록에 관한 법률〉에 따라 가족관계 등록에 기반하고 있다. 가족관계등록제도는 기본적으로 '국민'을 대상으로 하고 있기 때문에 부모가 모두 외국인인 자녀는 출생등록을 할 수가 없다(김철효 외, 2013). 최근 한국사회에 출생등록을 하지 못하고 있는 이주아동 숫자가 점차 늘고 있다. 출생등록은 국적 부여와는 아무 상관이 없는 것으로 아동의 출생정보를 담은 공식적인 기록 발급을 의미한다. 여기에는 최소한 아동의 이름, 성별, 출생연월일, 출생장소, 부모의 이름과 주소, 부모의 국적이 포함되어야 한다.

출생등록은 아동 최선의 이익 원칙에 따라 아동의 안전을 보장하고 교육, 의료, 가족결합 등의 아동권리를 보장하기 위한 출발점이 되므로 매우 중요한 사안이다. 영국, 이탈리아, 네덜란드, 태국은 국적 부여에 있어서 우리나라처럼 속인주의 원칙을 채택하고 있지만 외국인의 자녀에 대해서도 보편적인 출생등록 제도를 실시하고 있다(이주아동권리보장기본법 제정 추진 네트워크, 2015).

이주아동이 출생등록 될 권리를 가지며, 국가 및 지방자치단체는 대한민국에서 태어난 이주아동이 출생사실을 신고·증명할 수 있도록 관련 법령을 정비하고 필요한 정책을 수립할 것을 촉구한 〈이주아동권리보장기본법〉이 조속히 제정될 필요가 있다. 또한 외국인도 국적 부여와 무관하게 출생신고를 하고 공적으로 출생증명서류를 발급받을 수 있도록 근거 규정을 신설할 필요가 있다.

이주아동·청소년의 인권 침해 사례 중 '실비의 사례'는 한국 국적을 취득하지 않은 난민의 자녀로 부모의 출신국에 출생등록을 할 수 없는 미등록아동으로 체류하고 있는 경우이다.

실비의 부모는 코트디부아르 출신으로 내전 중 박해를 피해 한국으로 이주했다. 두 사람은 대한민국에서 난민으로 인정받았지만 언젠가는 평화를 되찾게 될 고국으로 돌아가고자 한국 국적을 취득하지 않았다. 몇 년 뒤 한국에서 딸 실비를 낳았지만 본국 대사관에 갔다가 무슨 일이 생길지 알 수 없었기 때문에, 출생등록을 하지 못했다. 출생을 증명할 수 있는 서류도 여권도 없는 실비를 보면 부모의 마음은 불안하기만 하다. 두 사람에게 혹시라도 무슨 일이 생기면 실비가 두 사람 사이에서 태어난 딸이라는 사실을 누가 인정해 줄 수 있단 말인가.

출처: 이주아동권리보장기본법 제정 추진 네트워크(2015).

(5) 구금과 강제퇴거로부터 보호받고 안정적으로 체류할 권리: 따뜻하게 대해 주세요!

대한변호사협회(2015)에서 실시한 외국인보호소 실태조사 결과, 최근 3년간 화성 외국인보호소에서만 67명의 아동이 구금되었던 것으로 나타났다. 이러한 과정에서 급작스러운 단속과 구금 그리고 강제퇴거의 집행 등 아동이 겪게 될 정신적 충격과 피해는 매우 심각하다. 부모와 분리된 상태로 아동만을 대상으로 구금 및 강제퇴거를 집행하는 것은 국제인권 규범에서 보장하는 아동 인권 침해에 해당된다.

우리나라의 경우 난민과 난민신청자의 기본적 권리 보장의 문제에 대해 끊임없이 문제제기가 이루어졌고, 그 결과 2013년 〈난민법〉이 제정・시행되기에 이르렀다.

협약 제 37조는 '아동의 체포, 억류 또는 구금은 법에 의해 오직 최후의 수단으로서 꼭 필요한 최단기간 동안만 행해져야 한다'라고 규정하고 있지만, 현행 법제도는 아동 구금을 전제로 한 외국인보호에 있어 어린이에 대한 조치 등에 대한 규정을 두고 있을 뿐이다. 우리나라는 현재 난민 신청과정에서 영유아를 포함한 미성년 자녀, 부모를 동반하지 않은 미성년 난민에 대한 고려가 매우 미흡하며, 송환대기실도 미성년 자녀에 대한 배려 기준이 정부 차원에서 관리되지 않아 사각지대에 놓인 것으로 나타났다.

미성년자는 보호해제 및 보호관찰을 원칙으로 하며, 예외적인 경우에만 최후의 수단으로써 가족실에 보호되어야 한다. 이를 위해 조속히 구금대안제도를 도입할 필요가 있다. 또한 가족실의 환경도 부득이 예외적으로 아동, 임산부 등을 보호할 경우를 대비해 난방, 식사, 의료 등을 갖추어야 할 것이다(송효진 외, 2015). 나아가 〈국적법〉 및 〈출입국관리법〉상 장기간 거주하여 한국인으로 동화된 이주아동에게 법적 지위를 부여할 수 있는 근거 마련이 필요하다. 이주아동·청소년의 인권 침해 사례 중 '에머슨의 사례'는 난민신청과정에서 미성년 난민에 대한 고려가 매우 미흡함을 보여 준다.

5살 에머슨이 사람들을 보면 피하게 된 건, 외국인보호소에 한 달간 구금되고 나서부터였다. 건강하던 아이는, 잠에서 깨면 소리를 지르고 대소변을 자리에서 보는 등 철창 안에 갇혀 지내던 보호소 생활로 극심한 불안 증세를 보였다. "보호소는 놀이터가 아니라고 하면서, 아이들은 뛰어놀아서도, 울어서도 안 되고 자리에 앉아 있어야 한다고 이야기했어요. "(에머슨의 엄마) 국내 체류 자격이 없는 외국인은 보호소로 보내져 많게는 몇 개월간 구금되는데, 정해진 시간에 기상해 관리인 앞에서만 지내야 하는 보호소는 아이들에겐 견디기 힘든 공간이다. 하지만 국내 출입국관리법에는 아동에 대한 보호조항이 없기 때문에 불법 체류자의 신분이면 나이에 상관없이 보호소로 보내고 있다.

출처: EBS 뉴스(2016.9.9).

3. 관련 법 및 정책

1) 국제규정

(1) 유엔아동권리협약

대한민국 정부는 1991년 유엔아동권리협약을 비준함으로써, 관할권 안에 있는 모든 아동의 권리를 차별 없이 보장해야 할 의무를 갖게 되었다. 그러나 이주아동은 대한민국 국민이 아니라는 이유로, 또는 미등록으로 체류하고 있다는 이유로, 적절한 법적 보호나 제도적 보살핌에서 배제되고 있으며, 특히 미등록 이주아동은 단속과 추방의 공포로 인해 안정적인 양육환경에서 성장해야 하는, 아동으로서의 가장 기본적인 권리조차 누리지 못하고 있다. 이주아동은 본인의 의지와 상관없이 부모에 의해 한국에서 거주하는 상황에 처한 만큼 이를 이유로 아동이 차별이나 불이익을 당해서는 안 된다.

<표 6-2> 유엔아동권리협약의 이주아동 관련 조항

제2조. 차별방지
당사국은 자국의 관할권 내에서 아동 또는 부모나 법정 후견인의 인종, 피부색, 성별, 언어, 종교, 정치적 또는 기타의 의견, 민족적, 인종적 또는 사회적 출신, 재산, 무능력, 출생 또는 기타의 신분에 관계없이 그리고 어떠한 종류의 차별을 함이 없이 이 조약에 규정된 권리를 존중하고, 각 아동에게 보장하여야 한다.

제6조. 생존과 발달
당사국은 모든 아동이 고유의 생명권을 가지고 있음을 인정한다.

제7조. 이름과 국적
아동은 출생 후 즉시 등록되어야 하며, 출생 시부터 성명권과 국적 취득권을 가지며, 가능한 한 자신의 부모를 알고 부모에 의하여 양육 받을 권리를 가진다.

제8조. 신분 보존
당사국은 위법한 간섭을 받음이 없이 국적, 성명 및 가족 관계를 포함하여 법률에 의하여 인정된 신분을 보존할 수 있는 아동의 권리를 존중한다.

제22조. 난민아동
당사국은 난민으로서의 지위를 구하거나 또는 적용 가능한 국제법 및 국내법과 절차에 따라 난민으로 취급되는 아동이, 부모나 기타 다른 사람과의 동반 여부에 관계없이, 이 조약 및 당해 국가가 당사국인 다른 인권 또는 인도주의 관련 문서에 규정된 적용 가능한 권리를 향유함에 있어서 적절한 보호와 인도적 지원을 받을 수 있도록 하기 위하여 적절한 조치를 취하여야 한다.

제28조. 교육권
당사국은 아동의 교육에 대한 권리를 인정하며, 점진적으로 그리고 기회 균등의 기초 위에서 이 권리를 달성하기 위하여 조치를 취하여야 한다.

(2) 경제적 · 사회적 · 문화적 권리에 관한 국제조약

한국은 1990년 '경제적 · 사회적 · 문화적 권리에 관한 국제규약'을 비준한 바 있는데 이 규약은 사회보장에 대한 권리, 적절한 생활수준을 유지할 권리, 최고 수준의 신체적 · 정신적 건강을 누릴 수 있는 권리, 교육에 대한 권리, 문화적 자유를 누릴 권리 등을 포함한다. 특히 제13조에는 모든 사람이 차별 없이 교육권을 가지고 있음을 언급하고 있다.

제13조. 이 규약의 당사국은 모든 사람이 교육에 대한 권리를 가지는 것

을 인정한다. 당사국은 교육이 인격과 인격의 존엄성에 대한 의식이 완전히 발전되는 방향으로 나아가야 하며, 교육이 인권과 기본적 자유를 더욱 존중하여야 한다는 것에 동의한다.

(3) 모든 이주노동자와 그 가족의 권리에 관한 국제협약

1990년 12월 18일 유엔 제45회 총회에서 채택된 '모든 이주노동자 및 그 가족의 권리에 관한 국제협약'이 규정하는 권리의 대부분은 국제인권규약, ILO 협약 등 기존의 인권문서를 보장하는 것이다. 한국은 현재 비준하지 않은 상태이다.

제45조

1. 취업국은 적절한 경우에는 출신국과 협력하여 이주노동자의 자녀에게 특히 현지 언어를 가르치는 것과 관련하여 그들이 현지의 학교제도에 용이하게 적응하도록 하는 정책을 추구하여야 한다.
2. 취업국은 이주노동자의 자녀에 대한 모국어 및 출신국의 문화 교육을 촉진하도록 노력해야 하며, 출신국은 적절한 경우 언제든지 이에 협력하여야 한다.

2) 국내법

이주아동·청소년과 관련된 다양한 법과 제도가 있지만 실제로 이들이 법과 정책에서 얼마나 차별 없이 보호받고 있는지 확인하기는 쉽지 않다. 협약 제2조에서 강조하고 있는 내용인 〈차별금지법〉을 신속히

<표 6-3> 이주아동 · 청소년 관련 국내법 내용

관련 법	내용
아동복지법	제3조 제1항. 이주아동 · 청소년의 상황에 따른 차별 금지
초중등교육법 시행령	제19조. 이주아동 · 청소년의 초등학교 입학을 보장
다문화가족지원법	제10조 제1항. 다문화가족 아동 · 청소년의 차별 금지
재한외국인처우기본법	제12조. 결혼이민자 및 그 자녀의 교육 및 의료지원 처우
청소년복지지원법	제18조. 다문화가족 청소년의 사회적응 및 학습능력을 위한 시책
난민법	제33조 제1항. 난민인정자나 그 자녀가 국민과 동일한 초중등교육을 받을 권리

제정할 필요가 있다. 이미 여러 차례 국회에 〈차별금지법〉 발의가 되었으나 다양한 견해 차이로 입법이 추진되지 않고 있다.

3) 관련 정책 및 지원

현재 여성가족부에서는 이주아동 · 청소년을 지원하기 위해 〈표 6-4〉와 같은 프로그램을 시행하고 있다.

그동안 이주아동 · 청소년의 정책 지원은 주로 언어학습과 학교 적응 위주로 이루어졌으나 최근에는 진로수업이나 심리정서 지원과 같은 상담분야가 주를 이루고 있다. 특히 중도입국청소년의 학업중단율이 증가하고 있는 추세는 학교 위주인 교육부의 지원 정책에서 진로교육과 직업 정보 제공 등 보다 현실적인 지원이 필요함을 말해 준다.

현재 정부는 학령기 자녀의 성장주기별 맞춤형 정책을 추진 중에 있는데, 예를 들어 공교육 진입 연령대 아동이 정규학교에 들어가기 전에 적응교육을 받게 하려는 취지로 한국어와 정규수업을 병행하는 방식으로 운영되고 있는 다문화 예비학교가 대표적이다.

<표 6-4> 관련 프로그램명 및 내용

구분	내용
맞춤형 정보 서비스	이주청소년의 체류, 정착, 교육, 취업 진로, 생활 전반의 정보 안내
	Rainbow School 등 활동 프로그램 및 기관 연계 지원
	진로, 진학지도, 심리·정서 상담 연계 지원
입국 초기 지원교육 Rainbow School	2016년 서울·경기 및 15개 지역 23개소에서 위탁운영
	중도입국청소년을 위한 한국어 및 특기적성, 사회문화, 심리 프로그램 지원
	전일제, 겨울학교, 여름학교, 주말 야간 프로그램 운영
진로 지원 프로그램	2016년 전국 6개소 운영
	진로 지원이 필요한 중도입국청소년을 위한 진로탐색 및 설계, 진로캠프 실시
	10대 후반~20대 초반 중도입국청소년 대상
통합상담 및 가족연계 프로그램	온·오프라인 상담 및 찾아가는 상담 실시
	맞춤형 상담 및 통번역 상담 실시
	이주청소년 가족관계 향상 및 가족 내 지지체계 강화를 위한 가족캠프
	'다독임캠프' 실시
역량강화 프로그램	이주청소년 심리정서적 지지 및 학습능력 향상을 위해 4개 지역에서 멘토링 실시
	이주청소년과 한국의 청소년들이 마음으로 통하는 '통·통·통' 통합캠프 실시
상담 및 심리치유 프로젝트	이주청소년들의 심리정서 지원 및 치료비 지원 사업

출처: 여성가족부 홈페이지(www.mogef.go.kr)(검색일: 2016.12.12).

4. 도움 받을 수 있는 기관

인권상담이나 도움이 필요하면 무지개청소년센터에서 받을 수 있다. 이 기관은 〈청소년복지지원법〉에 따라 여성가족부가 지원하는 이주배경청소년지원센터로서 탈북청소년, 다문화청소년, 중도입국청소년 등 이주배경청소년의 정착과 통합을 지원하는 비영리 재단이다.

- 맞춤형 상담서비스: 02-722-2585
- 만 9∼24세 이주배경청소년 온라인 상담:
allwin100@rainbowyouth.or.kr
- 상담서비스 지원 내용: 가족문제, 교육, 대인갈등, 생활, 정착, 정서조절, 적응문제, 체류, 취업, 위기상황 긴급지원

5. 이주아동·청소년의 인권을 위하여

유니세프를 비롯해 국제 아동기구와 인권단체들은 부모의 법적 지위, 출생지역, 장소 등 어떤 요소와 관계없이 국내 모든 아동의 출생을 등록하는 '보편적 출생 등록제도'의 도입을 요구하고 있다(세이브더칠드런·UNHCR·국가인권위원회, 2013). 국제협약들은 불법체류아동을 포함한 모든 아동의 생존 및 발달권을 보장하고 있지만 미등록 이주아동은 국내법의 보호 밖에서 인권의 사각지대에 존재하고 있다. 국내에서 출생해 무국적자로 살아가는 경우도 많으며 출생등록을 해도 아동이 불법체류 신분에서 벗어나는 것은 아니기 때문에, 여전히 이들의 삶은 불안정할 수밖에 없다. 이런 상태에서의 학교생활은 언어, 문화, 편견, 차별 등 여러 요인으로 인해 부적응하거나 중도탈락하는 경우가 많다. 따라서 부모의 법적 지위가 아동권리 박탈의 조건이 되지 않도록 별도의 조치가 필요하며, 이는 국제협약의 이념에도 부합한다. 현재 이주아동·청소년과 관련된 국내법의 여러 부분에서 권고에 따른 개선이 진행되고 있지만 사각지대가 발생하지 않도록 더욱 세심한 내용이 포함되어야

하며, 권리의 주체인 이주아동·청소년의 역량을 강화할 수 있도록 다양한 진로지도가 이루어져야 한다. 무엇보다 그들과 함께 살아가는 구성원 모두가 다문화인권 감수성을 높여 공존하는 태도가 필요하다.

현재와 미래의 우리

구분	현재의 우리는?	미래의 우리는!
출생신고 제도	13개 아동인권단체로 구성된 '보편적 출생신고 네트워크'는 '세상에서 가장 소중한 신고'란 슬로건을 내세워 출생신고 제도 개선 캠페인 벌이고 있음.	모든 아동이 태어난 즉시 출생에 대한 정확한 정보가 공공기관에 신고될 수 있도록 보장.
미등록 이주아동 의료권	미등록 이주아동은 법적 보호나 복지 혜택을 거의 받을 수 없음. 응급의료비 지원, 영유아 예방접종 등 그야말로 기초적 지원만 받을 수 있음.	이미 외국에서 보장되고 있는 이주아동에 대한 권리를 우리나라에서도 보장받게 됨[스페인, 이태리: 미등록 이주아동을 포함하여 모든 이주민에게 무료 의료접근권 제공. 프랑스: 아동은 국가의 료지원 제도에 대한 접근 자격과 상관없이 모든 종류의 보건의료서비스를 무상으로 받음. 아동에 대한 보건 의료서비스는 응급의료의 개념에 포함되어 있음(권용진·임영덕, 2011)].

■ 관련 문헌·영상물

이란주(2009). 《아빠, 제발 잡히지 마》. 삶이 보이는 창.

EBS(2006. 3. 13). 〈지식채널e: 피부색〉.

_____(2013. 11. 12). 〈지식채널e: 그림자 아이들〉.

_____(2014. 6. 20). 〈지식채널e: 우리는 서울에 산다〉.

KBS 스페셜(2014. 4. 15). 〈다문화 아이들: 16살 앤드류 넬슨의 꿈〉.

활동해 보기

1. 우리 학급에 이주아동·청소년 친구가 전학 왔을 때 나는 어떻게 다가갈 것인지에 대해 의견을 나누어 보자.

2. 중도 입국한 친구가 학교생활이나 교우문제로 힘들어할 때 어떻게 도와줄 수 있는지에 대해 토론해 보자.

3. 내가 이주민이라면 어떤 처우를 받기 원하는지에 대해 토론해 보자.

4. 외국에서 온 친구들을 볼 때 어떤 반응과 감정을 보이는지에 대해 자신의 경험과 의견을 나누어 보자.

5. 내가 선호하는 인종과 국적이 있는지에 대해 생각을 나누어 보자.

제7장
장애아동·청소년의 인권

'장애인' 하면 휠체어와 목발, 보조견에 의지해 힘겹게 살아가는 모습, 또는 바닥을 기어 다니거나 누워서 생활하는 모습 등이 상징처럼 떠오른다. 이런 이미지들은 장애인이 고통스럽고 독립적이지 못하여 가족이나 주변 사람들의 도움 없이는 살아갈 수 없는 존재로 사람들이 인식하게 만든다. 문제는 언론이 생산하는 장애인에 대한 부정적인 이미지가 우리 사회 구성원들의 현실의 고정관념과 크게 다르지 않다는 점에 있다.

우리 사회는 장애인과 비장애인이 편안하게 어울려 지낼 수 있는 의사소통의 기회와 사회적 장치들이 너무나 미흡해서, 고정관념을 자연스럽게 벗어날 수 있는 경험의 장이 그다지 많지 않다. 이런 상황에서 비장애인들은 장애인에 대한 정보나 경험을 대부분 대중매체를 통해서 간접체험하고 대중매체에 비친 그들의 모습을 인식하게 되는 것이다.

그러므로 언론 제작자들과 종사자들은 장애인을 어떻게 그리는 것이 바람직한지, 장애문제를 어떤 시각에서 다뤄야 하는 것인지 보다 구체적으로 인식해야 하며 보다 바람직한 태도로 전환하는 것이 매우 중요하다.

출처: 국가인권위원회(2011)를 수정·인용함.

이 장에서는 유엔아동권리협약 및 장애인권리협약의 이념 및 정신에 따라 '장애'와 '장애인', '장애아동의 권리'에 대해 살펴보고, 장애아동의 교육권 보장과 관련한 차별과 인권 침해 사례 등을 통해 장애에 대한 인권감수성 향상 및 장애아동 인권보장을 위한 노력과 방향에 대해 생각해 보고자 한다.

1. 아동·청소년 인권 관점에서 본 장애아동의 권리

장애로 인한 사람에 대한 차별은 인간의 천부적 존엄성 및 가치에 대한 침해이다.

출처: 장애인권리협약 서문에서.

1) '장애'와 '장애인'의 개념에 대한 오해

우리는 흔히 '장애'를 이야기할 때 신체나 정신의 일부가 손상되어 불편한 생활을 하는 상태를 생각하는 경향이 있다. 이러한 불편을 갖고 있는 사람을 '장애인'이라 보고, '장애'를 개인이 감수해야 하는 개인적인 문제라고 인식하는 것이다. 장애인을 동정과 보호의 대상으로만 여기는 이런 인식은 그들이 사회구성원으로서 권리를 행사하고 사회에 참여하는 주체가 되는 데 장애물이 된다. 따라서 '장애'와 '장애인'에 대한 인식 개선이 장애인에 대한 편견과 차별을 해소하고, 그들이 비장애인들과 동등한 기초 위에서 완전하고 효과적으로 사회에 참여할 수 있도록 만들 것이다. '장애는 불편한 것이지 불행한 것은 아니다'라는 말처럼 장애가 단지 불편한 것이 되려면, 사회적 환경과 사회적 인식이 뒷받침되어야 한다(인권정책연구소, 2012).

2006년 채택된 장애인권리협약[1]의 전문에서는 '장애는 발전하는 개념이며, 다른 사람들과 동등한 기초 위에서, 완전하고 효과적인 사회참여를 저해하는 태도 및 환경적인 장벽과 손상을 지닌 개인과의 상호작용으로부터 야기되는 것'이라 규정하고 있다. 그리고 〈국가인권위원회법〉제2조 제4호에 따르면 장애란 신체적·정신적·사회적 요인에 의하여 장기간에 걸쳐 일상생활 또는 사회생활에 상당한 제약을 받는 상태이다. 즉, 장애는 개인의 신체적·정신적 불편에 그치지 않고,

---

1) 장애인권리협약(Convention on the Rights of Persons With Disabilities)
   2006년 12월, 유엔총회는 8번째 국제인권협약인 장애인의 권리에 관한 협약을 채택하였고, 대한민국은 2008년 12월에 비준, 2009년 1월부터 발효하였다. 동 협약은 장애인이 모든 인권과 기본적 자유를 완전하고 동등하게 향유하도록 증진, 보장, 보호하고, 장애인 고유의 존엄성에 대한 존중과 증진을 위해 제정되었다. 협약은 그동안 장애인을 시혜적 보호 대상으로 바라보던 시각에서 벗어나 그들을 권리의 주체로 인정하는 계기를 마련하였다는 데 의의가 있다.
   협약 이행을 위해 각국은 다음과 같은 일반원칙이 준수되는 상황에서 장애인의 인권을 보장하기 위한 노력을 해야 한다.
   - 개인의 천부적 존엄성, 선택의 자유를 포함한 자율, 자립에 대한 존중
   - 차별금지
   - 완전하고 효과적인 사회참여 및 통합
   - 인간 다양성과 인류 부분으로서 장애인에 대한 차이 존중 및 수용
   - 기회의 균등
   - 접근성 보장
   - 남성과 여성의 평등
   - 장애아동의 발전적 역량의 존중과 정체성 유지에 대한 권리 존중

개인의 불편을 야기하는 사회적 인식과 환경이라는 이해가 필요하다.

〈장애인복지법〉제 2조에서는 장애인이란 '신체적·정신적 장애로 오랫동안 일상생활이나 사회생활에서 상당한 제약을 받는 자'로 규정하고 있다. 하지만 장애인권리협약 제 1조에서는 장애인을 '다양한 장벽과의 상호작용으로 다른 사람들과의 동등한 기초 위에서 완전하고 효과적인 사회참여를 저해하는 장기간의 신체적·정신적·지적 또는 감각적 손상을 가진 사람'으로 규정하고 있다. 즉, 전통적인 의료적 장애개념의 한계를 극복하고 사회적 요인을 고려할 필요가 있는 것이다. 장애인을 인격을 가진 사회의 구성원으로서 인정하고 장애인이 스스로 다른 사람들과 동등하게 주체적으로 자유와 인권을 누리고 천부적인 존엄성을 보장받는 인식 위에, 장애인을 더 이상 시혜적 보호의 대상이 아닌 적극적인 권리의 주체로 인정하고 있는 것이다(국가인권위원회, 2007).

2) '장애아동의 권리' 이해

아동은 부모 또는 사회로부터 기본적인 보호를 받아야 하는 계층으로 성인에 비해 상대적으로 자율적이고 독립적인 권한행사에 제한이 있는 것이 사실이다. 육체적으로나 경제적으로 미성숙한 주체라는 이유로 인간으로서의 아동의 존엄성은 계속 무시되었으며, 국가에 따라서는 이를 당연시하는 문화적 분위기가 존재하고 있다. 장애아동의 경우에는 더욱 심각하여 장애아동의 개인적인 의사나 존엄성은 더욱 많은 침해를 받았고, 아동의 인권보다는 경제적인 문제나 사회적인 문제, 보호하는 가족의 편의가 우선되었다(국가인권위원회, 2007).

유엔아동권리협약은 장애에 관한 특별한 언급(제 2조의 차별금지)을 담은 최초의 인권조약이며, 제 23조는 장애아동의 권리와 필요만을 전적으로 다루고 있다(유엔아동권리위원회 일반논평 9[2]).

유엔아동권리위원회는 장애아동이 여전히 심각한 곤란을 겪고 있으며, 협약에 규정된 권리들의 완전한 향유를 가로막는 장벽에 직면해 있다는 사실에 주목하고, 장벽이 장애 자체이기보다는 장애아동이 일상생활에서 만나는 사회적·문화적·물리적, 그리고 태도 및 사고방식상의 장애물들로 이루어진 결합물임을 강조했다. 또 장애아동의 권리 증진을 위한 전략은 바로 그 장벽을 제거하기 위해 필요한 조치를 취하는 것이라 하였다.

장애아동에 대한 사회적 차별과 낙인찍기는 장애아동들의 주변화와 배제를 가져오며, 신체적 또는 정신적 폭력까지 나아갈 경우 그들의 생존과 발달마저 위협할 수 있다. 특히 장애를 가진 소녀는 성차별 때문에 차별에 더욱 취약한 경우가 있다. 이와 관련하여 장애인권리협약은 장애여성과 장애소녀들이 가정 내외에서 폭력, 상해 또는 학

---

2) 유엔아동권리위원회의 장애를 이유로 한 차별방지 및 철폐를 위한 의견
  - 금지된 차별이유로서의 장애를 헌법의 비차별 관련 규정에 명백히 포함시킬 것.
  - 장애아동의 권리가 침해된 경우, 효과적인 구제방법을 제공하고, 장애아동과 그의 부모 또는 아동을 보살피는 여타 사람이 구제방법에 쉽게 접근할 수 있도록 보장할 것.
  - 장애아동에 대한 사실상의 차별을 방지하고 철폐하기 위해 일반 국민 및 특정한 전문가 집단을 겨냥한 의식 함양·교육 캠페인을 전개할 것.
    출처: 유엔아동권리위원회 일반논평 9(2008).

대, 유기 또는 유기적 대우, 혹사 또는 착취의 더 큰 위험에 직면해 있음을 인정하여 제6조에서 여성장애인 조항을 별도로 구성하였다. 장애여성과 장애소녀들은 다중적인 차별을 겪고 있으며, 이러한 관점에서 장애여성과 장애소녀들의 모든 인권과 기본적 자유의 완전하고 동등한 향유를 보장하기 위한 조치를 취할 것을 강조하고 있다.

유엔아동권리협약 제23조(장애아동의 권리)의 핵심 메시지는 장애아동이 사회에 포함되어야 한다는 것이다. 협약에 포함된 장애아동 관련 권리들을 이행하기 위한 조치, 예컨대 교육과 건강 분야의 조치는 장애아동을 사회에 최대한 통합시키는 것을 분명한 목적으로 삼아야 한다. 이것은 장애인권리협약 제7조에서 다시 한 번 강조된다. 그 이유는 그동안 장애아동에 대한 접근이 건강과 복지 영역에만 집중되었고, 보다 포괄적인 아동권리의 실현에 한계가 노출되었기 때문이다. 따라서 별도의 장애아동 조항이 필요했으며, 특히 통합교육의 추세와 같이 비장애아동과 동등하게 장애아동이 다양한 영역에서 주류화되어야 할 필요성이 증대되었다. 또한 유엔아동권리협약과 장애인권리협약에 동일하게 장애아동의 문제가 포함되어야 효과적으로 장애아동의 권리 보장과 실현이라는 목적을 달성할 수 있기 때문이다.

장애아동은 장애로 인한 어떠한 사회적 구별, 배제, 제한, 거부로부터 자유로워야 한다. 이를 위해서는 장애인의 교육권에 대한 분명한 인식이 필요하다. 교육권은 그 자체가 인권이자 다른 인권을 실현하기 위한 전제요소이며, 장애인에게 교육받을 권리는 사회의 배제와 차별을 극복하고, 자주적인 생활능력을 기르며, 완전한 사회참여를 보장받기 위한 필수불가결한 수단이다. 하지만 현실은 장애를 이유로 교육

받을 기회마저 박탈하거나 제한해 왔다. 따라서 개개인의 장애감수성을 키우기 위한 가정, 학교, 지역사회, 기업 등의 적극적인 노력과 정부 지원이 요구된다. 특히 가정이나 학교에서 어렸을 때부터 장애아동들과 자연스럽게 통합교육을 경험한 비장애아동들은 장애를 다양성의 한 유형으로 인식할 뿐 차별과 거부의 대상으로 인식하지 않게 된다.

현재 국내법상 장애인 차별의 4가지 유형을 살펴보면 다음과 같다 (인권정책연구소, 2011).

- 직접차별: 장애인을 정당한 이유 없이 배제·거부하거나 불리하게 대우하는 경우
- 간접차별: 형식상으로 공정한 기준을 적용했더라도 장애인에게 불리한 결과가 발생한 경우
- 정당한 편의 제공 거부에 의한 차별: 과도한 부담이나 현저히 곤란한 사정과 같은 정당한 이유 없이 장애인에게 편의시설이나 서비스 등의 제공을 거부한 경우
- 광고에 의한 차별: 광고의 내용이 장애인에 대한 배제·거부 등 불리한 대우를 나타내는 경우

장애아동은 장애를 이유로 그들과 관련한 일에 참여할 수 있는 기회가 제한되거나 박탈되어서는 안 된다. 성인은 장애의 유무에 관계없이 장애아동과 관련된 정책결정 과정에 참여하는 반면, 아동 자신은 그 과정에서 배제되기 일쑤이다. 장애아동은 자신에게 영향을 미치는

모든 절차에서 피청취권을 가져야 하며, 자신의 발전하는 능력에 걸맞게 견해를 존중받아야 한다.

장애아동의 잠재력을 극대화하기 위해 건강과 교육분야에서 특별한 서비스가 요구되는 경우가 많다. 그러나 장애아동의 정신적 · 정서적 · 문화적 발달 및 복지가 매우 빈번하게 간과되고 있다는 점만큼은 짚고 넘어갈 필요가 있다. 아동의 생활에 필수적인 이러한 측면에 부합하는 이벤트와 활동에 장애아동이 참여하는 경우는 아예 없거나 있어도 최저 수준이다. 게다가 참여한다고 하더라도 장애아동만을 위해 특별히 마련된 활동에 국한되기 일쑤이다. 이러한 관행은 장애아동의 주변화를 부채질하고 그의 소외감을 증가시킬 뿐이다. 아동의 문화적 발달과 정신적 복지를 위해 계획된 프로그램과 활동은 장애의 유무와 관계없이 통합적이고 참여적인 방식으로 모든 아동을 포함하고 또한 그들에게 만족을 주는 것이어야 한다(유엔아동권리위원회 일반논평 9).

2. 인권 침해 사례

장애에 대한 부정적인 시선이나 편견은 장애인에 대한 합리적 이유 없는 차별과 인권 침해로 이어진다. 〈장애인 차별금지 및 권리구제에 관한 법률〉제13조에서는 장애학생의 입학 지원 및 입학 거부, 전학 강요 및 거부, 정당한 편의 제공 요청에 대한 거부, 장애인의 수업활동(특정수업, 실험실습, 현장견학, 수학여행 등) 제한이나 배제 및 거부, 장애인 및 특수교육 관련자에 대한 모욕, 장애인 입학 시 추가서류 및 면접행위 요구, 교육과정 학업시수 임의 위반을 차별행위로 규정하고 있다. 동법 제32조에서는 장애인이 폭력으로부터 자유로울 권리, 학교, 시설, 직장, 지역사회 등에서 집단따돌림, 모욕적/비하적 언어표현이나 행동 금지, 유기, 학대, 금전적 착취 금지, 성적 자기결정권 침해, 언어적 성희롱, 물리적 성폭력 금지를 규정하고 있으며, 동법 제30조 제2항에서는 장애인의 의사에 반하는 외모 또는 신체의 공개를 금지하고 있다.

장애아동에 대한 차별과 교육권 침해 등에 관한 국가인권위원회의 주요 결정례를 중심으로 장애아동의 인권상황을 살펴볼 수 있다.

학교 내 장애인 이동시설 미설치에 따른 장애학생 차별

학교 내 장애인 등을 위한 승강기 등 편의시설 미설치는 헌법 제10조에서 규정하는 인간의 존엄과 가치 및 행복추구권을 침해한 것으로 판단하여 장애인 편의시설 설치 권고 및 장애인 등에게 편의시설이 완비된 학교를 우선적으로 선택할 수 있도록 조치해 줄 것을 권고한 사례(2003. 5. 21)

교육시설 이용에 관한 장애학생 차별

대학입학 전형에서 〈특수교육진흥법〉 제10조 제1항에 정한 장애종류 가운데 특정장애 종류에 대해서만 특수교육대상자 특별전형의 지원자격을 부여한 것이 다른 장애를 가진 자에 대한 평등권 침해인지 여부와 관련하여 대학이 특수교육대상자를 특별전형 함에 있어서 특정장애 유형에 한정하여 지원자격을 부여하는 관행의 시정을 권고한 사례(2004. 2. 16)

장애를 이유로 한 교육시설 이용 차별

• 등하교하는 장애학생들의 학습권이 실효성 있게 보장되도록 통학버스 운송시스템을 개선할 것을 권고한 사례. 이 외에도, 학교장에게 특수학급을 설치하여 장애학생을 위한 통합교육 환경을 마련할 것과 교육감에게 통합교육 및 통합학급 설치에 대한 지도감독을 철저히 할 것을 권고한 사례(2007. 3. 28)

• 통합교육을 위하여 특수학급 설치를 법률로써 보장한 것은 헌법이 보장하는 모든 국민이 갖는 교육받을 권리와 교육받을 의무에 대하여 장애인이라는 이유로 불합리한 차별을 받지 않도록 하기 위하여 마련된 것이므로 이러한 특수학급 설치가 과도한 부담이거나 현저히 곤란한 사정이 존재하는 등의 합리적 이유가 없는 한 이를 거부하는 행위는 장애를 이유로 한 차별행위로 판단한 사례(2006. 12. 10)

학교폭력 사건 처리 시 청각장애학생만 수업 배제는 장애학생 차별

일반계 고교 3학년에서 학교폭력이 발생하자 학교가 수능시험을 앞둔 학생들의 안정 도모를 위해 피해자인 청각장애학생을 귀가시키고 등교하지 않도록 조치한 일과 관련하여 학급 내 폭력사건을 처리하는 과정에서 관련 규정의 절차를 거치지 않고 청각장애인 학생만 수업에서 배제한 것은 장애를 이유로 한 차별행위로 판단한 사례(2012. 1. 10)

장애학생 대상 학교폭력 피해 보호조치 미흡으로 인한 인권 침해

비장애학생으로부터의 괴롭힘에 대한 보호조치로 옆반으로의 학급 분리조치는 가해학생과 피해학생이 바로 옆반에서 자주 마주치게 되고, 1주일에 2번의 체육시간은 합반을 하게 된바 이는 부적절한 조치였다고 판단함. 또한 피해학생이 중증장애인이라는 특별한 사정을 고려할 때 피해자가 재등교 후 가해학생과 마주치는 것만으로도 심리적 후유증을 겪을 수 있다는 학교 측의 세심한 배려가 결여되었음을 지적함. 결국 같은 학교에 계속 다니는 상황에 따른 적극적 격리조치를 시행했다면 피해자의 피해 정도는 완화되었을 것인데 학교 측의 대응은 〈학교폭력 예방 및 대책에 관한 법률〉 제4조 제2항에 비춰볼 때 미흡한 보호조치라 할 것이며, 헌법 제10조에서 규정하고 있는 국가의 기본권 보호의무를 다하지 못한 것으로 판단한 사례(2012. 5. 7)

이 외에도 국가인권위원회는 장애학생에 대한 특수학교 교사, 생활시설 교사 등의 지도과정에서의 폭언 및 폭행 등 폭력으로부터 아동보호를 위한 적극적인 개선권고를 취하고 있다. 예를 들어, 2012년에는 생활시설 장애아동에 대한 체벌 및 폭언 등의 행위를 한 교사에 대한 조치 권고를 한 바 있으며, 2013년에는 장애학생에게 폭언·폭행으로 체벌한 특수학교 교사에 대한 조치 권고를 한 바 있다.

3. 관련 법 및 정책

1) 국제규정

협약 제 23조는 장애아동이 인간으로서의 존엄성 보장과 사회참여를 통한 품위 있는 생활을 향유할 권리가 있으며, 이를 위하여 가용한 모든 조치를 취해야 한다고 규정하고 있다. 장애인권리협약 제 7조는 장애아동이 다른 아동들과 동등한 기초 위에서 모든 인권과 기본적 자유를 누릴 권리를 인정하고 있다.

(1) 협약 제 23조

제 1항. 당사국은 정신적 또는 신체적 장애아동이 존엄성이 보장되고 자립이 촉진되며 적극적 사회참여가 조장되는 여건 속에서 충분히 품위 있는 생활을 누려야 함을 인정한다.

제 2항. 당사국은 장애아동의 특별한 돌봄을 받을 권리를 인정하며, 신청에 의하여 그리고 아동의 여건과 부모나 다른 아동양육자의 사정에 적합한 지원이, 활용 가능한 재원의 범위 안에서, 이를 받을 만한 아동과 그의 양육 책임자에게 제공될 것을 장려하고 보장하여야 한다.

제 3항. 장애아동의 특별한 어려움을 인식하며, 제 2항에 따라 제공된 지원은 부모나 다른 아동양육자의 재산을 고려하여 가능한 한 무상으로 제공되어야 하며, 장애아동의 가능한 한 전면적인 사회참여와 문화적·정신적 발전을 포함한 개인적 발전의 달성에 이바지하는 방법으로 그 아동이 교육, 훈련, 건강관리 지원, 재활 지원, 취업준비 및 오락

기회를 효과적으로 이용하고 제공받을 수 있도록 계획되어야 한다.

　제4항. 당사국은 국제협력의 정신에 입각하여, 그리고 당해 분야에서의 능력과 기술을 향상시키고 경험을 확대하기 위하여 재활, 교육 및 직업보도 방법에 관한 정보의 보급 및 이용을 포함하여, 예방의학 분야 및 장애아동에 대한 의학적·심리적·기능적 처치 분야에 있어서의 적절한 정보의 교환을 촉진하여야 한다. 이 문제에 있어서 개발도상국의 필요에 대하여 특별한 고려가 베풀어져야 한다.

(2) 장애인권리협약 제7조(장애아동)

　제1항. 당사국은 장애아동이 다른 아동들과 동등한 기초 위에서 장애아동의 모든 인권과 기본적 자유를 완전히 향유하도록 보장하기 위한 모든 필요한 조치를 취하여야 한다.

　제2항. 장애아동과 관련한 모든 활동에 있어서 아동 최선의 이익을 최우선적으로 고려한다.

　제3항. 당사국은 장애아동들이 자신에게 영향을 미치는 모든 문제들에 대해 자신의 견해를 자유롭게 표현할 권리와 그러한 견해에 대하여 다른 아동들과 동등한 기초 위에서 그들의 연령과 성숙도에 따라 적절한 비중을 둘 것을 보장하며 그러한 권리를 실현하도록 장애와 연령에 적합한 지원을 제공한다.

2) 국내법

대한민국 헌법은 모든 영역에서의 차별을 금지하고 있고, 〈장애인 차별금지 및 권리구제에 관한 법률〉 등을 통해 장애인의 인권보호 정책 및 제도가 추진되고 있다. 특히 장애학생은 차별 없이 학교교육에 접근할 권리가 있으며, 학교는 장애학생의 입학·전학을 조건 없이 즉각 수용하고, 해당 학생의 장애 유형에 적절한 교육내용과 시설을 갖추어야 한다. 학교는 시설이나 교사 부족 등의 이유를 들어 장애학생의 전·입학을 거부, 회피해서는 안 된다. 통학에 필요한 교통편의도 제공되어야 한다.

또한 〈장애인 등에 대한 특수교육법〉 제4조에 따라 특수교육서비스 차별, 수업참여 배제 및 교내외 활동 참여 배제, 개별화 교육지원팀 참여 등 보호자 참여에서 차별 등을 해서는 안 된다. 〈장애아동복지지원법〉은 장애아동의 권리를 명문화함과 동시에 장애영유아를 위한 어린이집의 보육교사 및 특수교사 배치, 중앙과 지방의 장애아동지원센터 설치, 매 3년마다 장애아동 및 그 가족의 실태조사 등을 시행하도록 하고 있다.

3) 관련 정책 및 지원

장애아동의 교육권 보장을 위해 특수학교는 2011년 115교에서 2016년에는 170교로, 특수학급은 2013년 9,343개에서 2016년에는 10,065개로 증설되었다. 또한 특수교육대상자의 교육권을 확보하기 위하여 특

<표 7-1> 장애아동·청소년 관련 국내법 내용

법률명	제정	목적
장애인 차별 금지 및 권리 구제에 관한 법률	2007년 4월	모든 생활영역에서 장애를 이유로 한 차별을 금지하고 장애를 이유로 차별받은 사람의 권익을 효과적으로 구제함으로써 장애인의 완전한 사회 참여와 평등권 실현을 통하여 인간으로서의 존엄과 가치를 구현함.
		제32조(괴롭힘의 금지) ① 장애인은 성별, 연령, 장애의 유형 및 정도, 특성 등에 상관없이 모든 폭력으로부터 자유로울 권리를 가진다. 제35조(장애아동에 대한 차별금지) ① 누구든지 장애를 가진 아동임을 이유로 모든 생활영역에서 차별을 하여서는 안 된다.
장애인 등에 대한 특수 교육법	2007년 5월	장애인 및 특별한 교육적 요구가 있는 사람에게 통합된 교육환경을 제공하고 생애주기에 따른 장애 유형, 장애 정도의 특성을 고려한 교육을 실시하여 이들의 자아실현과 사회통합에 기여함.
		제4조(차별의 금지) ① 각급 학교의 장 또는 대학의 장은 특수교육 대상자가 그 학교에 입학하고자 하는 경우에는 그가 지닌 장애를 이유로 입학의 지원을 거부하거나 입학전형 합격자의 입학을 거부하는 등 교육기회에 있어서 차별을 하여서는 안 된다.
장애아동 복지 지원법	2011년 8월	장애아동의 특별한 복지적 욕구에 적합한 지원을 통합적으로 제공함으로써 장애아동이 안정된 가정생활 속에서 건강하게 성장하고 사회에 활발하게 참여할 수 있도록 하며, 장애아동 가족의 부담을 줄이는 데 이바지함.
		제4조(장애아동의 권리) ① 장애아동은 모든 형태의 학대 및 유기·착취·감금·폭력 등으로부터 보호받아야 한다. ② 장애아동은 부모에 의하여 양육되고, 안정된 가정환경에서 자라나야 한다. ③ 장애아동은 인성 및 정신적·신체적 능력을 최대한 계발하기 위하여 적절한 교육을 제공받아야 한다. ④ 장애아동은 가능한 한 최상의 건강상태를 유지하고 행복한 일상생활을 영위하기 위한 의료적·복지적 지원을 받아야 한다. ⑤ 장애아동은 휴식과 여가를 즐기고, 놀이와 문화예술활동에 참여할 수 있는 기회를 제공받아야 한다. ⑥ 장애아동은 의사소통 능력, 자기결정 능력 및 자기권리 옹호 능력을 향상시키기 위한 교육 및 훈련 기회를 제공받아야 한다.

수교육 보조인력이 지원되고 있다. 통합교육을 위한 교사연수, 장애인식 개선을 위한 홍보와 프로그램도 운영되고 있다. 하지만 유엔아동권리위원회의 최종권고(2011)에서 확인할 수 있듯이 장애아동의 교육요구를 충분히 충족시키거나 통합교육 체제가 완전히 정립될 수 있도록 충분한 예산과 인력이 지원되고 있다고 보기 어렵다.

모든 장애아동은 자신의 장애 유형과 정도에 따른 특수교육을 받아야 한다. 특히 영유아는 특수학교의 유치원 과정에 입학하지 못하면 장애통합어린이집 또는 장애전담어린이집에 다녀야 한다. 그러나 전국 4만 3천여 개 어린이집 중 장애전담어린이집은 0.5%도 채 되지 않기에 취약보육이 이루어지고 있다. 또한 실제로 200개가 되지 않는 장애전담어린이집이 대도시에 몰려 있어 농어촌에 있는 장애아동의 교육기회 보장이 미흡한 상황이다(보건복지부·국제아동인권센터, 2014).

또한 장애아동의 진학률과 취업률은 지속적으로 증가하고 있지만, 이를 더욱 활성화하기 위해서는 일반학교는 물론 특수학교와 지역별 특수교육지원센터와 장애인 고용 지원기관, 산업체 등과의 민관협력이 필요하며, 장애아동의 진로교육 내실화를 위한 교육과정의 개발과 실시, 전문가 양성 등도 필요하다(한국청소년정책연구원, 2015).

4. 도움 받을 수 있는 기관

장애아동과 보호자, 관련 종사자 등은 학교 및 생활시설, 기타 공간에서 발생한 차별 및 인권 침해 내용에 대해 국가인권위원회를 비롯한 해당 기관에 상담 및 도움을 받을 수 있다.

1) 국가인권위원회 장애차별 조사 및 구제

국가인권위원회의 구제 절차 및 내용은 다음과 같다(www. human-rights. go. kr).

① 상담: 인권상담센터 직접 방문상담 및 전화상담(1331)
② 진정접수: 홈페이지, 방문, 우편, 전화팩스, 이메일, 모바일 웹
③ 사건조사
- 조사국 조사관에게 사건 배정
- 진정이 없는 경우에도 인권 침해·차별행위에 대한 직권조사 가능
- 서면, 출석, 실지조사, 전문가 자문(관련 전문가의 의견을 구하거나 관계인들의 간담회, 법률 검토, 해외 사례 조사)
④ 조정: 당사자의 신청 또는 직권에 의한 조정위원회의 조정 노력
⑤ 위원회 의결: 진정사건에 대한 심의 후 권고, 기각, 각하, 합의 권고, 이송 등의 결정
⑥ 당사자 통보: 심의·의결 후 진정인에게 사건처리결과 통지서 송부

2) 특수교육지원센터에 의한 구제

장애학생이 가정, 일반 학급 등 어떤 교육환경에 배치되더라도 학교생활 등을 포함하여 특수교육과 관련한 상담 및 교육을 지원받을 수 있도록 지역별 특수교육지원센터가 전국적으로 199곳 설치되어 있다.
　다음은 주요 시도 특수교육지원센터 연락처이다.

서울	(02) 433-4328	충북	(043) 290-2127
부산	(051) 605-3721	충남	(041) 640-7622
광주	(062) 717-6800	전북	(063) 239-3354
대구	(053) 231-9661	전남	(061) 260-0996
인천	(032) 547-8553	경북	(054) 805-3272
대전	(042) 480-7922	경남	(055) 716-1780
울산	(052) 255-6600	세종	(044) 320-5101
경기	(031) 249-0278	제주	(064) 710-0323
강원	(033) 250-2541		

3) 기타 장애아동 인권 침해 관련 상담소

장애아동의 가정, 학교, 지역사회 내에서 발생하는 다양한 차별문제와 학교폭력, 성폭력 등 인권 침해에 대해서는 국가인권위원회, 지역교육청 이외에도 다음과 같은 기관을 통해 도움을 받을 수 있다.

- 장애인인권침해예방센터 (1577-4802)
- 지역 여성·장애인 성폭력상담소
- 여성긴급전화 (1366)
- 학교폭력 원스톱지원센터 117
- 지역 해바라기 아동센터 (아동성폭력 상담 및 지원) 등

5. 장애아동의 인권보호를 위하여

"학급에 지적장애 학생이 한 명 있는데 선생님이 짝을 바꿀 때 공개적으로 '가위바위보를 해서 진 사람이 장애학생과 짝을 해야 한다'고 했어요." 교육현장에서 장애학생에 대한 차별이 여전하고 이들을 위한 교육시설은 부족한 것으로 국민권익위원회의 민원 분석 결과 드러났다.

출처: 〈경향신문〉(2016.4.19).

이렇듯 장애아동은 여전히 차별상황에 노출되어 있다. 따라서 우선적으로 장애아동의 인권을 보장하기 위해서는 장애에 대한 국민의 인식 개선이 필요하다. 장애인이라고 해서 또 다른 인권이나 새로운 인권을 부여받는 것이 아니라, 모든 장애아동·청소년은 인권을 동등하게 향유할 권리가 있다는 것을 발견하고 인식해야 한다. 또한 국가 역시 장애인권리협약의 내용을 반영하여 의무와 법적 책임을 다해야 할 것이다. 모든 영역에서의 장애아동·청소년 차별 금지, 장애인 인권 침해 예방 교육의 시행, 장애아동 가족 지원, 교육권 보장을 위한 특

수 교육기관의 신설 등 다양한 영역의 노력을 통하여 장애아동·청소년이 더 이상 차별받지 않는 세상에서 살 수 있도록 해야 한다.

현재와 미래의 우리

현재의 우리는?	미래의 우리는!
장애인은 동정과 시혜의 대상	온전한 권리주체로 비장애인과 동등하게 사회 참여 가능
통합교육의 기회와 인프라 부족	통합교육은 당연한 권리! 장애는 다양성의 한 유형일 뿐이다

활동해 보기

1. 장애아동을 단순히 보호와 동정의 대상으로 바라보는 편견과 고정관념 이 있다. 또한 비장애아동과 동등한 공동체의 구성원으로 차이를 존중 받고 지원받는 데 불편한 환경도 있다. 그 결과 장애아동은 부당한 대우 나 차별을 받게 되고, 다양한 영역에서 권리 행사의 주체로 사회에 참여 할 기회가 배제되거나 박탈당한다. 다음에 대해 생각해 보자.

   - 장애아동의 교육권을 보장하고 학교 교육활동에서 다양한 참여기회 를 보장하기 위해서는 어떠한 노력이 필요한가?
   - 지역사회에서 장애아동이 자신과 관련한 정책결정에 실질적으로 참 여할 수 있도록 하기 위해서는 어떤 노력이 필요한가?

2. '장애 감수성'이란, 장애인을 동정하고 시혜적으로 보호하는 것이 아닌, 장애를 있는 그대로 인식하여 다양성의 한 유형으로 이해하는 것이다. 다음의 토론주제를 통해 나의 장애인권에 대한 생각을 확인해 본다.

   - 그동안 나는 장애인에 대해 어떤 시각을 갖고 있었는지 생각하면서, 장애인들이 학교나 일상생활 등에서 비장애인들에 비해 불편한 점은 무엇이 있었는지, 이를 개선하기 위해서는 어떻게 해야 하는지를 서 로 이야기해 본다.
   - 장애아동의 교육권 보장, 즉 다양한 교육의 기회, 통합교육의 기회 등을 제공하는 것은 차별을 극복하고 사회 참여를 위한 전제 조건이 다. 특히, 다양한 교육의 기회 제공에는 어떠한 정책이 있을 수 있는 지 생각해 보자(예: 병원학급 운영).

제 8 장

학교 내 학생 인권

차별

우리 반에서는 직업에 관한 역할극을 하는데 선생님이 여학생에게는 간호사 역할만 맡기고, 의사 역할은 남학생만 시켜요. 나도 의사 역할을 하고 싶은데 여학생은 의사 역할을 할 수 없나요?

침해

저는 학급반장입니다. 체육선생님께서 체육시간 시작 직후 학생들이 줄을 맞춰 서 있지 않았다는 이유로 예정된 수업을 진행하지 않으셨어요. 대신에 우리 반 학생들의 정신상태를 뜯어고치겠다며 오리걸음, 팔 벌려 제자리 뛰기, 어깨 걸치고 앉았다 일어나기 등의 체력단련 프로그램을 진행하셨어요. 결국 한 친구는 어지럼증을 호소하며 쓰러지고 말았습니다. 말이 체력단련 프로그램이지 사실 단체기합이었다고 생각해요.

출처: 경기도교육청(2013).

혹시, '이 정도쯤이야'라고 생각하는가. '나는 이보다 더한 일도 있었지만, 지금 잘 살고 있어!'라고 말이다. 그러나 어리다는 이유로 무조건 참으라는 식의 합리적인 설득과 이해가 결여된 교육은 학생이 권리 행사의 주체로, 민주사회의 당당한 구성원으로 성장·발달할 수 기회를 제한하거나 박탈하는 것이다. 유엔아동권리협약(이하 '협약') 제정에 사상적 영향을 준 폴란드의 야누스 코르착(J. Korczak)은 "우리는 종종 아이들에게 미래의 주인으로서 부여받은 의무를 강요하지만, 오늘의 주인으로서 누릴 권리는 모른 척하는 경우가 많습니다. 아이들에게 의무만큼이나 소중한 권리가 있습니다"라는 말을 남겼다.

우리는 모두가 즐겁고 행복한 학교를 꿈꾸고 있다. 이 꿈은 교육정책이나 제도만으로 이룰 수 없는 복잡하면서 중층적인 문제를 안고 있다. 하지만 적어도 학교 안의 건강한 인간관계(학생과 학생, 학생과 교사, 교사와 보호자)가 형성된다면, 또한 학생 인권 보장을 교육의 본질 또는 철학으로 인식하고 실천해 나간다면 우리가 꿈꾸는 학교는 가능할 것이다. 건강한 인간관계는 수업이 살아 있고, 학교문화가 건강하며, 학생과 선생님이 함께 만들어 가는 공동체 정신이 살아 숨 쉬는 곳에서 찾을 수 있다. 이것들의 실천적인 근거가 '학생 인권'이다.

하지만 우리는 여전히 인권 보장이라는 총론에는 찬성하면서도, 학생에 대한 개별 권리 보장에서는 일반적으로 주저하거나 망설이고 있다. 제한적 허용이 현실에서는 더 설득력이 있다고 생각하는 것이다.

그 이유는 무엇일까? 단적으로 말하기는 어렵지만, 이는 '학생다움'이라는 전통적인 가치관과 인식에서 기인한다고 생각한다. 또한 그동안의 교육정책은 '인권'이라는 소중한 가치를 학교현장에서 다양한 방법으로 실천할 수 있도록 적극적으로 기회를 제공하지 못했다. 따라서 학생과 교사도 모두 '인권'이라는 단어는 알지만, '인권적인 학교'에 대해서는 잘 모르고 있다. 그래서 '인권'이 학교를 얼마나 건강하게 만들 수 있는지 가늠하지 못하는 것 같다.

이 장에서는 헌법의 기본권 보장과 유엔아동권리협약 이행의 관점에서 사례를 통해 학생에게 보장된 인권의 내용을 파악하고, 학생 인권 보장을 위해서는 어떤 노력이 필요한지 살펴보고자 한다.

1. 아동·청소년 인권 관점에서 본 학생 인권

학생은 단순한 교육대상이 아니라 헌법 제 10조에서 보호하고자 하는 **인격권의 독자적 주체이며, 그 인격은 성인과 마찬가지로 보호**되어야 한다.

출처: 헌법재판소(2012.11.29), 2011헌마827 결정(강조는 필자).

1) 학생 인권에 대한 오해

'권리를 인정해 주면 학생들은 제멋대로 행동할 것이다.' 이렇게 생각하는 사람은 우리 사회가 실제로 학생들에게 권리를 보장해 주었는지, 그들의 말에 귀를 기울이면서 스스로 결정하고 책임질 수 있는 기회를 제공했는지에 대해 곰곰이 생각해 볼 필요가 있다. 대부분의 어른들은 학생 인권에 대해 주저하고, 권리를 행사할 기회조차 제공하지 않으면서 권리보장에 망설이고, 때로는 적대시하는 경향이 있다. 학생

인권조례 제정 과정에 있어서도 확인할 수 있었다. 학생이 권리를 주장하고 행사하는 것은 제멋대로 행동하는 것과는 전혀 다르다. 권리는 우리가 인간으로서 존엄을 가지며 인간답게 자기실현을 하는 데 반드시 필요한 가장 보편적이고 기본적인 것이다. 또한 권리는 주어지는 것이 아니라 획득하는 것임을 잊지 말아야 한다. 학생이 권리를 주장하는 것에 대하여 '제멋대로 행동할 것이다' 또는 '가정이나 학교가 혼란에 빠질 것이다'라고 생각하기 전에 먼저 보호자나 교사, 어른들이 학생의 의견이나 행동이 제멋대로인 것인지 아니면 권리를 주장하고 행사하려는 것인지를 먼저 파악해 보려는 통찰력이 요구된다. 어른들이 학생의 의견이나 행동을 통제하고 제약한다면 언제까지나 학생은 인권의 온전한 주체로 성장하지 못할 것이다.

또한 '학생 인권으로 인해 학생들은 제멋대로 행동하고, 그 결과 그들을 규제할 수 없게 된다. 요즘 아이들에게는 권리보다는 책임의식을 갖도록 하는 것이 중요하다'는 생각도 대표적인 오해이다. 우리 사회에서 학생의 인권을 보호하고 보장함에 있어서 가장 높은 장벽이 되고 있는 것은 '권리보다는 책임'이라는 생각일 것이다. 이와 같은 사회 인식은 학생이 마음 깊이 감추고 있는 생각을 발산하지 못하고 포기하도록 만들어 버릴 것이다. 이로써 사회가 요구하는 능동적이고 적극적인 학생상은 기대하기 어렵게 된다.

권리와 의무는 상대적인 개념이 아니다. 인간으로서 학생의 권리는 천부적인 것이다. 학생 인권은 의무를 이행하니까 보장하고 그렇지 않으면 보장하지 않아도 되는 성질의 것이 아니다. 예를 들어 유아가 젖을 먹을 권리, 학대받은 아동이 도움을 청하고 보호받을 권리, 따돌림으로 인하여 상처받은 학생이 안전하게 학교에 다닐 권리에 동반하는 의무는 없다.

따라서 학생이 인간으로서 성장하는 과정에서 반드시 필요한 것이 학생 인권이다. 이를 위해 어른이나 우리 사회가 보장해야 하는 의무와 책임이 있다. 인권 친화적이지 못한 학교와 사회환경이 때로는 사회구성원의 마음을 닫게도 하지만, 그 의무와 책임은 특히 학생을 보호하고 있는 사람, 국가와 지방자치단체, 행정기관 등에 있다.

협약 제29조에서는 교육의 목표가 ① 아동의 인격, 재능 및 정신적·신체적 능력의 최대한의 계발, ② 인권과 기본적 자유 및 유엔헌장에 내포된 원칙에 대한 존중의 진전, ③ 자신의 부모, 문화적 주체성, 언어 및 가치 그리고 현 거주국과 출신국의 국가적 가치 및 이질문명에 대한 존중의 진전, ④ 아동이 인종적·민족적·종교적 집단 및 원주민 등 모든 사람과의 관계에 있어서 이해, 평화, 관용, 성(性)의 평등 및 우정의 정신에 입각하여, 자유사회에서 책임 있는 삶을 영위하도록 하는 준비, ⑤ 자연환경에 대한 존중의 진전을 지향해야 함을 명시하고 있다. 하지만 '경쟁' 앞에서는 권리의 제한이 당연시되는 것도 우리의 교육현실이다. 이는 우리 사회가 반드시 극복해야 하는 당면 과제다.

그렇다면 '타인의 권리를 침해하지 않을 것'을 말하는 것인가? 타인의 권리를 침해하지 않는다는 것은 매우 중요한 일이다. 이것은 학생이 자신의 권리를 행사하는 과정에서 스스로가 느끼고 실천하는 능동적 행동양식이다. 타인의 권리를 침해하면서까지 하는 권리행사는 원칙적으로 인정되지 않는다. 즉, 이것은 오히려 권리와 권리의 충돌상황에서 발생하는 합리적인 조정의 과정으로 이해할 필요가 있다. 따라서 인권교육과 함께 다양한 실현 기회가 제공되어야 한다.

어른들도 마찬가지로 학생은 권리를 학습하고 행사하는 과정 속에서 권리에 대한 인식을 높이고 권리실현의 방법을 습득하게 된다. 이러한 과정을 통해서 학생은 권리행사에 따르는 책임을 실천할 수 있다. 학생에게 주어진 책임이란 타인의 권리를 침해하지 않을 것, 권리의 피해자가 되지 않을 것, 스스로가 권리를 효과적으로 행사할 수 있는 능력을 기를 것이 해당된다. 즉, 책임은 권리를 실현하기 위한 수단으로 인식해야 한다.

2) 학생 인권의 이해

(1) 학생 인권의 개념

학생 인권이란, 인간으로서의 존엄성을 보장받고, 헌법과 국제인권조약(유엔아동권리협약 등)에서 보장하는 인간다운 삶을 위해 반드시 필요한 권리를 말한다. 학생이라는 이유로 마땅히 누려야 할 권리를 제한하거나 박탈하는 것이 아니라, 스스로가 권리를 이해하고 실천하는 과정에서 온전한 사회구성원으로서 책임과 역할을 다할 수 있도록 지원해야 한다. 일부 지역에서 제정·운영되고 있는 학생인권조례를 언급하지 않더라도, 〈교육기본법〉 제 12조 (학습자) 에서는 '학생의 기본적 인권은 학교교육 과정에서 존중되고 보호된다'라고 규정하고 있다. 하지만 학교현장에서 불가피하게 학생의 인권을 제한하거나 통제할 필요가 있을 때에는 헌법과 협약의 이념과 정신에 입각하여 기본적 인권보장의 틀 안에서 ① 교육목적상 불가피한 경우인지 (목적의 정당성), ②

학생, 보호자, 교사 참여로 제정된 학칙(학교규칙)의 절차를 따르고 있는지(방법의 적정성), ③ 교육목적 최대 실현을 위한 수단으로 적정한지(수단의 적정성), ④ 권리의 본질적 내용을 훼손하지는 않았는지(침해의 최소성)를 고려해야 한다. 인권의 보편성의 원칙에 따라 학생도 인권의 주체이지만, 권리의 크기에 비례하는 책임도 따른다.

(2) 학생 인권의 영역과 주요 내용

지방교육자치단체 중심의 학생인권조례가 만들어지기 전에는 헌법과 유엔아동권리협약, 교육 관련 법률에서 규정하고 있는 학생 인권과 관련된 내용이 무엇인지 손에 잡히지 않았다. 하지만 조례 제정은 학생 인권의 내용을 보다 구체적으로 확인하는 계기가 되었다. 조례는 헌법과 유엔아동권리협약, 〈교육기본법〉, 〈초중등교육법〉 등이 요구하는 인권친화적 교육을 확인하고, 학교현장에서 학생 인권을 실현하기 위한 것이다. 현재 경기도(2010), 광주광역시(2011), 서울특별시(2012), 전라북도(2013)가 학생인권조례를 제정하여 운영하고 있다. 조례는 단순한 권리의 나열에 그치지 않고, 학생 인권의 구체적인 실현을 위하여 정기적인 실태조사, 인권교육, 기본계획 수립, 정책모니터링, 학생자치 활성화 및 참여기구 설치, 인권 침해 조사 및 구제제도 등을 담고 있다. 현재 각 지역의 조례에서 담고 있는 학생 인권의 영역과 내용을 개략적으로 살펴보면 〈표 8-1〉과 같다.

<표 8-1> 학생 인권의 영역과 내용

영역	주요 내용
차별금지	- 성별, 종교, 나이, 사회적 신분, 출신지역, 출신국가 · 민족, 언어, 장애, 용모 등 신체조건, 임신 또는 출산, 가족형태 또는 가족상황, 인종, 피부색, 사상 또는 정치적 의견, 성적 지향, 병력, 징계, 성적 등을 이유로 한 차별 금지
폭력으로부터 안전할 권리	- 학교폭력으로부터 보호 - 체벌 및 신체적 고통을 주는 행위, 언어폭력 금지 - 학생안전 조치 등
교육에 관한 권리	- 학습권 보장, 야간자율학습 및 보충수업에 관한 학생선택권 보장, 휴식권 보장 등
사생활의 자유	- 두발, 용모 및 복장의 자유 - 개인 동의 없는 소지품 검사 금지, 일기장 또는 개인수첩 검사 금지, 합리적 이유 없는 휴대전화 사용 제한 금지, 성적 · 징계 사실 등 개인신상 정보 보호, 학교 밖 명찰 착용 강제 금지 등
표현, 집회 및 결사의 자유	- 교지, 홈페이지 등을 통한 의사표현 제한 금지, 교내 · 외 정치활동 및 집회참여 금지 등
자치 및 참여권리	- 동아리 활동, 학급회, 학생회 활동 적극 보장 - 학칙 제 · 개정 과정에서의 학생의견 존중 - 학교생활과 관련한 의사결정 과정에서의 학생 참여 보장 등
적법한 징계절차	- 부당한 상 · 벌점제 제도 개선 - 징계과정에서의 해당 학생의 진술권 보장 등
권리침해로부터 보호받을 권리	- 학생 인권 침해사안에 대한 상담 및 지원 - 상담 · 구제 신청 제한 금지 및 이를 이유로 한 징계 금지 등

2. 사례로 이해하는 학생 인권

학교에서 발생하는 학생에 대한 차별 및 인권 침해 내용을 국가인권위원회의 결정례와 학생인권조례 제정 지역에서의 다양한 상담 사례를 통해 살펴본다. 특히 각 영역별 내용과 관련하여 학생 인권 보장의 내용이 구체적으로 명문화된 학생인권조례상의 조항을 발췌하여 정리하였다.

1) 차별 금지

'차별'은 차이에 제도적 가치를 부여하는 인위적인 조치다. 차이란 문자
그대로 서로 다름을 의미하는 말로서 사람마다 다른 취향과 선호, 기질
과 특색을 있는 그대로 인정하는 것이다. 사람과 사람, 집단과 집단 사
이에 문화와 생활양식의 차이가 있는 것은 지극히 당연하다. 그런데 이
차이에 일정한 가치를 부여함으로써 차별이 생겨난다. 차별은 불합리하
고 자의적인 기준으로 인간의 차이를 평가한 결과를 토대로 기본적으로
평등한 인간집단에 대해 불평등한 대우나 사회적 통제 · 격리를 가하는
것을 의미한다.

출처: 국가인권위원회(2007).

차이를 인정하고 다양성을 존중하는 것, 있는 그대로의 모습을 인
정하는 것은 차별을 예방하는 데 있어서 우리가 반드시 인식해야 하는
점이다. 더 나아가서는 '나는 누구든지 차별하지 않는다'는 생각에서
적극적으로 차별현상을 발견하고 개선하려는 실천의지 또한 매우 중
요하다. 하지만 여전히 차별은 극복해야 하는 우리 사회의 과제로 남
아 있다.

한국청소년정책연구원(2015)의 아동 · 청소년의 차별경험을 유형별
로 조사한 결과에 따르면, 지난 1년간 차별을 1회 이상 경험한 경우는
높은 순으로 학업성적에 따른 차별이 24. 1%, 연령차별이 21. 0%, 외
모나 신체조건을 이유로 당한 차별이 19. 6%, 성차별이 19. 5%, 고향
이나 사는 지역으로 인한 차별이 3. 7%, 가정형편이 어렵다는 이유로

당한 차별은 2.8%, 종교가 다르다는 이유로 인한 차별은 2.6%, 장애가 있다는 이유로 당한 차별은 1.3%, 가족유형이 다르다는 이유로 당한 차별은 1.1%, 다문화 가정이라는 이유로 당한 차별은 1.0%로 나타났다.

2011년에 유엔아동권리위원회는 대한민국 내에 다양한 형태로 차별이 지속되고 있다는 점을 우려하고, 이러한 차별의 대상에는 다문화 또는 이주노동자가정, 탈북자가정, 난민가정 출신 아동 및 장애아동과 미혼모, 특히 청소년 미혼모가 포함되며, 이들은 국가지원 조치에서 배제되는 등 차별을 받고 있다고 지적했다. 또한 협약 2조에 완전히 합치되는 법률의 채택을 목적으로 〈차별금지법〉을 신속히 제정할 것과 인식제고 및 대중교육 캠페인을 비롯하여 취약계층과 소수집단 아동에 대한 차별태도를 근절하고 예방하기 위한 필요한 모든 조치를 취할 것을 권고한 바 있다.

(1) 차별 사례

① "계속 공부하고 싶지만 임신/출산을 이유로 자퇴하라고 해요."
부모나 학교의 허락 없이 이성교제 후 임신/출산을 하였다는 이유만으로 '불건전한 이성교제', '불미스러운 행동'으로 단정할 수 없으며, 이를 이유로 자퇴 강요나 퇴학 등 학업 중단에 이르는 징계 조치는 차별행위라는 결정〔국가인권위원회 결정례(2009. 7. 6)〕.

② "성적이 좋은 학생들만 기숙사에 입사할 수 있거나,
  정독실을 사용할 수 있어요."

수용한계를 이유로 이용자를 제한하여야 하는 경우, 학업성적뿐만
아니라 학습의지, 학업개선/발달 정도, 교우관계 및 인간관계, 가정
형편, 통학거리 등 여타의 지표를 다양하게 고려할 필요[국가인권위원
회 결정례(2008. 1. 28)].

③ "특정 고등학교 및 대학 합격 홍보활동을 하고 있어요."

학교가 나서서 특정학교 합격을 홍보하는 것은 그 외의 학교에 입학
하거나 상급학교에 진학하지 않은 학생들에게 소외감을 줄 수 있어 교
육적 측면에서도 바람직하지 않고 결과적으로 학벌주의를 부추길 우
려가 있음. 한 사람의 가능성을 판단하는 데 학력이나 학벌은 하나의
참고자료일 뿐임에도 학력·학벌에 의한 차별은 그 사람이 가진 다른
다양한 가능성을 검증받을 기회마저 차단함. 따라서, 특정 학교 합격
홍보물 게시가 우리 사회에서 발생하는 학력·학벌 차별의 핵심적 원
인은 아니지만, 우리 사회에서 관행적으로 이루어지면서 차별적 문화
를 조성할 우려가 있다고 보아 그 관행의 개선이 필요하다고 판단한
사례[국가인권위원회 의견표명(2012. 10. 31)].

(2) 관련 국제규정 및 국내법

① 협약 제2조

제1항. 당사국은 자국의 관할권 내에서 아동 또는 그의 부모나 법정 후견인의 인종, 피부색, 성별, 언어, 종교, 정치적 또는 기타의 의견, 민족적, 인종적, 또는 사회적 출신, 재산, 무능력, 출생 또는 기타의 신분에 관계없이 그리고 어떠한 종류의 차별을 함이 없이 이 협약에 규정된 권리를 존중하고 각 아동에게 보장하여야 한다.

제2항. 당사국은 아동이 그의 부모나 법정 후견인 또는 가족 구성원의 신분, 활동, 표명된 의견 또는 신념을 이유로 하는 모든 형태의 차별이나 처벌로부터 보호되도록 보장하는 모든 적절한 조치를 취하여야 한다.

② 헌법 제11조

모든 국민은 법 앞에 평등하다. 누구든지 성별·종교 또는 사회적 신분에 의하여 정치적·경제적·사회적·문화적 생활의 모든 영역에 있어서 차별을 받지 아니한다.

③ 〈국가인권위원회법〉 제2조

제3호. '평등권 침해의 차별행위'란 합리적인 이유 없이 성별, 종교, 장애, 나이, 사회적 신분, 출신지역(출생지, 등록기준지, 성년이 되기 전의 주된 거주지 등), 출신국가, 출신민족, 용모 등 신체조건, 기혼·미혼·별거·이혼·사별·재혼·사실혼 등 혼인 여부, 임신 또는 출산, 가족형태 또는 가족상황, 인종, 피부색, 사상 또는 정치적 의견, 형의 효력이 실효된 전과, 성적 지향, 학력, 병력 등을 이유로 한 다음 각 목의 어느 하나에 해당하는 행위를 말한다.

④ 〈경기도학생인권조례〉 제 5조(차별받지 않을 권리)

제 1항. 학생은 성별, 종교, 나이, 사회적 신분, 출신지역, 출신국가, 출신민족, 언어, 장애, 용모 등 신체조건, 임신 또는 출산, 가족형태 또는 가족상황, 인종, 피부색, 사상 또는 정치적 의견, 성적 지향, 병력, 징계, 성적 등을 이유로 정당한 사유 없이 차별받지 않을 권리를 가진다.

2) 체벌 및 언어폭력 금지

신체적·정신적 고통을 주는 체벌은 어떠한 경우에도 정당화될 수 없다. 체벌해서는 안 되는 이유를 굳이 열거하지 않더라도 이것은 대표적인 학교 내 학생 인권 침해에 해당된다. 학생들의 체벌경험 여부를 조사한 한국청소년정책연구원(2015)의 결과에 따르면 전체 응답자 10,434명 중에서 18.5%가 체벌경험이 있는 것으로 조사되었다.

(1) 체벌 및 언어폭력 사례

"수업시간에 교과서를 준비하지 않았다는 이유로 제 머리를 때리시고 XX라고 욕을 하셨어요."

"체육시간 교실에 남아 있다가 선생님께 들켜서 몽둥이로 엉덩이를 셀수 없이 맞았어요."

"선생님은 화가 나시면 학교 창고로 끌고 가서 욕설을 하시고 물건을 우리 쪽으로 마구 던집니다."

"수업시간에 떠들었다는 이유로 '앉았다 일어서기'를 20분 동안 했어요."

"오리걸음, 팔 벌려 제자리 뛰기, 어깨 걸치고 앉았다 일어서기 등 단체 기합을 받아요."

"수업시간에 떠든 학생은 교실 뒤에 가서 서서 수업을 듣게 하고, 몇 시간 동안 뒤에 서서 수업 받는 친구도 있어요."

① 대법원 판결례(2004.6.10. 2001도5380 판결): 교사의 폭행과 모욕

학생의 성별, 연령, 개인적 사정에서 견디기 어려운 모욕감을 주어 방법, 정도가 지나치게 된 지도행위는 사회통념상 객관적 타당성이 없다는 판결.

② 교사의 부당한 체벌에 대한 헌법재판소의 결정례(2005헌마1189)

• 징계방법으로 체벌은 허용되지 않고, 기타 지도방법으로서 훈육·훈계가 원칙임.

• 교사가 직무상의 재량이라는 이유로 체벌을 가하는 행위는 특별한 사정이 없는 한 사회통념상 용인되기 어려움. 학교는 민주주의를 학습하는 기본적인 장소이므로 교사가 먼저 인권과 적법절차를 중시하는 모범을 보여야 함.

• 벌 받을 만한 행동이 반드시 맞을 짓은 아니며, 진정한 벌이나 지

도란 학생이 스스로 깨달음을 얻도록 도와주는 것임.

• 체벌로 교사의 권위를 세울 수 있다는 생각은 종래의 뿌리 깊은 권위주의적 사고에 터 잡아 교사의 권위를 그릇된 방법으로 강조한 것임. 교사의 참된 권위는 학생들에게 신체적 고통을 가하는 데서 나오는 것이 아니라 학생들을 인격의 주체로 대하고 사랑과 관심을 베풀어 지도하려고 노력할 때에 학생들의 마음으로부터 우러나는 것임.

③ 국가인권위원회의 간접체벌 관련 결정례(2011.3.3)

간접체벌이 상당한 심리적 고통을 야기한다는 점 등에서 직접적으로 가해지는 신체적 고통에 비해 안전하다거나 덜 고통스럽다는 근거도 없으며, 도구나 신체를 이용하지 않는다고 해서 체벌이 지닌 인권침해적 요소나 비교육적 문제가 근본적으로 사라지는 것은 아니므로 간접체벌을 허용하는 규정의 신설은 바람직하지 않다는 의견을 표명.

(2) 관련 국제규정 및 국내법

① 협약 제 37조

어떠한 아동도 고문 또는 기타 잔혹하거나 비인간적이거나 굴욕적인 대우나 처벌을 받지 아니한다.

② 헌법 제 12조

제1항. 모든 국민은 신체의 자유를 가진다.

③ 〈초중등교육법 시행령〉 제 30조

제 8항. 학교의 장은 법 제 18조 제 1항 본문에 따라 지도를 할 때에는 학칙으로 정하는 바에 따라 훈육, 훈계 등의 방법으로 하되, 도구, 신체 등으로 학생의 신체에 고통을 가하는 방법을 사용해서는 안 된다.

④ 〈광주광역시 학생 인권 보장 및 증진에 관한 조례〉
  제 11조(신체의 자유)

제 1항. 학생은 존엄한 인격체로서 신체의 자유를 가진다.

제 2항. 학교에서 비인도적이거나 굴욕적인 처우 등을 포함한 체벌은 금지된다.

제 3항. 학교에서 교육 목적의 활동을 제외한 강제노동은 금지된다.

⑤ 〈서울특별시 학생인권조례〉 제 6조(폭력으로부터 자유로울 권리)

제 1항. 학생은 체벌, 따돌림, 집단괴롭힘, 성폭력 등 모든 물리적 및 언어적 폭력으로부터 자유로울 권리를 가진다.

제 2항. 학생은 특정 집단이나 사회적 소수자에 대한 편견에 기초한 정보를 의도적으로 누설하는 행위나 모욕, 괴롭힘으로부터 자유로울 권리를 가진다.

3) 사생활의 자유

'사생활의 비밀과 자유'라 함은 사생활의 내용을 공개당하지 아니하고, 사생활의 형성과 전개를 방해당하지 않으며, 자신에 관한 정보를 스스로 관리·통제할 수 있는 권리를 말한다.

출처: 국가인권위원회(2007).

두발자유는 학생답지 않다고 생각하는 사람이 있다. 머리를 염색하거나 기르고 자르는 자기표현은 어른 사회에서는 지극히 당연한 일인데, 학교 안에서는 그렇지 않다. 많은 학교가 학칙으로 두발규정을 두고 있다. 그러나 그 규칙의 근거를 학생들에게 설명하지는 않는다. 거의 대부분의 학교가 공동체 질서 유지, 또는 일방적인 교육목적이라는 이유로 생활지도를 강화하는 방법을 택하고 있다. 이것은 학생들이 학생 인권을 배울 수 있는 기회를 뺏는 것이다.

(1) 사생활의 자유 침해 사례

① "명찰은 반드시 교복 위에 고정해야 하나요?"

학교 안에서 교복에 명찰을 착용하도록 하는 것 또한 학생 당사자의 의사에 반할 소지가 있으나, 이는 단체생활을 해야 하는 교내 생활지도 및 교육에 필요한 경우로 합리적인 이유가 있다고 할 수 있음. 하지만 학교 밖에서도 고정형 명찰 착용은 불특정 다수의 일반인에게 이름이 공개되어 사생활의 비밀과 자유를 지나치게 제한하는 것일 뿐만 아니라, 각종 위험에 노출될 위험이 있는 등 부작용이 매우 크므로 시정되어야 한다고 판단한 사례. 따라서 학생의 사생활 보호와 안전 등을 위해 교복에 고정형 명찰을 강제하는 것이 아니라 탈부착형이나 포켓형 등으로 다양한 방법 모색 필요[국가인권위원회 결정례(2009. 10. 26)].

② "머리가 너무 길다고 벌점을 주고, 자르고 오래요."

학생의 두발자유는 개성의 자유로운 발현권이나 자기결정권, 사생활 자유 등 헌법에서 보장하고 있는 기본적 권리로 학생들의 두발을 일률적이고 획일적으로 규제하는 것은 헌법 및 아동권리협약에 부합하지 않음. 특히 강제적으로 학생의 머리를 자르는 것은 신체의 자유 및 인격권 침해임. 학생의 두발에 대한 제한은 교육현장의 질서유지를 위해 제한할 필요성이 인정되는 극히 한정적인 경우에 한하여 교육의 실현을 방해하는 상태나 행위만을 대상으로 해야 하고, 그 제한의 내용과 절차는 학생들의 자기결정권이 충분히 보장된 합리적 과정과 시스템에 의하여 이루어져야 함〔국가인권위원회 결정례(2005. 6. 27)〕.

(2) 관련 국제규정 및 국내법

① 협약 제16조
제1항. 어떠한 아동도 사생활, 가족, 가정 또는 통신에 대하여 자의적이거나 위법적인 간섭을 받지 아니하며 또한 명예나 신망에 대한 위법적인 공격을 받지 아니한다.

제2항. 아동은 이러한 간섭 또는 비난으로부터 법률의 보호를 받을 권리를 갖는다.

② 헌법 제17조
모든 국민은 사생활의 비밀과 자유를 침해받지 아니한다.

③ 〈경기도 학생인권조례〉 제12조(사생활의 자유)

제1항. 학생은 부당한 간섭 없이 개인물품을 소지·관리하는 등 사생활의 자유를 가진다.

제2항. 교직원은 학생과 교직원의 안전 등을 위하여 긴급히 필요한 경우가 아니면 학생의 동의 없이 소지품 검사를 하여서는 아니 된다. 교직원이 교육목적으로 필요하여 불가피하게 학생의 소지품 검사를 하는 경우 그 검사는 필요한 최소한의 정도에 그쳐야 하며, 전체 학생을 대상으로 하는 일괄 검사를 하여서는 아니 된다.

제3항. 교직원은 일기장이나 개인수첩 등 학생의 개인적인 기록물을 열람하지 않는 것을 원칙으로 하며, 교육목적상 필요한 경우에도 신중을 기하여야 한다.

제4항. 학교는 학생의 휴대전화 소지 자체를 금지하여서는 아니 된다. 다만, 학교는 정당한 사유와 제18조의 절차에 따라 학생의 휴대전화 사용 및 소지를 규제할 수 있다.

제5항. 학교는 다른 방법으로는 안전 등 목적을 달성하기 어려운 경우에만 폐쇄회로 텔레비전(CCTV)을 설치할 수 있으며, 설치 여부나 설치 장소에 관한 학생의 의견을 수렴하고 설치 장소를 누구나 쉽게 알 수 있게 표시하여야 한다.

4) 표현, 집회 및 결사의 자유

한국청소년정책연구원(2015)의 아동·청소년 인권 실태조사 결과에 따르면, 학교에서 사회, 정치, 인생 등에 대해서 자신의 생각을 자유롭게 표현할 수 있느냐는 질문에 '그렇다'는 응답이 78. 1%('그런 편이다' 52. 0%, '매우 그렇다' 26. 1%), '그렇지 않다'는 응답이 21. 9%('전혀 그렇지 않다' 4. 9%, '그렇지 않은 편이다' 17. 0%)로 나타났다.

2011년에 유엔아동권리위원회는 이전 권고에도 불구하고, 학교가 여전히 학생의 정치활동을 금지하고 있으며, 학교운영위원회가 학생의 참여를 배제하고, 학교에 다니지 않는 도시 및 농촌지역 아동들이 표현과 결사의 자유를 행사할 수 있는 기회가 제한되어 있다는 점을 우려하였다. 이에 위원회는 협약 제12조부터 제17조에 비추어 대한민국 정부가 법률, 교육부 발행 지침 및 교칙을 수정하여 아동이 의사결정 과정 및 교내외 정치활동에 적극적으로 참여할 수 있도록 하고, 모든 아동이 교내 등에서 정치활동에 참여하거나 이를 수행하고 학교운영위원회에 실질적으로 참여할 수 있도록 허용하는 것을 포함, 집회와 표현의 자유를 완전히 누릴 수 있도록 하기를 촉구한다고 권고한 바 있다.

(1) 표현, 집회 및 결사의 자유 침해 사례

"학교 밖에서 합법적으로 개최된 청소년 인권 관련 집회에 참여했다고 징계를 내린대요."

"학교 게시판에 학생들의 인권보장과 경쟁적 입시제도 등으로 인한 미래의 불안을 호소하는 내용의 게시물(일명 '안녕들 하십니까?')을 부착했는데, 학교에서 못 붙이게 하고 임의로 제거해 버렸습니다."

"일부 학생들이 등교시간에 교문 밖 도로변에서 역사교과서 국정화 반대

서명 운동을 하고 있습니다. 학생의 인권을 보호하고 인권친화적으로 지도하는 방법에 대해 알려 주세요."

표현의 자유 관련 국가인권위원회의 결정례
• 허가받지 않은 전단지를 교내에 배포하였다는 이유로 진술서를 요구하고 선도절차를 진행한 행위는 헌법 제21조 표현의 자유 침해에 해당하는 것으로 판단한 사례(2008. 10. 12. 결정).
• 교육부의 학교 내 세월호 관련 리본 달기 금지조치 공문은 학생 등 학교구성원의 표현의 자유를 침해한 것이라는 결정: 리본 달기는 세월호 희생자를 추모하는 의미로 널리 활용된 상징적 표현이었고, 그 자체가 정치적 활동을 위한 행위라 볼 수 없으므로 학교 내에서 리본 달기 자체를 금지하도록 한 부분은 학생 등 학교구성원의 표현의 자유를 침해할 소지가 있다고 판단한 사례(2015. 3. 18. 결정).

(2) 관련 국제규정 및 국내법

① 협약

제13조 제1항. 아동은 표현의 자유를 갖는다. 이 권리는 구두, 필기 또는 인쇄, 예술의 형태 또는 아동이 선택하는 기타의 매체를 통하여 모든 종류의 정보와 사상을 국경에 관계없이 추구하고 접수하며 전달하는 자유를 포함한다.

제2항. 이 권리의 행사는 일정한 제한을 받을 수 있다. 다만 이 제한은 오직 법률에 의하여 규정되고 또한 다음 사항을 위하여 필요한

것이어야 한다.

　가. 타인의 권리 또는 명성의 존중

　나. 국가안보, 공공질서, 공중보건 또는 도덕의 보호

　제15조 제1항. 당사국은 아동의 결사의 자유와 평화적 집회의 자유에 대한 권리를 인정한다.

　제2항. 이 권리의 행사에 대하여는 법률에 따라 부과되고 국가안보, 공공의 안전, 공공질서, 공중보건이나 도덕의 보호 또는 타인의 권리와 자유의 보호를 위하여 민주사회에서 필요한 것 이외의 어떠한 제한도 과하여져서는 아니 된다.

　② 헌법 제21조

　제1항. 모든 국민은 언론·출판의 자유와 집회·결사의 자유를 가진다.

　제2항. 언론·출판에 대한 허가나 검열과 집회·결사에 대한 허가는 인정되지 아니한다.

　제3항. 통신·방송의 시설기준과 신문의 기능을 보장하기 위하여 필요한 사항은 법률로 정한다.

　제4항. 언론·출판은 타인의 명예나 권리 또는 공중도덕이나 사회윤리를 침해하여서는 아니 된다. 언론·출판이 타인의 명예나 권리를 침해한 때에는 피해자는 이에 대한 피해의 배상을 청구할 수 있다.

　③ 〈전라북도 학생인권조례〉 제17조(표현의 자유)

　제1항. 학생은 자유롭게 의사를 표현할 수 있는 권리를 가진다.

212

제2항. 학생은 서명이나 설문조사 등을 통해 학교 구성원의 의견을 모을 권리를 가진다.

제3항. 학생은 집회의 자유를 가진다. 단, 학교의 장은 교내의 집회에 대해서는 학생의 안전과 학습권의 보장을 위하여 필요한 최소한의 범위 내에서 이 조례 제19조 제2항에 정한 절차를 거쳐 정하는 학교의 규정으로 집회의 시간, 장소, 방법에 관하여 제한할 수 있다.

제4항. 학생은 학교 안팎에서 모임이나 단체 활동 등에 자유롭게 참여할 권리를 가진다.

제5항. 학교의 장은 교지 등 학생 언론 활동, 인터넷 홈페이지 운영 등에서 표현의 자유를 최대한 보장하고, 필요한 시설과 행·재정적 지원을 해야 한다.

5) 사상 · 양심 · 종교의 자유

한국청소년정책연구원(2015)의 아동·청소년 인권 실태조사 결과에 따르면, 종교재단인 학교에 재학 중인 학생들에게 종교행사에 원하는 학생들만 참여하는지 여부를 질문한 결과 '그렇다'라고 응답한 비율은 46.1%('그런 편이다' 25.8%, '매우 그렇다' 20.3%)였고, '그렇지 않다'로 응답한 비율은 53.9%('전혀 그렇지 않다' 33.6%, '그렇지 않은 편이다' 20.3%)로 나타났다.

2011년 유엔아동권리위원회는 종교기관에서 운영하는 사립학교가 학생의 종교의 자유를 계속하여 제한할 수 있고, 여기에는 이러한 학교에 자발적으로 입학하지 않았을 수도 있는 학생들도 포함된다는 사실에 우려했다. 또한 종교의 다양성을 조성하는 분위기를 충분히 촉진하지 않고, 식단조건과 관련된 사항을 비롯하여 특정 종교를 가진 아동의 구체적인 요구사항 및 제약을 충분히 고려하지 않는다는 점에 대해서도 우려를 표명한 바 있다.

(1) 사상 · 양심 · 종교의 자유 침해 사례

① 반성문, 서약서 등 제출 강요에 따른 인권 침해 관련
　　국가인권위원회 결정례

• 학생에게 통상의 반성문 내용을 넘어서 피해자가 교칙을 다시 위반할 경우 어떠한 처벌도 감수하고 스스로 자퇴할 것을 '서약'하도록 강제하는 것은 헌법 제 19조를 침해한 것으로 판단한 사례(2009. 10. 12. 결정).

• 학생이 거짓말한 것에 대해 시인 및 기록을 요구하고, 방송실 문을 닫고 카메라로 거짓말 시인 사항을 촬영하려고 한 행위는 교육의 목적 범위를 벗어났으며, 교실에서 학생이 거짓말을 하였다는 사실을 언급하면서 반성문 제출토록 하는 등의 행위는 헌법 제 10조, 제 17조, 제 19조 침해에 해당하는 것으로 판단한 사례(2005. 12. 26. 결정).

② 학교 내 종교교육 강제 금지 관련 대법원 판례

• 종립학교가 학생 자신의 신앙과 무관하게 입학하게 된 학생들을 상대로 종교적 중립성이 유지된 보편적인 교양으로서의 종교교육의 범위를 넘어 학교의 설립이념이 된 특정 종교교리를 용인될 수 있는 한계

를 초과해 전파하는 경우 위법성을 인정 (2010. 4. 22) .

(2) 관련 국제규정 및 국내법

① 협약 제14조

제1항. 당사국은 아동의 사상, 양심 및 종교의 자유에 대한 권리를 존중하여야 한다.

제2항. 당사국은 아동이 권리를 행사함에 있어 부모 및 경우에 따라서는 법정 후견인이 아동의 능력발달에 부합하는 방식으로 그를 감독할 수 있는 권리와 의무를 존중하여야 한다.

제3항. 종교와 신념을 표현하는 자유는 오직 법률에 의하여 규정되고 공공의 안전, 질서, 보건이나 도덕 또는 타인의 기본권적 권리와 자유를 보호하기 위하여 필요한 경우에만 제한될 수 있다.

② 헌법

제19조. 모든 국민은 양심의 자유를 가진다.
제20조. 모든 국민은 종교의 자유를 가진다.

③ 〈서울특별시 학생인권조례〉 제16조(양심 · 종교의 자유)

제1항. 학생은 세계관, 인생관 또는 가치적 · 윤리적 판단 등 양심의 자유와 종교의 자유를 가진다.

제2항. 학교의 설립자 · 경영자, 학교의 장 및 교직원은 학생에게 양심에 반하는 내용의 반성, 서약 등 진술을 강요하여서는 아니 된다.

제3항. 학교의 설립자·경영자, 학교의 장 및 교직원은 학생의 종교의 자유를 침해하는 다음 각 호의 어느 하나에 해당하는 행위를 하여서는 아니 된다.

제1호. 학생에게 예배·법회 등 종교적 행사의 참여나 기도·참선 등 종교적 행위를 강요하는 행위

제2호. 학생에게 특정 종교과목의 수강을 강요하는 행위

제3호. 종교과목의 대체과목에 대하여 과제물의 부과나 시험을 실시하여 대체과목 선택을 방해하는 행위

제4호. 특정 종교를 믿거나 믿지 아니한다는 등의 이유로 학생에게 이익 또는 불이익을 주는 등의 차별행위

제5호. 학생의 종교 선전을 제한하는 행위

제6호. 특정종교를 비방하거나 선전하여 학생에게 종교적 편견을 일으키는 행위

제7호. 종교와 무관한 과목 시간 중 특정 종교를 반복적, 장시간 언급하는 행위

제4항. 학교의 장은 교직원이 제2항 및 제3항을 위반하지 않도록 지도·감독하여야 한다.

제5항. 학교의 장은 특정 종교과목의 수업을 원하지 않는 학생들을 위하여 이를 대체할 과목을 마련해야 한다.

6) 휴식권 및 건강권

휴식은 모든 사람의 기본적 인권이며, 감당할 만한 교육은 학습권 실현의 주요요소 가운데 하나이다. 학생은 건강하고 개성 있는 자아의 형성·발달을 위하여 과중한 학습부담에서 벗어나 적절한 휴식을 취할 권리가 있다. 학생의 인권이 상대적으로 잘 보장되는 국가에서는 학습시간도 노동시간과 마찬가지로 제한하고 있으며, 방과 후에는 학생들이 다양한 문화활동이나 지역사회활동에 참여할 수 있는 조건을 보장하고 있다. 이는 학생의 건강권 확보와도 밀접한 관련이 있다. 따라서 정규교육과정 이외의 활동에서 학생들의 선택권은 보장되어야 하며, 학교에서는 안전한 학교급식 제공, 학교보건실 확보, 생리에 대한 생리공결제도, 쉬는 시간 및 여가시간 확보 등 적절한 배려조치를 해야 한다.

이와 관련하여 협약 제31조는 '놀 권리' 보장을 규정하고 있으며, 유엔아동권리위원회는 "휴식과 여가는 아동의 성장에 있어 영양, 주거, 건강관리, 교육의 기초와 같은 정도로 중요하다. 아동에게 충분한 휴식이 주어지지 않는다면 학습이나 참여에 대한 에너지와 동기부여가 부족하게 되고, 육체적·정신적인 능력도 부족해진다"는 일반논평을 제시한 바 있다.

(1) 휴식권 및 건강권 침해 사례

"쉬는 시간을 5분밖에 주지 않아 화장실 가기도 힘들어요."
"아침 7시 30분까지 등교해야 해요."

"교칙을 위반했을 경우 기본 3~4시간 깜지를 써야 집으로 보내 주세요."

"잘못했을 때 쉬는 시간을 이용해서 자기성찰 프로그램을 해야 해 쉴 시간이 없어요."

"밤 11시까지 학교폭력 관련 조사를 했어요."

① 휴식권 및 건강권 침해 국가인권위원회 결정례(2014.11.25)

• 유엔아동권리협약은 아동의 능력 발달에 상응한 적절한 감독과 지도, 휴식권 등을 보장하고 있으며, 헌법 제10조가 보장하는 행복추구권의 한 내용으로 휴식권이 포함되어 있음.

• 야간조사는 개인특성에 따라 정신적 · 육체적 가혹행위가 될 수 있고, 조사를 받는 사람의 수면권 및 휴식권을 침해할 수 있는 점을 고려할 때, 만 13세 미만 아동에 대한 조사 시 보호자 사전통지나 동의를 받지 않고 실시한 행위는 헌법 제10조가 보장하는 행복추구권을 침해한 것으로 판단한 사례.

• 학생들이 과중한 학습부담에서 벗어나 건강하고 행복하게 학교생활을 할 수 있도록 학생들에게 충분한 휴식권을 보장해야 함. 교육목적상 필요하다는 이유만으로 일시적 상황이 아닌 반복적인 쉬는 시간 제한이나 박탈은 학습권 침해 결과를 초래할 수 있음. 따라서 학교는 긴급한 사유가 없다면 쉬는 시간을 보장하고, 적어도 학생들의 화장실 사용 등 신체적 · 정신적 휴식시간은 보장해야 함.

• "상처가 작다고 보건실을 사용하지 못하게 하고, 꾀병이 많다고 보건실 이용 횟수를 정해 놓았어요."

- 학생들의 건강권 보장과 관련해서는 보건실 이용 등에 있어 획일적

인 기준을 정하여 이용을 제한하는 지도를 하기보다는 개별적 상황에 따라 학생의 건강권이 최대한 보호될 수 있도록 조치해야 함.

• "에너지 절약과 학교예산 부족으로 여름에는 에어컨을 잘 틀어 주지 않아 교실이 너무 더워요."

- 학생들이 쾌적한 환경에서 공부할 수 있도록 학교시설을 운영하는 것은 학생의 건강권 보장을 위한 학교와 행정당국의 책임임. 하지만 시설 노후나 예산문제로 어려움이 있을 경우에는 학생들에게 쉽게 이해할 수 있도록 설명하고, 개선을 위해 적극적으로 노력해야 함(경기도교육청 학생 인권 상담 사례 중에서).

② 생리공결제도 관련 국가인권위원회 결정례(2005.12.26)

• 생리통이 생리적 현상 중의 하나이고, 의학적으로도 그 원인을 제거하기 어려운 점을 고려할 때, 생리통으로 인한 결석 시 출결상황에 병결이나 병조퇴로 처리하는 것은 생리통을 겪는 여학생에게 지나치게 큰 불이익이 될 수 있으므로, 학생이 생리로 인하여 결석하는 경우 여성의 건강권 및 모성보호 측면에서 적절한 사회적 배려를 하도록 권고한 사례.

• 이에 대해 교육부는 2006년부터 생리통을 여성의 신체적 특성 중 하나로 인정하고, 여성의 건강권을 보장하는 측면에서 생리공결제도를 실시하고 있음. 따라서 학교에서는 여학생이 생리로 인하여 결석하거나 수업에 참여하지 못하는 경우에는 공결로 처리하는 등 불이익을 주어서는 안 됨.

(2) 관련 국제규정 및 국내법

① 협약

제31조 제1항. 당사국은 휴식과 여가를 즐기고, 자신의 연령에 적합한 놀이와 오락활동에 참여하며, 문화생활과 예술에 자유롭게 참여할 수 있는 아동의 권리를 인정한다.

제2항. 당사국은 문화적·예술적 생활에 완전하게 참여할 수 있는 아동의 권리를 존중하고 촉진하며, 문화, 예술, 오락 및 여가활동을 위한 적절하고 균등한 기회의 제공을 장려하여야 한다.

제24조 제1항. 당사국은 도달 가능한 최상의 건강수준을 향유하고, 질병의 치료와 건강의 회복을 위한 시설을 이용할 수 있는 아동의 권리를 인정한다. 당사국은 건강관리 지원의 이용에 관한 아동의 권리가 박탈되지 아니하도록 노력하여야 한다.

② 〈경기도 학생인권조례〉 제10조(휴식을 취할 권리)

제1항. 학생은 건강하고 개성 있는 자아의 형성·발달을 위하여 과중한 학습부담에서 벗어나 적절한 휴식을 취할 권리를 가진다.

제2항. 학교는 정규교과 이외의 교육활동을 강요함으로써 학생의 휴식을 취할 권리를 침해하지 않도록 하여야 한다.

제3항. 교육감은 학생의 휴식을 취할 권리를 보장하기 위해 정규교과 이외의 교육활동을 제한할 수 있다.

7) 학습권 보장

'교육받을 권리'란, 첫째, 교육을 통해 개인의 잠재적인 능력을 계발시켜 줌으로써 인간다운 문화생활과 직업생활을 할 수 있는 기초를 마련해 주고, 둘째, 문화적이고 지적인 사회풍토를 조성하고 문화창조의 바탕을 마련함으로써 헌법이 추구하는 문화국가를 촉진시키고, 셋째, 합리적이고 계속적인 교육을 통해서 민주주의가 필요로 하는 민주시민의 윤리적 생활철학을 어렸을 때부터 습성화시킴으로써 헌법이 추구하는 민주주의의 토착화에 이바지하고, 넷째, 능력에 따른 균등한 교육을 통해서 직업생활과 경제생활의 영역에서 실질적인 평등을 실현시킴으로써 헌법이 추구하는 사회국가, 복지국의 이념을 실현한다는 의의와 기능이 있다.

출처: 헌법재판소(1994.2.24), 93헌마192.

학교가 보장해야 할 학생 인권 중 가장 중요한 기본권 중의 하나는 교육받을 권리(학습권)이다. 일반적으로 학습권은 국가에 의한 교육조건의 개선·정비와 교육기회의 균등한 보장을 적극적으로 요구할 수 있는 권리로 이해되며, 이 권리의 보장은 인간으로서의 존엄과 가치를 가지며 행복을 추구하고 인간다운 생활을 영위하는 데 필수적인 조건이자 대전제이다. 학습권에는 학생이 인권을 이해하고 실천하기 위한 적절한 인권교육을 받을 권리도 포함되어 있다. 이와 관련하여 헌법 제31조 제1항과 〈교육기본법〉 제3조는 누구든지 능력과 적성에 따라 교육받을 권리가 있음을 규정하고 있으므로 학교는 관련 법령과 학칙에 근거하는 정당한 사유 없이 부당하게 학습권을 침해해서는 안 된다.

(1) 학습권 침해 사례

"교칙을 위반했다는 이유로 하루 종일 수업에 들어가지 못하고 조사받았
어요."

"수업시간에 떠들었는데 교실 밖으로 쫓겨나 수업이 끝날 때까지 복도에
서 있었어요."

"수업준비가 안 되었다는 이유로 교실 뒤로 나가서 벽만 보고 수업이 끝
날 때까지 서 있었어요."

학생선수의 인권보호 및 증진을 위한 정책권고

국가인권위원회는 초등학교 학생선수들을 포함한 다수의 학생들이
학습권 및 신체의 자유 등 인권을 침해당하고 있는 상황에 대한 관계
기관의 명확한 인식과 반성을 촉구하고 정책개선 과제에 대한 실질적
대책 마련을 위해 다음과 같이 권고함(2007. 12. 13).

① 일일 및 주당 운동시간의 기준 마련 등 학생선수의 수업결손을 최
대한 방지하기 위한 조치를 강구하고, 학생선수 튜터링 제도를 도
입하는 등 부득이한 수업결손에 따른 보충학습 실시를 제도적으로
보장하며, 학생선수가 참가하는 대회 개최에 관한 공식 가이드라
인을 마련하여 평일 개최를 금지하고 주말 및 방학을 이용한 대회
개최를 적극 유도하는 정책을 시행할 것.

② 초등학교 운동부 합숙소 폐지 원칙을 실질적으로 구현하기 위한 조
치를 강구하고, 중고등학교를 포함한 운동부 합숙소에 대한 전면
적인 실태조사를 실시하여 개선 조치를 취할 것.

③ 낮은 수준의 학력 기준에서 시작하여 사전예고하에 단계적으로 상
  향조치하는 등의 방법을 통해 상급학교 진학, 학생선수 등록 및 대
  회 참가기준 등에 대한 '최저학업기준인정제도'를 도입할 것 등.

(2) 관련 국제규정 및 국내법

① 협약 제28조

제1항. 당사국은 아동의 교육에 대한 권리를 인정하며, 점진적으로
그리고 기회균등의 기초 위에서 이 권리를 달성하기 위하여 특히 다음
의 조치를 취하여야 한다.

가. 초등교육은 의무적이며, 모든 사람에게 무료로 제공돼야 한다.

나. 일반교육 및 직업교육을 포함한 여러 형태의 중등교육의 발전
  을 장려하고, 이에 대한 모든 아동의 이용 및 접근이 가능하도
  록 하며, 무료교육의 도입 및 필요한 경우 재정적 지원을 제공
  하는 등의 적절한 조치를 취하여야 한다.

다. 고등교육의 기회가 모든 사람에게 능력에 입각하여 개방될 수
  있도록 모든 적절한 조치를 취하여야 한다.

라. 교육 및 직업에 관한 정보와 지도를 모든 아동이 이용하고 접근
  할 수 있도록 조치하여야 한다.

마. 학교에의 정기적 출석과 탈락률 감소를 장려하기 위한 조치를
  취하여야 한다.

제2항. 당사국은 학교 규율이 아동의 인간적 존엄성과 합치하고 이
협약에 부합하도록 운영되는 것을 보장하기 위한 모든 적절한 조치를

취하여야 한다.

② 헌법

제31조. 모든 국민은 능력에 따라 균등하게 교육받을 권리를 가진다.

③ 〈교육기본법〉

제3조(학습권). 모든 국민은 평생에 걸쳐 학습하고, 능력과 적성에 따라 교육받을 권리를 가진다.

④ 〈경기도 학생인권조례〉 제8조(학습에 관한 권리)

제1항. 학생은 법령과 학칙에 근거한 정당한 사유 없이 학습에 관한 권리를 침해받지 아니한다.

제2항. 학교는 교육과정을 자의적으로 운영하거나 학생에게 임의적인 교내외 행사 참석을 강요하여서는 아니 된다.

제3항. 전문계 고등학교는 현장실습 과정에서 학생의 안전과 학습권이 보장될 수 있도록 노력하여야 한다.

제4항. 학교와 교육감은 일시적 장애를 포함한 장애 학생, 다문화 가정 학생, 예체능 학생, 학습곤란을 겪는 학생 등의 학습권 보장을 위하여 최대한 노력하여야 한다.

8) 학생자치 및 참여

유엔아동권리위원회는 2003년 협약이행을 위한 일반원칙에 대한 일반논평에서 협약은 '아동에게 영향을 주는 모든 문제'에 대하여 아동이 자신의 견해를 자유롭게 표현할 권리와 이에 대한 존중을 강조하였다. 또한 아동의 견해를 듣는 것은 그 자체로 목적으로 간주되어서는 안 되며, 그를 통해 국가가 아동과 상호교류하고, 아동을 위한 국가의 행위가 아동권리에 더욱 민감해질 수 있도록 하는 수단으로 파악되어야 함을 강조하였다.

따라서 학생의 의견을 존중하고, 학생들의 학교생활과 관련한 다양한 의사결정과정에 학생의 참여를 보장하는 것은 학교나 교사들이 교육방법의 일환으로 필요에 따라 선택할 수 있는 것이 아니다. 다양한 영역에서 학생의 의견존중 및 참여의 권리를 보장하는 그 자체가 마땅한 권리이며, 협약을 비롯하여 교육관계 법률에서 규정하고 있는 권리이다. 학생은 이를 통해 권리의 주체로 민주사회의 당당한 구성원으로 성장할 수 있다. 따라서 학교는 학생의 의견을 존중하고 참여할 수 있는 기회를 적극적으로 제공해야 한다.

한국청소년정책연구원(2015)의 아동·청소년 인권 실태조사 결과에 따르면, 학교에서의 학생들의 참여와 존중에 관련된 사항으로 학교 규칙 및 규정 등을 만들거나 고칠 때 학생들의 의견을 반영하는지 여부를 질문한 결과, '그렇다'라고 응답한 비율은 66.0%('그런 편이다' 50.6%, '매우 그렇다' 15.4%)였고, '그렇지 않다'로 응답한 비율은 34.0%('전혀 그렇지 않다' 11.1%, '그렇지 않은 편이다' 22.9%)로 나타났다. 학교에서의 학생의 의견존중 및 참여권 보장은 형식적인 절차보장에서 더 나아가 의사결정과정에 실질적으로 학생들이 참여하고 의견을 이야기할 수 있도록 적극적인 지원 노력이 필요하다.

학교에서 학생의 의견존중 및 참여권은 학교운영 및 학교생활과 관련한 사항을 심의하는 학교운영위원회의 참여, 학교규칙 제·개정 과정에서의 참여, 학생자치를 통한 다양한 참여의 기회 확보, 징계과정에서의 참여, 학교급식에 대한 의견 제시, 정규교육과정 이외의 교육활동에 대한 선택, 자발적 참여가 아닌 각종 행사에 강제동원 금지, 사생활 보호를 위한 CCTV 설치 및 운영에서의 참여 등 다양한 영역에서 적극적으로 보장되어야 한다.

이와 관련하여 유엔아동권리위원회는 2011년 정부에 대해 아동에게 자신의 견해를 표출할 권리를 보장하고, 아동에게 영향을 주는 모든 결정과정에 그들의 의견이 고려되도록 법 개정을 고려할 것을 권고하고, '교육기관의 징계과정과 학교를 포함한 행정기구와 법원에서 아동에게 영향을 미치는 모든 사안에 대해 아동의 청문권이 촉진되고 아동의 견해가 존중되도록 입법조치를 포함한 효과적인 조치'를 취해야 한다는 이전 권고를 반복한 바 있다.

(1) 학생자치 및 참여권 침해 사례

"2학기 내내 전체 학생회와 학급회의가 개최되지 않고 있어요."
"학교규칙을 개정할 때 학생의견 수렴의 절차와 방식이 형식적이에요."

- 주 5일제 수업으로 인해 학급회의 등 학생자치를 보장하는 시간이 일방적으로 폐지되거나 개최되지 않는 사례가 발생하고 있음. 하지만 학생은 학생회를 통해 자신들의 복지 개선과 학교 운영에 대한 의견을 말할 수 있고, 학생 대표들은 이를 토대로 학교 측에 의견을 제출하는 방식으로 학교 운영에 참여할 수 있는 기회가 보장되어야 함. 다른 교육활동에 밀려 학생회가 형식화되고 있다는 것은 단순히 학생자치권의 침해의 문제가 아니라, 학교 내 민주시민교육의 기반이 형성되지 않고 있다는 중대한 문제임.
- 학생들이 학교생활에서 가장 크게 불만을 나타내는 것이 학교규칙의 정당성 문제임. 학교 측이 학생, 학부모 등 학교 구성원들과의 적정한 논의나 합의절차를 무시하고 일방적으로 개정 사항을 정해 놓고 학생에게 무조건 지키라고만 강요하는 것은 잘못된 것임. 개정 필요성과 내용에 대해 구성원 간의 충분한 논의를 거친 후 적법절차에 따라 결정하여 다수로부터 정당성을 부여받음으로써 소수의 반대자에게까지 정당성을 인정받아야만 진정한 합의규범이 될 수 있음(경기도교육청, 2013).

학생징계 과정에서의 적법절차 위반 관련 국가인권위원회 결정례
- 고등학생이 두발자유화를 위한 집단행동을 촉구하는 전단을 작성·배포하였다고 하여 학칙위반으로 퇴학 처분 시 해당 학생 또는 학부모의 의견진술의 기회를 제공하지 않은 것은 적법절차 원칙을 위반한 것으로 판단한 사례(2005. 9. 28).
- 퇴학처분 시 보호자에게 알리지 않고, 학생에게 소명의 기회를

주지 않은 것은 인권 침해라고 판단한 사례(2006. 5. 18).

• 학생을 징계할 때에는 관계법령이 정하는 바에 따라 학생의 인격이 존중되는 교육적 방법으로 하고, 그 사유의 경중에 따라 징계종류를 단계별로 적용하고 해당학생에게 개전의 기회를 충분히 허용하는 등 적절한 조치를 취할 것을 권고한 사례(2006. 6. 28).

(2) 관련 국제규정 및 국내법

① 협약 제12조

제1항. 당사국은 자신의 견해를 형성할 능력이 있는 아동에 대하여 본인에게 영향을 미치는 모든 문제에 있어서 자신의 견해를 자유스럽게 표시할 권리를 보장하며, 아동의 견해에 대하여는 아동의 연령과 성숙도에 따라 정당한 비중이 부여되어야 한다.

제2항. 이러한 목적을 위하여 아동에게는 특히 아동에게 영향을 미치는 어떠한 사법적·행정적 절차에 있어서도 직접 또는 대표자나 적절한 기관을 통하여 진술할 기회가 국내법적 절차에 합치되는 방법으로 주어져야 한다.

② 〈교육기본법〉 제12조(학습자)

학생을 포함한 학습자의 기본적인 인권은 학교교육 또는 사회교육의 과정에서 존중되고 보호된다.

③ 〈초중등교육법〉

제17조(학생자치활동). 학생자치활동은 권장·보호되며, 그 조직과 운영에 관한 기본적인 사항은 학칙으로 정한다.

제18조(학생의 징계). 학교의 장은 학생을 징계하려면 그 학생이나 보호자에게 의견을 진술할 기회를 주는 등 적정한 절차를 거쳐야 한다.

제18조의 4(학생의 인권보장). 학교의 설립자·경영자와 학교의 장은 헌법과 국제인권조약에 명시된 학생의 인권을 보장하여야 한다.

④ 〈초중등교육법 시행령〉

제9조(학교규칙의 기재사항 등). 학교의 장은 학칙을 제정하거나 개정할 때에는 학칙으로 정하는 바에 따라 미리 학생, 학부모, 교원의 의견을 듣고, 그 의견을 반영하도록 노력하여야 한다.

제31조의 2(퇴학 조치된 자의 재심 청구 등). 징계조정위원회는 직권 또는 신청에 따라 청구인, 피청구인 또는 관련교원 등을 징계조정위원회에 출석하여 진술하게 할 수 있다.

제59조의 4(의견 수렴 등). 국·공립학교에 두는 운영위원회는 학생의 학교생활에 밀접하게 관련된 사항을 심의하기 위하여 필요하다고 인정하는 때에는 학생대표 등을 회의에 참석하게 하여 의견을 들을 수 있다.

⑤ 〈학교폭력 예방 및 대책에 관한 법률〉

제17조(가해학생에 대한 조치). 자치위원회는 제1항 또는 제2항에 따른 조치를 요청하기 전에 가해학생 및 보호자에게 의견진술의 기회를 부여하는 등 적정한 절차를 거쳐야 한다.

특히 학생인권조례는 교육 관련 법률에서 규정하고 있는 학생자치 및 참여활동 보장을 위한 보다 구체적이고 실천적인 내용을 담고 있다. 여기에서는 〈서울특별시 학생인권조례〉의 내용을 소개하고자 한다.

〈서울특별시 학생인권조례〉 제18조(자치활동의 권리)

1. 학생은 동아리, 학생회 및 그 밖에 학생자치조직의 구성, 소집, 운영, 활동 등 자치적인 활동을 할 권리를 가진다.
2. 학교의 장 및 교직원은 학생자치조직의 구성과 소집 및 운영 등 학생자치활동의 자율과 독립을 보장하고 학생자치활동에 필요한 행·재정적 지원을 하도록 노력하여야 한다.
3. 학교의 장 및 교직원은 성적, 징계기록 등을 이유로 학생자치조직의 구성원 자격을 제한하여서는 아니 되며, 학생자치조직의 대표는 보통, 평등, 직접, 비밀 선거에 의해 선출되어야 한다.
4. 학생자치조직은 다음 각 호의 권리를 가진다.
   ① 학생자치활동에 필요한 예산과 공간, 비품을 제공받을 권리
   ② 학교운영, 학교규칙 등에 대하여 의견을 개진할 권리
   ③ 학생자치조직이 주관하는 행사를 자유롭게 개최할 수 있는 권리
5. 학생회는 학생 대표 기구로서 다음 각 호의 권리를 가진다.
   ① 학생회에서 함께 일할 임원을 선출할 권리
   ② 학생총회, 대의원회의를 비롯한 각종 회의를 소집하고 개최할 수 있는 권리
   ③ 납부금 징수, 성금 모금, 학교생활, 학생복지 등에 관련한 정보를 제공받고 의견을 밝힐 수 있는 권리

④ 학생회 예산안과 결산에 대해 심사·의결할 수 있는 권리

⑤ 학생에게 중대한 영향을 미치는 사항에 대한 학생회 의결 사항을 학교의 장 및 학교운영위원회에 전달하고 책임 있는 답변을 들을 권리

⑥ 다른 학교 학생회나 단체들과 연합하여 정보와 경험을 교류하고 활동 내용을 협의할 권리

⑦ 학생회를 담당할 교사를 추천할 권리

6. 학교의 장 및 교직원은 부당하게 학생 자치활동을 금지·제한하여서는 아니 되며, 학생과 교직원의 안전 등을 위하여 일시적인 제한이 필요한 경우에는 제한 사유의 사전 통지, 소명기회의 보장, 학생자치 조직의 의견 수렴 등 적법한 절차에 따라 이루어져야 한다.

학교 내에서 학생자치 및 참여 과정을 통한 민주적인 학교규칙 제정과 인권보호에 위반되지 않는 규정이 마련된다면 학교생활에서의 차별과 인권 침해 예방에 많은 도움이 될 것이다. 하지만 그렇지 않은 경우에는 인권 침해 상황이 발생한다. 〈표 8-2〉는 학교규칙에 담긴 인권 침해 내용을 영역별로 정리한 것이다.

〈표 8-2〉 학교규칙 내 인권 침해 조항 사례 예시

영역	사례 예시
차별금지	• 학생선도위원회에서 징계를 받은 학생은 이후 장학금 제외, 각종 경시대회 학교대표 참여 불가, 학생회 및 학급임원 제한. • 정독실 등 이용은 성적우수자순으로 함. • 신입생 배치고사 결과 석차 백분율 하위 30% 해당 학생 입사 불허. • 학생회장, 부회장 입후보자 성적은 전 학기 성적 4개 이상 4등급 이상인 자로 제한. • 학생회 임원은 무단결석, 지각, 조퇴, 결과가 전혀 없을 것. • 징계를 받은 사실이 있는 학생은 포상에서 제외함 등.

〈표 8-2〉 계속

영역	사례 예시
사생활의 자유	• 선도 개시 1일 전까지 교내 게시판에 선도사항을 공고하거나 기타 방법으로 공고할 수 있음. • 징계내용 통보: 중요한 내용인 경우 생활지도협의회의 심의를 받은 후 게시판에 공고할 수 있음. • 명찰은 셔츠와 교복 위 박음질로 함. • 수업시간 핸드폰 사용 적발 시 1개월간 압수. • 남학생은 앞머리를 당겼을 때 눈에 닿지 않아야 하고, 옆머리는 귀에 닿지 않아야 하며, 뒷머리는 목을 덮지 않아야 함. • 여학생은 단발머리를 원칙으로 함. • 머리를 묶을 때는 장식이 없는 고무줄 사용. • 가르마와 삭발은 해서는 안 됨. • 원색 운동화 착용 금지. • 물티슈 또는 클렌징 티슈 등으로 닦았을 때 색이 묻어 나오는 색조화장 금지 외 귀걸이, 목걸이, 반지, 팔찌, 렌즈 등 세부 금지 규정. • 등에 메는 가방 외 사용 금지. • 원색 가방 사용 금지. • 양말과 면티는 흰색과 검정색만 착용. • 원색 외투 착용 금지. • 규정 위반 물품은 압수하여 폐기함. • 필요한 경우 소지품 및 용의검사 가능. • 기숙사 불시 점검. • 흡연 측정을 위한 주기적인 소변검사 실시 등.
표현, 집회 및 결사의 자유	• 게시물은 반드시 교사나 관리자의 허가를 받아야 함. • 교내집회 선동 학생 징계. • 교외 정치적 활동 시 사전 교사나 관리자의 허가를 받아야 함. • 학생 신분으로 정치 관여 금지. • 사회단체, 정치 관여 행위 금지. • 동아리 또는 서클활동은 반드시 학교장 허가. • 집단행동 모의 주동한 자 징계. • 학교장 허락 없이 외부 행사 출품, 출연 또는 참가 금지. • 교내에서 학생들이 집회를 하고자 할 때는 담임교사의 허락을 받아야 함.

영역	사례 예시
사상 · 양심 및 종교의 자유	• 고사 중 부정행위 방조한 자, 친구의 잘못을 보고도 방관 또는 묵인하거나 동조한 학생, 가출학생의 소재를 고의로 숨긴 학생 징계. • 서약서 강제: "저는 앞으로 학교생활에 더욱 충실하여 … 학생 신분에 어긋나는 행위를 하였을 경우에는 어떠한 처벌도 감수하겠음을 보호자의 확인으로 서약서를 제출합니다." • 교내 종교행사는 특별한 사유가 없는 한 참석을 원칙으로 함. • 특이 사례: 사상이 불온하거나 이적행위를 한 학생.
상벌점제 세부기준 부적절 사례	• 학생 신분에 어긋나는 행동을 하는 경우. • 가방을 자유로이 하되 학생 신분에 맞는 것으로. • 학생 신분에 어울리지 않는 신발, 머리 모양 등. • 학생이 소지해서는 안 되는 소지품 소지.
상벌점제 세부기준 부적절 사례	• 언행이 불손하거나 학생다운 행동을 하지 않은 행위. • 남녀 간 풍기문란으로 물의를 일으킨 경우. • 불건전한 이성교제를 하는 경우. • 남녀 학생 간 손을 잡는 경우. • 불건전 이성교제로 사회적 물의를 일으킨 경우. • 인사를 하지 않거나 불손하게 하는 경우 등.

3. 도움 받을 수 있는 기관

학교생활에서 발생한 다양한 인권문제들에 대한 상담과 구제는 국가인권위원회의 인권상담 및 구제절차(1331)나 각 지역 교육청의 민원상담을 통해 도움을 받을 수 있다. 이 밖에 학생인권조례를 제정한 경기도교육청, 서울특별시교육청, 광주광역시교육청, 전라북도교육청 내에서 학생인권 문제를 별도로 담당하는 센터가 설치되어 있으며, 이곳의 학생인권옹호관으로부터 직접적인 도움을 받을 수 있다.

학생인권옹호관 제도는 현재 학생인권조례를 제정 · 시행하는 지역

에서 운영하는 독립적 인권옴부즈퍼슨 제도를 말한다. 학생인권옹호
관은 인권 침해의 예방 및 구제를 위해 피해자를 상담하거나 해당기관
을 조사 및 시정권고 등을 한다.

연락처는 다음과 같다.

- 경기도교육청 학생인권센터 (031) 820-0637
- 광주광역시교육청 민주인권교육센터 (062) 380-8992
- 서울특별시교육청 학생인권교육센터 (02) 399-9081~4
- 전라북도교육청 학생인권교육센터 (063) 237-0356~7

4. 학생 인권 보호를 위하여

학생은 불완전한 인간관계에 노출되어 있으면서 다양한 권리침해의 피
해자가 되고 있다. 지역에서 주민과 학생의 불완전한 인간관계는 폭행,
성폭력 등의 문제를 발생시키고 있으며, 학생과 학생 사이의 불완전한
인간관계는 따돌림, 금품갈취, 폭력 등으로 표출되고 있다. 또한 보호
자와 학생의 관계에서 발생하는 대표적인 인권 침해는 신체적·정신적
·성적 학대가 있다. 그리고 선생님과 학생 사이의 불완전한 인간관계
는 체벌, 무시, 차별뿐만이 아니라 수업방해 등으로 나타난다.

이와 같이 학생의 주변에서 일어나고 있는 다양한 인권 침해 문제는
대부분 인간관계에서 출발한다. 특히 중요한 문제로 인식해야 할 것
은 침해를 당하는 학생이 이것이 권리침해인지 모른다는 것에 있다.

인권교육이 필요한 이유다. 모든 것을 자신의 잘못으로만 받아들여 낙심하고 우울해하며 대인관계를 기피하는 현상을 보이기도 한다. 심지어는 스스로를 책망하여 안타까운 선택을 하기도 한다. 이를 해결해 나가기 위해서는 불완전한 인간관계를 그대로 두는 것이 아니라, 학생 스스로가 이러한 관계를 개선해 나가려는 힘(능력)을 기르지 않으면 안 된다. 자신의 내면에 잠재되어 있는 힘(능력)을 신뢰하며 발휘하는 것이다. 이를 위해서는 스스로가 '소중한 존재'임을 인식하는 것이 무엇보다 중요하다. 자아긍정감은 학생이 권리를 행사하고 지킬 수 있는 힘(능력)을 길러 준다.

더 나아가 기성세대는 우리 학생들을 과소평가하고 있지 않은지 생각해 볼 필요가 있다. 관리와 통제, 지도를 하지 않으면, 일부 권리를 제한하지 않으면 학생들이 엇나가거나 스스로의 삶을 개척하지 못할 것이라 여긴다. 학생이 가지고 있는 사회구성원으로서의 주체적인 정화 능력을 믿지 못하는 경우도 있다. 그 결과 새로운 통제기제는 늘 필요하게 된다. 하지만 많은 아동·청소년 관련 종사자들은 아동·청소년들과 함께 활동하면서, 또한 기성세대가 가지고 있었던 권한을 아동·청소년에게 나누어 주면서 얼마나 많은 변화와 성과가 있었는지 이야기하고 있다. 더욱 중요한 것은 이로 인해 아동·청소년들이 행복해하고 있고, 학교에서 스스로 배움의 즐거움을 만끽하고 있다는 사실이다.

학생인권은 학교뿐만이 아니라 모든 생활영역에서 인간으로서의 존엄성 보장과 인간이기에 당연히 할 수 있는 일에 대해 정의하고 있다. 학생인권은 학생뿐만이 아니라 우리 사회의 삶의 질적 향상과도 연결되어 있다. 따라서 학생들이 스스로의 권리를 인식하고 행사하는 주체가 될 수 있도록 하여, 우리 사회의 견고한 편견과 고정된 가치관을 변화시키는 주역이 될 수 있도록 지원한다면, 이를 통해 보다 나은 인권사회로 발전해 나갈 것이다.

현재와 미래의 우리

현재의 우리는?	미래의 우리는!
아직 학생인데, 학생답게 …	당연한 인격권의 주체! 있는 그대로의 모습 존중
17개 광역교육자치단체 중 4곳에 학생인권조례가 제정되었다. 하지만 조례는 학교교육을 어렵게 만들고, 교권을 침해할 우려가 있는 등 지금은 시기상조다.	학생인권조례 제정을 넘어, 교육행정과 지역사회가 함께하는 인권존중의 아동 · 청소년친화도시 완성!
필요에 의해 형식적 절차에 따른 학생들의 의견 수렴(예: 학교규칙)	학생들과 함께 이야기하고 결정하는 것은 당연한 것!

활동해 보기

1. 다음을 읽고 학생의 참여권에 대해 고민해 보자.

최근 초 · 중 · 고를 불문하고 많은 학교에서 직접선거를 통해 학생회를 구성하고 있다. 그런데 중학교, 고등학교에서는 모든 학년의 학생들이 선거에 참여하여 학생회를 이끌어 갈 일꾼을 뽑고 있지만, 초등학교에서는 조금 다른 모습을 발견할 수 있다. 그것은 저학년 학생들에게는 투표권한이 주어지지 않는 경우가 많다는 것이다. 여러분은 어떻게 생각하는가. 아직 어리니까, 미성숙하니까, 정확한 판단을 내리기에는 어려우니까, 투표권을 제대로 행사할 수 없으니까 등으로 잠시 권리를 유보해도 괜찮다고 생각하는가. 아니면 저학년이라도 발달단계에 맞는 적절한 안내와 교육, 홍보가 있다면 충분히 의사표현을 할 수 있다고 생각하는가. 이 문제는 우리가 학생을 어떻게 바라보고 있는가의 문제와 밀접한 관련이 있다. 차별예방과 아동의 참여권을 실질적으로 보장하는 실천적 방법으로 무엇이 있는가?

2. 다음을 읽고 아동의 권리와 학교급식에 대해 고민해 보자.

학생들의 건강한 성장과 발달을 위해 학교에서 제공되는 급식은 안심하고 안전하게 섭취할 수 있어야 한다. 유엔아동권리협약은 신체적 · 정신적으로 건강하게 자랄 아동의 권리가 보장되어야 하며, 이를 통해 학교에서 배우고 익히는 것이 학습권 실현의 중요한 요소라고 규정하고 있다.

아동의 권리를 위해 학교급식의 운영과정에서 어떠한 차별적 행위도 없어야 한다. 양질의 먹을거리를 제공하며, 학생이나 보호자에게 운영정보를 제공하고 정기적인 의견조사를 실시하여 결과를 반영해야 한다. 더 나아가 학교급식에서 특별한 배려가 필요한 아동에 대한 급식 제공도 필요하다.

2011년 유엔아동권리위원회는 한국 정부가 종교의 다양성을 조성하는 분위기를 충분히 촉진하지 않고, 식단조건과 관련한 사항을 비롯하여 특정 종교를 가진 아동의 구체적인 요구사항 및 제약을 충분히 고려하지 않는다는 점에 우려를 표명한 바 있다. 따라서 종교 또는 개인 건강 등의 이유로 특별한 급식 제공이 필요한 경우에는 언제든지 도움을 받을 수 있어야 한다.

3. 다음을 읽고 아동의 권리와 숙제에 대해 고민해 보자.

학교에서 부과되는 숙제는 교육목표를 달성하고 학습능력을 향상시키기 위해 필요한 교수학습법의 일환이다. 하지만 학생 개개인의 학습능력과 발달을 고려하지 않고 일률적이고 과도하게 부과하는 숙제는 때로 당초의 목적에서 벗어나 학생의 신체적·정서적 고통과 스트레스로 이어지게 된다. 또한 학생이 학교 밖에서 적절한 휴식을 취하고 다양한 여가 및 문화활동, 사회 참여 등의 기회에 접근하지 못하는 상황도 발생한다. 따라서 숙제도 아동권리의 관점에서 바라보고, 유엔아동권리협약 제28조(교육의 권리), 제29조(교육의 목표)를 달성하기 위한 고민이 필요하다.

4. 다음을 읽고 아동의 의견을 듣는다는 것에 대해 고민해 보자.

세계인구 약 70억 명 중 3분의 1이 아동이다. 하지만 아동과 관련한 대부분의 일은 나머지 3분의 2인 어른들이 결정하고 있다. 지구촌의 환경·평화

문제를 비롯하여 자신과 관련한 일임에도 불구하고 자신의 의견을 말할 수 없다는 것은 조금은 안타깝고 슬픈 일이다. 그렇다면 국제사회가 성인으로 인정하고 있는 18세가 되었다고 해서 "이제 여러분은 성인이 되었으니까 의견을 말하고 결정해도 돼요"라고 했을 경우에는 어떻게 될 것인가. 지금까지 어떠한 결정 과정에도 참여하지 않은 사람이 갑자기 결정하라는 말을 듣게 된다면 틀림없이 곤란해할 것이다.

아동·청소년기에 조금씩이라도 스스로가 결정할 수 있고, 무언가를 맡아서 추진할 수 있는 기회가 주어져 스스로 생각하고, 의견을 말하는 연습을 한다는 것은 매우 중요한 일이다. 이를 통해 아동은 스스로의 잠재력을 깨닫고, 권리행사의 능력을 키워 나갈 수 있을 것이다. 따라서 일상생활의 작은 일에서부터 국제사회의 큰일까지 아동이 무슨 생각을 갖고 있는지 경청하고 이를 지원하는 모든 사회구성원의 역할과 책임의식이 필요하다.

5. 다음 토론 주제를 활용하여 학생 인권에 대해 생각해 보자.

- 학생들에게 인권을 보장하면 학생들은 제멋대로 행동할 것이다.
- 학생들에게 인권을 보장하면 교사의 권위는 추락할 것이다.
- 학생들에게 인권을 보장하는 것은 시기상조다. 책임과 의무 의식을 심어 주는 것이 우선되어야 한다.
- 학생들이 정치적·사회적 문제에 관심을 갖는 것은 위험하다.
- 학교문화에서 학생 인권을 보장하기 위해 가장 먼저 개선되어야 할 것은 무엇일까?
- 우리 학교에서 학생 인권 보장을 위해 가장 필요한 것은 (   )이다.

제 9 장
학교 밖 아동 · 청소년의 인권

홈리스 청소년들의 생존권

홈리스 청소년들은 주로 빈곤 · 학대 가정에서 자랐고, 돌아갈 가정이 없다. 결국 가정과 학교에서 내몰리고 일의 세계에서도 탈락해 거리와 시설 등을 전전하면서 지역사회 주민들과 경찰, 사법체계 종사자 등과 지속적으로 갈등을 일으키게 된다.

그들 중 상당수가 비합법적인 활동들을 하는데 대표적으로 남자청소년들은 절도, 강도, 구걸을 하고, 여자청소년들은 성매매(Survival Sex)를 한다. 이런 식으로 생존문제를 해결하다가 성인범죄로 발전하여 사회의 부정적인 풀(pool)을 이루게 된다. 결과적으로는 사회의 큰 부담으로 작용하게 된다.

비합법적인 활동을 하지 않아도 먹고 살 수 있는 최소한의 복지를 제공해야 한다. 그러지 않고 비합법적인 활동을 하지 말라는 것은 그들 입장에서는 생존을 포기하라는 말과 같다. 홈리스 청소년의 기준을 설정하고 이들에게 최소한의 물질적 제공이 가능하도록 지원 방안을 마련해야 한다.

출처: 학교폭력예방연구소(2013)를 수정 · 인용함.

이 장에서는 학교 밖 청소년에 대한 부정적인 사회적 인식을 극복하고, 아동·청소년의 인권의 관점에서 학교 밖 청소년의 개념, 유형 및 특징, 지원정책의 현황, 과제 등을 살펴보고자 한다.

1. 아동·청소년 인권 관점에서 본 학교 밖 청소년의 권리

1) 학교 밖 청소년에 대한 오해

매년 6만여 명의 청소년이 학업을 중단하여 사회와 단절 및 낙오를 경험하고 있고 어디에서 무엇을 하고 있는지 모르는 학교 밖 청소년은 누적 28만 명으로 추정되고 있다. 학교 밖 청소년들은 유해환경에 노출되기 쉽고, 신체적·정신적 건강을 해칠 우려가 높으므로 더 많은 지원이 필요함에도 불구하고 공교육에 비해 국가 차원의 투자는 매우 낮은 수준이다. 이와 더불어 공교육을 벗어난 학교 밖 청소년에 대한 사회의 부정적인 시각은 청소년들이 자존감을 회복하고 당당한 사회의 구성원으로 성장하는 데 장벽이 되기도 한다.

한국청소년정책연구원(2014)의 조사에 따르면, 청소년들이 학교를 떠나는 이유로 건강, 심리적·정신적 문제, 가정불화, 가정 경제사정 등 개인사정이 10.9%, 공부가 싫어서, 학교에 갈 필요성을 못 느껴서, 친구들이 싫어서, 학교규칙이 엄해서, 선생님이 싫어서 등 다녔던 학교의 문제가 59.2%였으며, 검정고시 준비 및 자신의 특기나 소질을 살리고 싶어서 학업을 중단한 청소년은 20.4%였다. 학교교육의 내용과 방법, 교내생활문제와 관련한 원인은 80.0%에 이른다.

학교 밖 청소년은 학교를 다니지 않는다는 이유로 그 원인과 유형이 다양함에도 그들을 비행과 연관시키고 사회적 낙오자로 생각하는 경우도 있다. 즉, 학교, 학생신분, 청소년기 여러 가지 발달과업 중에서 대부분 학업에 초점을 두고 있기 때문에 학령기에 다른 삶을 사는 청소년들은 자연스럽게 일탈이나 문제청소년 등으로 간주되기 쉽다. 그 결과 학교 밖 청소년들에게 인권교육을 포함한 적절한 지원을 하기보다는 사회적 규범 습득에 관한 교육을 보다 강화해야 한다는 주장도 있다. 이와 함께 소년사법 등을 보다 엄격히 적용하여 범죄예방에 힘써야 한다는 의견도 있다.

하지만 비행이나 범죄에의 노출은 대부분 경제적·가족적인 혜택을 제대로 누리지 못하는 청소년들에게 나타나고 있다. 특히 심각한 범죄를 저지르는 청소년은 학교에서 부적응을 경험하고, 보호자로부터 통제·억압을 받고, 학대나 방임을 경험한 적이 있다는 사실을 우리는 간과해서는 안 된다. 이와 같은 경험이 불행하게도 비행이라는 부정적인 행동으로 표출되고 있는 것이다. 상처받고 괴로워하며 어떻게 생활할지 고민하는 학교 밖 청소년들을 비행의 우려가 있다는 이유로 엄벌주의로 대처하고 격리하는 것이 과연 적절한 방법인가. 따라서 제도권 교육을 벗어난 청소년들에 대한 감시·감독을 강화하는 것이 비행을 예방하는 최선의 방법인지에 대해서는 다시 한 번 생각해 볼 필요가 있다.

2) 학교 밖 청소년에 대한 이해

학교 밖 청소년이라는 용어가 사용되기 이전에는 '학교중도탈락 청소년', '학업중단 청소년' 등이라 표현했다. 이들 용어의 공통점은 당사자가 학교를 그만둘 수밖에 없는 여러 가정적 상황, 학교생활의 다양한 부적응의 문제, 그리고 자발적 의사 등을 고려하지 않았다는 점이다. 이후 2014년 제정된 〈학교 밖 청소년 지원에 관한 법률〉에서는 초중등학교 또는 이와 동일한 과정을 교육하는 학교에 입학한 후 3개월 이상 결석하거나 취학의무를 유예한 청소년, 고등학교 또는 이와 동일한 과정을 교육하는 학교에 진학하지 않거나, 학교에서 제적 · 퇴학처분을 받거나 자퇴한 청소년을 '학교 밖 청소년'이라 하였다. 따라서 이 용어는 재학 중 여러 가지 이유로 휴학이나 자퇴 등의 형식을 통해 학교를 중퇴한 청소년, 학교에 진학하지 않은 청소년, 학업이 아닌 근로현장에서 종사하고 있는 청소년, 무직 청소년 등을 모두 포괄하는 개념으로 사용될 수 있다. 그뿐만 아니라 일반 학교에 재학 중이지는 않으나 독학이나 홈스쿨링, 검정고시 등 다른 경로를 통해 학업을 지속하고 있는 청소년도 포함 가능하다.

학교 밖 청소년들이 학교를 떠나는 이유와 목적은 다양하다. 경제적인 이유로 학교를 떠나 근로현장에 뛰어들기도 하고, 학습이나 교우관계 등 학교적응에 어려움을 느껴 그만두기도 하며, 대안학교나 유학 등 새로운 학습의 기회를 찾아 떠나기도 한다. 또한 일부 청소년들은 문제행동을 일으킴으로써 징계 차원에서 학교로부터 배제되기도 한다. 어떤 이유와 목적을 가지고 학교 밖 청소년이 되었느냐에 따라

<표 9-1> 학교 밖 청소년 유형

진로 결정형		진로 미결정형	
학업형	근로형	유예형	비행형
학력 취득을 목적으로 대안학교, 학원 등과 같은 교육시설에 다니거나 검정고시 준비 등을 하는 청소년	근로 및 취업을 목적으로 직업훈련을 받거나 근로(경제활동)를 하는 청소년	아직 진로 결정을 하지 않은 상태에서 미래에 대한 계획이나 준비 없이 일상을 보내는 청소년	아직 진로 결정을 하지 않은 상태에서 비행 등과 같은 문제행동을 일으키는 청소년

출처: 한국청소년정책연구원(2015), 학교 밖 청소년 지원정책 체계화 방안 연구, p. 29.

이들의 삶은 다양한 형태를 보이게 된다. 따라서 학교 밖 청소년들을 하나의 동일한 집단으로 보기보다는 저마다의 특성을 지닌 여러 갈래의 집단으로 보는 것이 타당하다(〈표 9-1〉).

모든 학교 밖 청소년들이 학업중단을 후회한다고 볼 수 없다. 사회적 통념과는 달리 일부 청소년들은 자신의 학업중단 결정에 만족하며 이를 긍정적으로 인식하고 있다. 학업중단 결정을 후회하는 청소년은 학교 밖 사회에서의 부적응(무기력, 학위 취득의 어려움, 일탈 및 비행)을 주요 요인으로, 학교에 대한 그리움(친구들과의 추억, 교사의 돌봄과 관심)을 부수 요인으로 지목한 한편, 학업중단 결정에 만족하는 청소년은 학교 안에서 받은 상처(성적경쟁 소외, 교우 갈등 및 따돌림, 교사와 갈등)를 주요 요인으로, 학교 밖에서 찾은 대안(새로운 배움, 상처치유)을 부수 요인으로 지목하여 차이를 나타내고 있다. 따라서 학교 밖 청소년의 학업중단의 동기나 학업중단 이후 생활유형이 다양화되는 상황에서 학교복귀만을 목표로 한다든지, 학교 안에 학생을 머무르게 하는 학업중단 예방 접근방식에 전환이 필요하다. 또한 특별한 보호와 배려가 필요한 학교 밖 청소년에게는 빈곤청소년, 중도입국청

〈표 9-2〉 학교 밖 청소년의 학업중단 원인

개인특성	충동 조절 능력 부족, 높은 공격성, 낮은 자아개념, 낮은 대인관계 기술, 낮은 미래기대 수준, 의사소통 기술 부족, 낮은 자아존중감, 권위에 대한 반사회적 성격 등.
가정요인	가족 구조상의 결손(사망 · 이혼 · 별거 등), 경제적 빈곤, 자녀에 대한 경제적 · 심리적 지지 약화, 자녀에 대한 낮은 성취기대, 부적절 양육태도, 가족의 낮은 화목도, 가족 간의 대화 단절, 부모의 낮은 교육수준, 가족 구성원의 폭력 및 약물 사용 등.
지역요인	유해한 환경 및 대중문화의 확산, 청소년에 대한 사회적 보호체계 미약.
학교요인	교육과정의 획일성, 학교공부의 지루함, 비민주적인 학교 운영, 구성원 간 친밀감 부족, 입시 및 성적 위주의 학교교육, 교사와 어려운 관계, 공부하기가 싫음, 낮은 학업성취 수준, 무단결석의 반복 등.

소년, 탈북청소년, 미혼모청소년, 근로청소년 등 다양한 유형에 따른 체계적이고 안정적인 지원도 필요하다.

일반적으로 학교 밖 청소년들은 가정환경 및 경제상황이 열악하고, 학교 내 교사와 학생들과의 관계와 적응이 어려우며, 비행과 범죄에 노출되기 쉽다. 이러한 환경적 요인으로 건강훼손, 심리적 · 정서적인 어려움 등을 겪고 있는 특징도 있다. 하지만 모든 학교 밖 청소년의 환경과 심리적 상태가 동일하게 열악한 것은 아니다. 학교를 나온 이유와 목적, 현재의 환경과 미래의 준비상태 등에 따라 다양한 특성을 보인다. 학교 밖 청소년의 학업중단 원인은 다양하고 복합적이기 때문에 개별 청소년에게 적합한 실질적인 지원책이 강구되어야 한다(〈표 9-2〉).

2. 인권 침해 사례

학생이 아니라는 이유로 차별받고 부당한 대우를 받는 학교 밖 청소년
들의 상황에 대한 이해와 관행 개선이 필요하다. 더 나아가서는 우리
주위의 차별적 요소들을 발견하고 개선하는 인권감수성을 향상시키기
위해 더욱 노력해야 한다.

학생이 아니라는 이유로 부당한 대우나 참여의 기회가 제한되는 경
우가 있다. 예를 들어, 학생 대상 각종 대회에서 학생이 아닌 청소년의
참여를 막는 것이 대표적이다. 참가자들의 우열을 공정하게 가리기 위
해 지원 부문을 구분하는 것은 필요하지만, 학생부와 일반부만으로 구
분해 학교에 다니지 않는 청소년의 대회 참가 자체를 거부하는 것은 훌
륭한 인재를 발굴 육성한다는 교육 취지에 비추어 합리적이라고 보기
어렵다. 학교에 다니는 학생만이 우리 사회가 교육하고 발전시켜야 하
는 아이들은 아니기 때문이다.

성장기에 있는 청소년은 누구든지 재학 여부와 상관없이 균형 있는
성장을 위해 다양한 문화활동을 해야 한다. 이를 통해 예술을 비롯한 다
양한 체험과 학문을 습득함은 물론 대회에 참가해 다른 청소년들과의
공정한 경쟁을 통해 실력을 향상시키고 인재가 될 수도 있을 것이다. 21
세기를 사는 아이들에게 열린 사고와 다양성을 요구하면서 정작 청소년
들이 배움을 선택하는 방식에서는 '학교'만을 일률적으로 강요하는 모
양새가 아쉽다. 탈학교를 선언하고 학생이 아닌 그냥 청소년이기를 택
한 아이들이 세상을 교과서 삼아 발전할 수 있도록 다양한 기회를 제공
해야 하는 것이 성인세대가 해야 할 또 다른 교육방식이라고 생각한다

(국가인권위원회, 2011).

이와 관련하여 협약 제 31조는 신분이 어떠한지와 상관없이 문화생활과 예술에 자유롭게 참여할 수 있는 아동의 권리를 인정하고 있으며, 이를 위해 정부와 지자체는 문화적 · 예술적 생활에 완전하게 참여할 수 있는 아동의 권리를 촉진하며 문화, 예술, 오락 및 여가활동을 위한 적절하고 균등한 기회제공을 규정하고 있다.

비학생 청소년의 교통시설 이용 차별

청소년은 공공시설 및 교통시설 이용 시 할인을 받을 수 있는데, 청소년이라는 증명을 학생증으로 하고 있어 비학생 청소년은 할인을 받을 수 없다는 진정에 대해 국가인권위원회는 헌법 제 11조의 평등권 보장규정 및 청소년헌장 중 청소년은 출신, 성별, 종교, 학력, 연령, 지역 등의 차이에 의해 차별받지 않는다는 청소년의 권리조항 등에 비추어 볼 때, 공공시설 및 교통시설 이용요금을 학생들에게는 할인해 주면서 비학생 청소년에게는 할인해 주지 않는 것은 합리적 이유 없는 차별행위이며, 경제적 · 사회적으로 불우한 입장에 처해 있는 비학생 청소년이 늘어나고 있고 비학생 청소년에 대한 국가와 사회의 관심이 어느 때보다 필요한 시점임을 감안해 볼 때, 비학생 청소년에 대해 차별적 요소가 있는 법령 · 제도 · 정책 · 관행의 개선을 추진할 필요가 있다고 판단한 사례.

출처: 국가인권위원회 결정례(2003.9.15).

3. 관련 법 및 정책

1) 국제규정

협약은 생명에 대한 아동의 고유한 권리와 가능한 한 최대한으로 아동의 생존과 발달을 보장할 당사국의 의무를 강조하고 있다. [1]

> **협약 제6조**
> 1. 당사국은 모든 아동이 생명에 관한 고유한 권리를 가지고 있음을 인정한다.
> 2. 당사국은 가능한 한 최대한도로 아동의 생존과 발전을 보장해야 한다.

'발달'은 전체적인 개념에서 아동의 신체적 · 심리적 · 정신적 · 도덕적 · 심리학적 및 사회적 발달을 포함하는 가장 광범위한 의미로 해석되어야 하며, 이행조치들은 학교 밖 청소년을 포함한 모든 아동이 최적의 발달을 달성하는 것을 목표로 삼아야 한다. 특히 정부는 학교에서의 정기적 출석과 탈락률 감소를 장려하기 위한 조치를 취하여야 한다.

---

[1] 협약 제28조는 제8장 참고.

2) 국내법

학교 밖 청소년이 지속적으로 발생하고 있으나 아직까지 정확한 실태 조사가 이루어지지 못하고 있다. 〈청소년복지지원법〉, 〈초중등교육법〉 등 관계 법률에 근거하여 학업중단 숙려제 등 학교 밖 청소년 지원 정책이 추진 중이나, 대부분의 지원정책이 학교 밖 청소년을 시혜적 복지의 대상으로 보고 있다. 이로 인해 지원내용 또한 학업복귀에 집중되어 능동적 자아실현의 주체로서의 학교 밖 청소년의 다양한 정책 수요에 부응하지 못하고 있다. 따라서 학교 밖 청소년에 대한 정확한 실태조사를 바탕으로 개인적 특성과 수요를 고려한 상담지원, 교육지원, 취업 및 진로·직업체험 지원, 자립지원 등이 이루어지도록 종합적·체계적인 지원체계를 마련함으로써 학교 밖 청소년이 건강한 사회구성원으로 성장할 수 있도록 지원할 필요가 있다. 이러한 목적으로 2014년에 〈학교 밖 청소년 지원에 관한 법률〉이 제정되었다.

〈학교 밖 청소년 지원에 관한 법률〉 제1조(목적)
이 법은 〈청소년기본법〉 제49조 제4항에 따라 학교 밖 청소년 지원에 관한 사항을 규정함으로써 학교 밖 청소년이 건강한 사회구성원으로 성장할 수 있도록 함을 목적으로 한다.

〈학교 밖 청소년 지원에 관한 법률〉 제3조(국가와 지방자치단체의 책무)
1. 국가와 지방자치단체는 학교 밖 청소년에 대한 사회적 차별 및 편견을 예방하고 학교 밖 청소년을 존중하고 이해할 수 있도록 조사·

연구·교육 및 홍보 등 필요한 조치를 하여야 한다.

2. 국가와 지방자치단체는 학교 밖 청소년 지원 프로그램을 마련하기 위하여 필요한 시책을 수립·시행하여야 한다.

3. 국가와 지방자치단체는 제1항 및 제2항에 따른 책무를 다하기 위하여 학교 밖 청소년 지원에 필요한 행정적·재정적 지원방안을 마련하여야 한다.

3) 관련 정책 및 지원

학교 적응에 어려움을 겪는 학생들은 학교에 설치되어 있는 '위클래스'(Wee Class), 지역교육청의 '위센터'(Wee Center)를 통해 개인상담, 진로상담 및 교육복지, 전문기관 연계 등에 대한 지원을 받을 수 있다. 또한 현재 다니는 학교에 적응하기 힘들 때에는 각 교육청이 지정한 위탁대안교육기관에 다닐 수도 있다. 이 경우, 학생들은 다니고 있는 학교에 원적을 두고 있으면서 단기 또는 장기로 학업을 유지하면서 원적 학교의 졸업장을 받을 수 있다.

학력이 인정되는 대안학교[2]로 거주지를 옮겨 전학을 결정하는 경

---

2) 〈초중등교육법〉 제60조의 3(대안학교)에 따라 학업을 중단하거나 개인적 특성에 맞는 교육을 받으려는 학생을 대상으로 현장실습 등 체험 위주의 교육, 인성 위주의 교육 또는 개인의 소질·적성 개발 위주의 교육 등 다양한 교육을 하는 학교로서 각종 학교에 해당하는 학교를 말한다. 대안학교 이외에 〈초중등교육법 시행령〉 제76조, 제91조에 의해 설립된 대안교육 특성화 학교가 별도로 존재한다. 이들 학교들은 학력이 인정되나, 이 외 제도권 교육을 벗어나 대안적 교육을 하는 곳은 학력이 인정되지 않는 미인가 대안학교에 해당된다. 2014년 기준 학력이 인정되는 대안

우도 있지만, 학력이 인정되지 않는 미인가 대안학교로 가는 경우도 있다. 하지만 대안학교를 다니는 비용은 학교마다 차이가 크며, 수익자 부담으로 경제적 상황이 어려운 경우에는 버거운 것이 현실이다. 또한 학생이 대안학교로 갈 수 있는 곳도 부족하며 입학할 수 있는 시기도 정해져 있어 그 과정에 좌절감을 느끼는 경우도 많다. 이에 대안교육기관에 대한 공적 개입의 필요성이 지속적으로 제기되고 있다.

교육부의 대안교육 지원 정책 대상 청소년들은 정부에서 인정하는 학적이 있으므로 법률적으로는 학교 밖 청소년으로 분류하기는 어렵지만, 사전 예방과 지원을 위한 정책대상에 포함하는 것은 당연하다.

학업 중단은 앞으로의 삶에 많은 영향을 미치는 중요한 결정이니만큼 교육부는 '학업중단 숙려제도'를 통해 학생상담과 향후 진로 등에 대해 전문가와 함께 생각하는 기회를 제공하고 있다. 어떠한 이유로 학업을 중단할 뜻이 있거나 가능성이 있다고 인정되는 학생을 대상으로 〈초중등교육법 시행령〉 제54조 제5항에는 "전문상담기관의 상담이나 진로 탐색 프로그램 등을 안내하거나 제공하여 학업중단에 대하여 숙려할 기회를 주어야 한다. 이 경우 학교의 장은 그 숙려 기간을 출석으로 인정할 수 있다"라고 규정하고 있다.

'학교 밖 청소년에 대한 지원 제도'를 살펴보면 〈표 9-3〉과 같다.

학교 현황을 살펴보면 다음과 같다.
- 대안학교: 24개교(공립 6개교/사립 18개교)
- 대안교육 특성화 중학교: 12개교(공립 3개교/사립 9개교)
- 대안교육 특성화 고등학교: 24개교(공립 3개교/사립 21개교)

<표 9-3> 학교 밖 청소년에 대한 지원 제도

학교 밖 청소년 지원센터	개인적 특성 및 수요를 고려하여 학교 밖 청소년들에게 상담 및 교육 지원, 직업체험 및 취업 지원, 자립 지원 등의 제공을 목적으로, 입학 후 3개월 이상 결석하거나, 취학의무를 유예한 청소년, 제적·퇴학 처분을 받거나 자퇴한 청소년, 상급학교에 진학하지 않은 청소년, 이 외 학교 밖 청소년 발생의 예방을 위해 잠재적 학교 밖 청소년에 대한 지원도 가능함.
청소년상담 복지센터	청소년의 건강한 성장 및 복지 증진을 위해 청소년 상담, 긴급구조, 자활, 의료 지원 등 통합지원서비스를 제공함.
청소년쉼터	가출청소년의 예방 및 지원을 위한 청소년복지시설임. 가정 밖 청소년들은 쉼터 내에서 일정 기간 보호받으면서 상담·주거·학업·자립 등을 지원받을 수 있음. 쉼터는 일시쉼터, 단기쉼터, 중장기쉼터가 있음.
방송통신 중고등학교	정규 중고등학교를 다니지 않고도 학력을 취득할 수 있음.
검정고시	정규학교를 다니지 않은 사람에게 초·중·고 학력 취득의 기회를 제공함.
대안교육	특성화 중고등학교 외에 정부에서 학력을 인정해 주는 대안교육위탁기관 및 인가형 대안학교가 있음. 미인가대안학교는 학력 인정을 받을 수 없고, 검정고시를 통해 학력 인정을 받음.
취업 사관학교	학업 중단이나 가출, 범죄 및 일탈행위 등으로 인해 사회·경제·심리적 안정 및 자립이 필요한 15세 이상 24세 미만의 학교 밖 청소년들을 대상으로 맞춤형 훈련을 통해 자립을 지원함.
취업성공 패키지	저소득 취업취약 계층을 대상으로 노동시장 진입을 체계적으로 지원함.
청년취업 인턴제	만 15세 이상 34세 이하인 청소년 및 청소년 중 현재 미취업 상태에 있는 이들이 중소기업에서의 인턴십 과정을 경험함으로써 직업체험을 하고 직무 능력을 배양하여 정규직 취업 가능성을 제고하기 위함.
청소년비행 예방센터	비행초기 단계에 있거나 일탈행동을 하는 위기 청소년들을 대상으로 비행 예방 및 재발방지 교육을 위해 법무부에서 운영하는 기관으로 '청소년꿈키움 센터'라는 명칭을 사용하고 있음.
청소년자립 생활관	만 12~22세의 청소년 중 자립 지원이 필요한 무의탁 소년원 출원생, 지역 내 저소득층 및 국민기초수급 대상 청소년은 무료숙식 및 심리상담 등 외에도 학업연계 지원, 취업활동 지원 등을 받을 수 있음.
아동자립 지원서비스	시설 및 위탁가정에서 보호되는 아동 및 보호가 종결된 18세 이상 청소년을 위한 자립지원서비스를 제공함. 대학 진학 지원, 주거 지원, 자립정착금 지원 등이 있음.

<그림 9-1> 학교 밖 청소년 통합지원 흐름도

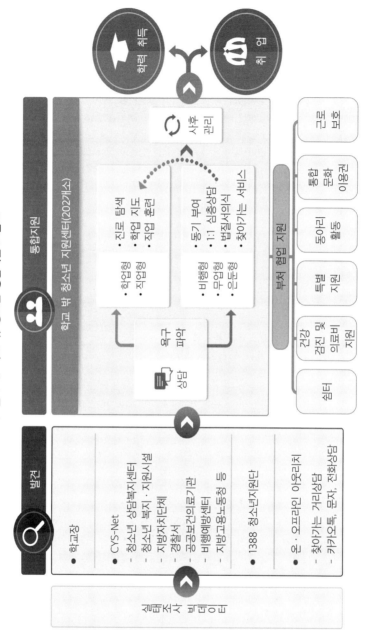

4. 도움 받을 수 있는 기관

학교 밖 청소년 지원기관은 청소년들이 자신의 상황에 대해 언제든지 안심하고 접근할 수 있어야 한다. 그 안에서 스스로가 삶의 방향을 생각하고 개척해 나갈 수 있도록 기다려 주고, 필요한 지원에 대한 안내가 이루어져야 한다.

모든 청소년들은 고민거리나 힘든 일이 있을 때 청소년전화 1388을 통해 도움을 받을 수 있으며, 학교 밖 청소년은 언제든지 '학교 밖 청소년지원 센터'를 이용할 수 있다. 또한 정서적·행동적 장애로 어려움이 있는 청소년들은 상담·치료, 보호, 자립지도, 교육서비스를 원스톱(One-Stop)으로 제공하는 국립중앙청소년디딤센터를 이용할 수 있다.

'학교 밖 청소년지원 센터'[3] 는 2014년에 제정된 〈학교 밖 청소년 지원에 관한 법률〉에 따라 학교 밖 청소년이 건강한 사회구성원으로 성장할 수 있도록 지원하기 위해 설립되었다. 현재 전국 202개 지역에서 운영되고 있다. 센터는 ① 상담 지원, 교육 지원, 직업체험 및 취업 지원, 자립 지원, ② 지역사회 자원의 발굴 및 연계 지원, ③ 지원 프로그램의 개발 및 보급, ④ 프로그램에 대한 정보 제공 및 홍보, ⑤ 지원 우수 사례의 발굴 및 확산, ⑥ 사회적 인식 개선 등의 역할을 하고 있다.

최근 가정해체와 빈곤 등으로 보호시설로 보내지거나 학업중단, 가

---

3) 학교 밖 청소년지원센터 꿈드림
 • 홈페이지: http://www.kdream.or.kr
 • 상담전화: 1388
 * 해당 지역의 꿈드림 센터 주소 및 연락처는 홈페이지를 통해 확인 가능함.

출 등으로 거리를 방황하는 위기청소년과 ADHD, 학업스트레스로 인한 우울증 등 심리·정서적으로 어려움에 처한 청소년의 증가가 사회적인 문제로 대두되고 있다. 그럼에도 불구하고 기존 청소년시설에서는 보호, 치료, 교육, 자립 등에 대한 개별적이고 분절적인 서비스가 제공되고 있어 청소년의 성장·발달과정에 맞는 보다 종합적이고 전문적인 서비스의 제공이 필요하게 되었다. 이에 정서적·행동적 장애로 어려움이 있는 청소년에게 상담·치료, 보호, 자립지도, 교육서비스를 원스톱으로 제공하기 위해 거주형 기관인 국립중앙청소년디딤센터4)를 2012년 12월에 개원하였다. 입교대상자는 인터넷게임 중독, 학대 및 학교폭력 피해, 학교 부적응 등으로 우울증, 불안장애, ADHD 등 정서적·행동적 장애를 가진 청소년(만 9~18세)이고, 입·퇴소판정위원회 심사를 통해 입교 여부를 최종 결정하게 된다. 개원 이후 2015년까지 약 2,800여 명의 청소년이 장·단기 과정을 수료하였다.

5. 학교 밖 청소년 지원을 위하여

학교 밖 청소년들은 자신들이 처한 상황에 대한 불안감, 현실에서의 차별과 부당한 대우, 때로는 생존의 문제, 배움에 대한 갈망, 진로 및

---

4) 국립중앙청소년디딤센터
- 주소: 경기도 용인시 처인구 남사면 각궁로 252-76
- 홈페이지: www.nyhc.or.kr
- 전화: (031) 333-1900

취업, 독립적인 생활 등을 사회적 지원체계 내에서 고민하지 못하고 방황하는 경우가 많다. 부정적인 사회적 인식은 이들에게 다양한 참여의 기회를 제공하지 못하거나 제한해 이들이 인권의 온전한 주체로 성장·발달하는 데 장애요인이 되고 있다. 따라서 우리 사회가 학교 밖 청소년들이 삶의 주체이자 당당한 사회구성원으로 성장하고 자립하는 데 지원하기 위해서는 다음과 같은 노력이 필요하다.

첫째, 학교 밖 청소년들에 대한 우범 또는 비행이라는 부정적 인식에서 탈피하고, 있는 그대로의 모습을 존중하는 사회적 인식 변화가 필요하다. 이를 토대로 한 적절하고 필요한 지원체계가 마련되어야 한다.

둘째, 학교 밖 청소년들의 삶에 대한 고민과 스스로의 판단을 도와줄 수 있는 전문기관에 대한 적극적인 안내·홍보와 더불어 이들 기관에 청소년들이 안심하고 접근할 수 있는 상담 및 지원체계 마련이 필요하다.

셋째, 학교 밖 청소년들을 위한 다양한 대안교육 체계 마련과 학력인정, 경제적 지원 등이 적극적으로 이루어져야 한다. 학교 밖 청소년들의 대부분은 제도권 교육을 벗어난 경우가 많지만 배움에 대한 욕구가 높다. 또한 현실의 삶을 극복하고, 스스로 미래의 삶을 개척할 수 있는 기회는 반드시 학교에서만 이루어지는 것이 아니라는 사실을 명심해야 한다.

넷째, 학교 밖 청소년들은 가정 요인보다 학교 요인에 더 영향을 받으므로 학교 내 환경을 인권친화적으로 변화시킬 필요가 있다. 차이와 다양성을 존중하고 배려하는 문화, 민주적·인권적 생활교육이 정착되어야 한다.

마지막으로, 다양한 학교 밖 청소년들에 대한 실태 파악은 당사자의 의견을 존중하고 참여하는 방법으로 이루어져야 하며, 현재의 지원체계를 아동권리의 관점에서 모니터링하여 당사자를 실질적으로 도울 수 있는 정책과 제도로 발전시켜야 한다.

현재와 미래의 우리

현재의 우리는?	미래의 우리는!
• 부정적 사회적 인식 • 안심하고 접근할 수 있는 전문기관 운영 미흡 • 차별과 학교 내 불완전한 인간관계 등 생활 부적응 • 대안교육에 대한 접근 어려움 • 개별적 상황에 맞는 지원체계 미비 • 지역사회 내 연계체계 미흡 • 여가 및 문화활동, 사회 참여 기회 제공 미흡 • 관련 종사자 처우 개선 필요	• 있는 그대로의 모습 존중, 배려, 지원 • 언제든지 안심하고 도움 받을 수 있는 전문기관 • 다양성 존중, 인권친화적인 공동체 문화 • 경제적 부담 없이 다양한 선택이 가능한 대안교육기관 • 적절하고 필요한 지원을 할 수 있는 지역사회 내 실질적 연계망 • 다양한 여가 및 문화활동, 사회 참여 기회 제공 • 안정적·지속적으로 지원할 수 있는 인프라 구축

활동해 보기

1. 학교 밖 청소년이 지역사회의 온전한 구성원으로 건강한 생활과 다양한 교육의 기회를 누릴 수 있는 방법에는 어떤 것이 있는가?

2. 학교 밖 청소년이 자신과 관련한 정책에 의견을 이야기하고, 정책결정과정에 참여할 수 있는 방법에 대해 고민해 보자.

3. 우리가 무심코 지나치기 쉬운 학교 밖 청소년은 누구인가? 그들은 어떠한 어려움을 겪을 수 있는가? 그들에게 무슨 지원이 필요한가?

4. 학교 밖 청소년에 대해 학교 복귀만을 강조하는 것이 아동·청소년의 인권 관점에서는 어떠한 문제가 있는지 생각해 보고, 이를 개선하기 위해서는 어떠한 노력이 필요한지 고민해 보자.

제 10 장
놀이 및 여가문화활동

서울 강남의 한 초등학교 2학년에 재학 중인 김 군은 화요일과 목요일이
면 어느 누구보다도 바쁘다. 오후 2시 30분 학교를 마치자마자 학원 버
스에 올라타서 국・영・수 보습학원 수업을 듣고 학원을 빠져나오는 시
간은 오후 6시. 다시 미술학원으로 향한다. 8시를 조금 넘긴 시간에 다
시 태권도학원으로 향한다.

출처: 〈헤럴드경제〉(2016.5.11).

"모든 어린이는 반드시 놀아야 합니다. 잘 놀아야 잘 자라기 때문이죠."
유니세프 한국위원회가 주최한 '맘껏 놀이 특강'에 강연자로 나선 독일
놀이터 디자이너 귄터 벨치히 (76) 씨는 "놀이터에서 마음껏 뛰어노는 아
이들을 잘 만나기 어려운 것은 슬픈 일"이라며 "아이들이 놀이터에서 흥
미로운 시도를 할 수 있도록 어른들이 기회를 줘야 한다"고 말했다.

출처: 〈조선에듀〉(2017.6.27).

'사당오락'(四當五落). 4시간을 자면서 공부하면 합격이고, 5시간을 자면서 공부하면 불합격이라는 말이 있다. 다소 과장된 표현이긴 하지만, 이처럼 청소년기의 과도한 입시교육과 스트레스, 시험 등으로 한창 성장 중인 아이들은 충분한 수면과 휴식을 갖지 못한 채 생활하고 있다. 이미 초등학교 때부터 아동들은 놀이터가 아닌 학원으로 내몰리면서 놀이의 재미가 어떤 것인지 느끼지도 못한 채 아동기를 보내고 있다.

한국 아동의 행복지수가 OECD국가 중 최하위라는 통계가 발표되면서 아동의 정신건강에 대한 우려가 높아지고 있고, 이에 정부도 아동정책기본계획(2015~2019)을 발표한 바 있다. 이 계획에서는 지속적으로 제기된 아동의 놀이와 학업 간의 불균형 문제를 해소하기 위하여 중앙부처, 지자체, 교육청, 민간기구 공동으로 아동의 놀이여가 권리보장을 위한 정책 수립을 추진하는 방안을 제시하고 있다. 이는 유엔아동권리협약의 주요 원칙을 충실히 이행하여 아동의 잠재적 능력을 실현시킬 수 있는 놀 권리를 보장하고자 하는 정책적 노력이라고 할 수 있다.

그러나 우리 사회의 아동·청소년의 놀 권리 신장을 위한 노력과 인식은 국제기구 및 선진국에 비하면 매우 미흡하다. 아동의 놀이와 여가는 교육과 동일한 수준에서 비중 있게 다루어져야 하며, 아동은 이를 통해 참여하고 배우려는 신체적·정신적 힘을 얻게 된다. 무엇보다 아동이 놀이와 여가에 지속적으로 참여해 창의성을 표현하고 사회적 태도를 발달시킬 수 있도록 지지하고 격려하는 문화가 조성되어야 한다.

이 장에서는 아동·청소년 인권 관점에서 우리나라 아동·청소년들의 놀이, 여가 및 문화권의 실태를 알아보고 향후 이를 보장할 수 있는 다양한 방안을 모색하고자 한다.

1. 아동·청소년 인권 관점에서 본 놀이와 여가 및 문화권

1) 아동·청소년의 놀이와 여가에 대한 오해

논다는 것은 누구에게나 설레는 일이다. 과거에는 놀 공간이나 놀 시간이 특정하게 정해져 있지는 않았어도 동네 골목길이나 빈 공간에서 틈만 나면 어울려 놀고는 했다. 그러나 지금의 아동·청소년들에게 '놀이'는 다소 낯선 행태로까지 비춰지고 있다.

아동·청소년의 놀이권 침해의 원인이 사교육에 있다는 의견이 여러 언론에서 제기되고 있으나, 비단 사교육 때문만은 아니다. 먼저 우리 사회가 아이들을 어떻게 바라보고 있는지를 되돌아볼 필요가 있다. 최근의 놀이문화 확산을 위한 다양한 시도가 아동의 특성과 관심 그리고 흥미를 무시하고 아동에 대한 성인의 편견에 따른 것이 아닌지 점검해야 한다(유니세프·한국아동권리학회, 2015).

아동의 놀이와 여가는 아동·청소년 중심으로 이루어져야 한다. 이를 위해 부모나 다양한 영역의 아동 관련 정책 입안자들을 대상으로 한 교육과 훈련을 통해 놀이 및 여가의 의미와 가치를 새롭게 정립할 필요가 있다. 또한 놀이란 단지 노는 방법 정도를 의미하는 것이 아니라 아동의 일상생활에 함축된 가치가 표출되는 것이므로 아동을 위한 놀이를 논의할 때는 그들이 어떤 일상을 지내고 있느냐를 주목해야 한다. 아이들은 지금도 여전히 자동차가 점령해 버린 골목에서, 컴퓨터 게임 속에서, 홀로 있는 빈 집에서, 학교 운동장에서 놀고 있기 때문이다.

무엇보다 아동·청소년의 놀이나 여가정책을 만들 때 우선적으로 아동·청소년이 참여해서 그들의 요구와 목소리를 담은 정책이 반영되어야 한다. 아이들이 학교에서도 마음껏 놀지 못하게 만드는 가장 큰 장애물은 놀 시간의 부재이다. 등교하는 순간부터 학습이 시작되고, 쉬는 시간 10분마저도 다음 학습시간을 위한 준비나 이전 학습의 연장선이 되었다. 아이들은 학교에서조차 마음껏 뛰어놀지 못하고 방과 후에는 학원으로 내몰리는 교육경쟁에 시달리고 있다.

2) 아동·청소년의 놀이, 여가, 문화의 이해

(1) 놀이와 여가의 정의

아동의 놀이와 여가는 오래전부터 아동양육에서 중요한 부분으로 신체·인지·정서 발달 모든 면에 영향을 미쳤다. 놀이와 여가를 통해 아동·청소년들은 행복과 즐거움을 느끼고, 세상을 배우고 이해하며, 의미 있는 관계 맺기를 배워 나간다. 놀이는 아동이 자발적으로 선택한 즐거운 것이며 목표보다 과정을 중시하고, 놀이 그 자체가 목적이 되어야 한다. 즉, 놀이의 내용이나 잠재적인 결과보다는 놀이 그 자체로서의 기본적인 가치를 중시해야 한다는 것이다.

유엔아동권리협약 제31조에 의하면 국가는 아동의 놀 권리를 실질적으로 보장하기 위해 각종 제도와 시설을 완비할 의무가 있으며, 아동의 놀 권리가 다른 사람에 의해 침해당하지 않도록 이를 보호할 의무도 있다. 따라서 국가는 아동의 놀 권리를 침해하지 않는 방식으로 공교육과 아동 보육환경을 개선하고, 놀이 프로그램을 개발하며, 기반시설을 조성하고, 부모의 사교육 강요로부터 아동의 놀 권리를 보호해야 한다.

이렇듯 놀이의 중요성을 누구나 알고는 있지만 우리나라 아동·청소년의 놀이와 여가상황은 미흡한 부분이 많다. 한국의 교육문화가 공교육보다 사교육에 많이 의존하고 있고, 초등학생 때부터 대학입시를 준비하는 등 지나친 교육열로 인해 그 부작용 또한 상당한 실정이다. 과도한 부모의 요구에 의해, 때로는 방과 후 자녀를 홀로 집에 둘 수가 없어서 아이들은 초등학교 때부터 여러 학원을 전전하게 된다. 그로 인해 아동·청소년들이 여가나 문화생활을 통해 얻게 되는 다양한 경험 등을 충분히 누리지 못하고 있다.

유엔아동권리위원회(이하 '위원회')는 아동의 휴식과 여가 등에 대해 다음과 같은 논평을 내놓았다.

휴식: 아동이 일, 교육, 어떠한 종류의 작업으로부터 해방되어 충분하게 휴식을 취하고 건강한 발달과 웰빙을 도모할 수 있어야 하는 권리로 잠을 충분하게 잘 권리를 포함한다. 아동은 휴식을 취함으로써 역량 향상과 발달과제를 성취할 수 있을 것이다.

여가: 놀이와 오락활동을 하는 시간을 의미하며, 이는 자유롭고 임의로 하는 것으로 정해진 교육활동, 일, 가사일, 생계를 유지하기 위해서 하는 활동 이외의 놀이와 오락활동을 모두 포함한다. 아동이 선택하는 광범위한 자유재량 시간을 의미한다.

놀이: 아동 자신이 조절하고 구조화하고 시도하는 어떤 행동, 활동 또는 과정을 의미한다. 강제적이지 않아야 하고 순전히 아동 자신의 동기에 의해서 이루어져야 하며 마지막까지 마무리하는 것을 목표로 하지 않는

다. 놀이는 신체·정서·사회·인지·영적 발달과 더불어 아동기에 경험해야 할 기본적이고도 필수적인 발달영역이며 즐거움의 원천이다.

오락활동: 광범위한 범주의 활동, 즉 음악, 조형예술, 지역사회활동, 동아리, 게임, 스포츠, 하이킹, 캠핑 등과 같은 취미활동을 모두 망라한다. 이 개념은 아동이 자발적으로 선택하는 봉사활동과 경험까지 포함한다. 아동은 이런 활동을 통해 성취감을 맛보고 개인적·사회적 가치를 얻을 수 있기 때문이다. 대부분의 오락활동이 어른들에 의해 계획되고 진행되지만 오락은 자발적 활동이어야 한다. 강제적이거나 강요된 스포츠, 게임, 아동단체 등의 강제적인 참여는 오락에 포함되지 않는다.

연령 적합성: 놀이와 오락을 계획하는 과정에서 아동의 연령을 반드시 고려한다. 놀이공간, 놀이시간, 놀이상황에서도 아동의 연령을 고려한다. 아동이 성장하면서 그들이 필요한 것과 원하는 것이 달라지기 때문에 공간도 달라져야 하며 또래들과 어울릴 수 있는 놀이도 가능해야 한다. 또한 다소간의 위험을 감수하는 도전적인 놀이도 제공해야 한다. 이러한 것은 아동의 정체성과 소속감 발달에 모두 중요하게 작용한다.

문화생활과 예술: 문화와 예술활동은 아동과 그들의 지역사회가 자신의 고유한 정체성과 그들의 존재를 표현하는 수단이며 그 자신만의 관점에서 자신이 경험한 세계를 구축할 수 있도록 해준다. 지역사회 문화를 존중할 수 있어야 하고 창의적 활동을 제한하면 안 된다. 지역사회 문화를 표현함에 있어 어떤 문화가 더 우위에 있다고 할 수 없다.

자유로운 참여: 아동이 놀이와 문화·예술활동에 자유롭게 참여하는 것은 아동의 권리이다. 각국은 아동이 선택하는 활동을 존중해야 하고 아동 최선의 이익을 도모할 수 있어야 한다.

출처: 유엔아동권리위원회 일반논평(2011).

(2) 놀이와 여가의 실태

아동·청소년의 놀이는 이들의 행복과 연관되어 있다. 유년시절 땀을 흘리며 마음껏 뛰어놀아 본 경험이 많은 이들은 성인이 되어서도 행복한 성인기를 보낼 확률이 높다. 아동은 자신의 생각과 관심사나 흥미에 따라서 자신만의 방식으로 하고 싶은 놀이를 할 수 있어야 한다. 다음 내용은 대한민국 청소년들이 감당하기 힘든 학업의 연속으로 행복감을 느끼지 못하고 있는 현실을 보여 주고 있다.

나는 대한민국의 중2다. 누구나 한 번쯤은 겪어야 할 사춘기를 겪고 있는 시기이다. 우리의 병명은 '중2병'이다. 우리는 햄스터가 쳇바퀴를 돌리듯 집-학교-학원-집-학교-학원을 반복한다. 부모님은 햄스터의 주인처럼 우리를 지켜보고 있다. 초등학교 때처럼 순수함을 가진 중2는 더 이상 찾아보기 힘들다. 시험과 수행평가에 지친 삶과 경쟁자가 되어 버린 친구들 그리고 즐거웠던 체육시간이 이제는 수행평가를 보는 시간이 되어 버렸다. 우리는 어린이가 아니고 아직은 어른도 아닌데 어른들은 우리를 어느 한쪽으로만 생각하려고 한다. 간섭하려는 어른들과 자신의 뜻을 펼치려는 청소년 사이에 또 팽팽한 긴장감이 감돈다. 욕으로 가득한 학교, 공부로 쉴 시간이 없는 집, 공부만 해야 하는 학원, 과연 우리가 쉴 수 있고 힐링할 수 있는 곳은 어딜까?

출처: 세이브더칠드런(2016).

국가인권위원회에서는 한국의 청소년 공공문화시설이 선진국에 비해 5분의 1 수준임을 지적하고, 청소년 여가활동 시간 및 활동을 보장

<표 10-1> 놀이와 여가 캠페인

하지 말아야 할 것 3가지	해야 할 것 4가지
- 구조화된 계획 - 구체적인 목적 - 강제적인 요구	- 자유로움 - 즐거움 - 도전과 융통성 - 자기주도

출처: 황옥경 외(2014).

하는 방향으로 가야 하며, 학원의 심야학습시간 단축 권고안에 대한 법률 규제가 필요함을 권고했다. 또한 지자체에 따라 초등학생의 학습시간이 12시까지 허용된 경우도 있어 심야시간을 조례가 아니라 법률로 규제하는 방안이 필요함을 권고했다. 무엇보다 학생이 수용할 수 있는 정도로 교육과정이 진행되어야 하고 현재의 교과체계나 과다한 양, 수업 일수 등 조정이 필요하므로 인권 차원에서 이에 대한 검토가 필요하다고 했다(국가인권위원회, 2015).

위원회는 제3, 4차 권고안에서 여전히 현저하고 심각하게 경쟁적인 한국의 교육환경을 우려하고, 현재의 교육체제와 관련된 시험제도를 교육의 목적에 관한 협약 제29조와 위원회의 일반논평에 근거하여 평가할 것을 권고하였다. 또한 교육과정 이외의 추가 과외에 아동들이 광범위하게 등록하고 있고, 그 결과 아동의 여가와 문화활동에 대한 권리가 충분히 실현되지 못하고 있으며, 이로 인해 아동들이 심각한 스트레스와 몸과 마음의 건강에 부정적 영향을 겪고 있음을 우려했다.

① 지나친 학습시간: 우리들은 충분한 수면과 휴식이 필요해요!

통계청 조사에 의하면 우리나라 13~19세 청소년의 44.2%가 여가시간이 부족하다고 응답했고(통계청, 2015), 생활시간 조사에서도 학교 급이 높아질수록 학습시간은 증가하고 교제 및 여가활동 시간은 적어지는 것으로 조사되었다(통계청, 2014). 아동·청소년이 건강하게 성장해 나가기 위해서는 학습뿐 아니라 적절한 휴식과 문화생활도 필요하다. 법적으로 노동시간을 정해 놓은 것처럼 학습 또한 너무 과하지 않아야 한다. 아동·청소년의 여가와 문화에 대한 권리는 행복한 삶과 인격적 성장을 위해서도 꼭 필요한 것이다.

국가별 아동의 놀이와 여가시간을 비교한 연구에 의하면 한국 아동의 놀이시간, 수면시간은 미국, 영국 등 주요 선진국 아동들보다 더 짧고, 참여 및 봉사활동, 스포츠활동 등에 보내는 시간도 상대적으로 짧았으나, 학습시간은 더 길게 나타났다(보건복지부, 2010). 우리나라 고등학생과 미국 학생의 학습시간과 놀이시간을 비교한 결과에서도, 우리나라 고등학생은 훨씬 더 많은 시간을 공부하고 놀이시간은 절반 정도밖에 되지 않았다(국가인권위원회·사교육걱정없는세상, 2015). 또한 보건복지부가 OECD국가들을 대상으로 조사한 결과에서도 우리나라 청소년들은 OECD 평균보다 3시간 많은 하루 평균 7시간 50분을 공부에 매달리고 있는 것으로 나타났다. 이처럼 현저하게 부족한 수면시간과 놀이시간에도 불구하고 학습시간은 길게 나타나 청소년들의 문화권에도 많은 영향을 미치고 있음을 알 수 있다.

다음의 사례는 한창 성장기에 있는 이들의 수면권과 휴식권이 보장받지 못하고 있음을 보여 준다.

공부에 치인 학생들 '잠 푹 자고 체육시간에 뛰어놀고 싶어요'
"우리는 잠이 너무 부족하다. 하루에 5~6시간 자는 게 전부다. 수업시간에 자는 학생을 나무라는 대신 최소 8시간이라도 잘 수 있도록 해줬으면 좋겠다."
"체육시간이 1주일에 1시간에 불과하고 시험기간엔 아예 운동장에 나가지 않는다. 몸을 움직이고 친구들과 뛰어놀 최소한의 시간이 필요하다."

출처: 〈한국일보〉(2016.9.6)에서 학생들 발언만 발췌함.

아동의 놀이 및 여가시간은 주말에도 사교육 등으로 인해 부족한 실정이다. 아동 대부분이 주 5일제 수업 실시에 대한 기대가 높았지만 그에 따른 만족도는 그리 높지 않았다(한국청소년정책연구원, 2012). 주말의 학습시간이 중학교에서 급격히 증가하여 고등학교까지 이어지는 것으로 나타나 청소년들은 주말에도 여전히 학업 부담에서 벗어나지 못하고 있다(국가인권위원회·사교육걱정없는세상, 2015). 위원회가 한국 정부에 한국의 청소년들이 지나치게 학업시간이 많은 것을 시정하라고 권고했음에도 입시 위주의 교육제도로 인하여 상황이 개선되지 않아 획기적인 교육개혁이 필요한 상황이다.

어린이 놀이 헌장(2015.5.4 제정·선포)

모든 어린이는 놀면서 자라고 꿈꿀 때 행복하다. 가정·학교·지역사회는 어린이의 놀 권리를 존중해야 하며 어린이에게 놀 터와 놀 시간을 제공해 주어야 한다.

• 어린이에게는 놀 권리가 있다.

- 어린이는 차별 없이 놀이 지원을 받아야 한다.

- 어린이는 놀 터와 놀 시간을 누려야 한다.

- 어린이는 다양한 놀이를 경험해야 한다.

- 가정·학교·지역사회는 놀이에 대한 가치를 존중해야 한다.

출처: 전국 시·도교육감협의회 선포.

이 어린이 놀이 헌장은 학원, 방과 후 학교 등으로 아이들의 놀이시간이 절대적으로 부족하고, 온라인 게임 중독 등 아이들의 놀이문화가 실종된 문제 등을 해결하기 위해 전국 시도교육감협의회에서 제정했다. 어린이들에게 놀 시간과 놀 터를 돌려주고 무엇보다 어린이 놀이에 대한 가치를 새롭게 인식할 수 있는 계기가 되었다.

② 놀 공간의 부족: 문화예술을 즐기고 싶어요!

아동·청소년기에 경험한 문화예술은 자아를 형성하고 사회화 과정과 창의적 사고에 긍정적인 영향을 미친다. 해마다 문화예술을 향유할 수 있는 환경이 개선되고 있음에도 불구하고 아동·청소년들의 문화예술시설 이용률은 저조한 편이다.

보건복지부(2013)의 아동종합실태조사에 의하면 우리나라 아동결핍지수[1]가 53.3%로 OECD국가 간 비교 기준으로 최하위인 것으로 나타났다. 절반 이상이 정기적인 취미활동인 음악, 운동 등 여가생활

---

1) 아동 스스로 뭔가 부족하다고 답한 수치로, 성장에 필요한 물질적·사회적 기본조건의 결여수준.

을 하지 않는 것으로 나타나 아동들의 휴식과 놀이, 레크리에이션활동, 문화예술 활동 참여가 매우 낮음을 보여 주고 있다. 또한 국립환경과학원의 '어린이 노출계수 핸드북'에 의하면 우리나라 3~9세 어린이의 평일 실외활동시간은 하루 평균 34분으로, 미국 어린이 1시간 59분의 29.0% 수준, 캐나다 어린이 1시간 40분의 34.0% 수준에 그쳤다. 물론 선진국과 우리나라의 교육문화가 다르다는 점을 고려해도 한국의 현실은 유독 심각하다. 우리나라 아이들이 학교를 마치고 학원으로 오가며 대학입시를 위해 열중하는 사이, 선진국 아이들은 야외 체험활동 속에서 친구들과 협동하며 배우고 사색하면서 성장하고 있다. 따라서 학업스트레스를 줄이고 학교생활의 만족도를 높이기 위해서 아동들의 여가 인프라 및 여가시간 확충이 필요하다. 다음 내용은 놀이와 여가 활성화 방안을 고려할 때 반드시 생각해야 할 점들이다.

- 놀이와 여가의 가치·태도·문화 발달: 아동의 놀이에 대한 대중의 가치와 태도, 문화는 사실상 아동의 놀이와 여가문화를 안착시키는 데 핵심사항이다. 특히 아동은 가족과 놀며 가족 구성원과의 친밀감을 높이고 즐거운 가족관계를 경험할 수 있다. 무엇보다 아동친화적인 지역사회 환경 구축이 가장 중요하다.
- 공평한 놀이기회: 아동의 연령과 아동발달의 특성에 맞는 놀이공간을 지역과 계층·장애·인종 등과 상관없이 제공해야 한다.
- 놀이공간 확보: 아동이 살고 있는 지역사회와의 근접성 있는 장소에 다양한 스포츠나 놀이를 즐길 수 있는 공간을 확보해야 하며 호기심과 탐색을 제한하는 획일적이고 낙후된 놀이터를 상상과

도전이 가능한 공간으로 바꿔야 한다. 또한 지역사회의 자연생태환경이 아동의 놀이와 여가에 충분히 활용될 수 있도록 보존하고 관리되어야 한다.

- 놀이시간 확보: 놀이와 여가시간 확보 방안을 구체적으로 마련하고 이 시간을 활용하는 방안에 대한 상세한 지침을 가정과 학교에 제공해야 한다.
- 자유로운 놀이와 여가환경: 답을 강요하거나 완성을 요구하지 않고, 자유로운 흥미와 욕구를 배려하는 놀이를 할 수 있도록 해야 한다.
- 안전한 놀이환경: 안전도 중요하지만 어느 정도는 도전적이고 모험적인 놀이도 필요하다.

출처: 황옥경 외(2014).

아동·청소년들이 여가, 놀이 및 문화·예술활동을 향유할 수 있는 가장 기본적인 시설로 공공도서관, 박물관, 미술관, 문예회관, 지방문화원 등이 있는데, 이 중 공공도서관이 수적으로 가장 많다. 그러나 엄밀히 말하면 도서관은 문화예술을 즐기는 곳이라기보다는 주로 공부하는 공간으로 인식되어 현실적으로 아동·청소년의 놀 권리를 보장한다고 말하기에는 무리가 있다. 따라서 그 외 온전히 예술·문화를 즐길 수 있는 미술관과 박물관 같은 기관을 확충할 필요가 있다.

〈표 10-2〉의 통계조사 결과에서도 알 수 있듯이 대부분 TV나 인터넷 등을 이용한 여가시간을 보내고 있으나, 아동·청소년이 실제로 원하는 놀이 및 여가활동은 관광이나 문화예술 관람, 스포츠활동 등 보다 다

<표 10-2> 통계청의 사회조사: 아동의 놀이 유형

실제 놀이 유형	원하는 놀이 유형
TV 및 DVD 시청(29.0%)	관광활동(23.7%)
컴퓨터 게임이나 인터넷(26.0%)	문화예술 관람(19.5%)
문화예술 관람(7.0%)	스포츠활동(14.6%)
스포츠활동(8.0%)	

출처: 통계청 사회조사(2015).

양하고 활동적인 유형이었다. 이러한 결과는 놀이시간이 있더라도 그 유형이 다양하지 못하며, 또래집단의 놀이문화 특성이나 놀이환경이 아동들의 놀이욕구를 제대로 뒷받침하지 못하는 현실을 나타낸다.

2. 인권 침해 사례

우리 사회는 입시 위주의 교육으로 인해 실질적인 여가활동을 할 수 있는 기회가 구조적으로 제한되어 있다. 따라서 청소년에게 여가활동의 가치를 알려 주기가 어렵다. 또한 그동안 이들이 건전한 여가활동을 할 수 있는 공간과 프로그램 개발 및 운영에 별다른 노력을 기울이지 못한 부분도 있다. 감수성이 예민한 시기인 청소년기의 여가활동은 정신적·신체적 건강에도 긍정적인 영향을 미친다. 특히 청소년의 여가활동은 단순한 놀이가 아니라 교우관계나 사회화 과정 형성에 있어서도 매우 중요하다.

학습시간 줄이기 프로젝트를 진행해 온 아수나로(청소년인권단체)는 수

면부족에 따른 건강권 침해가 상당한 것으로 나타났음을 밝히면서 설문에 응한 일반고 고등학생의 경우 평균 수면시간이 5시간 50분으로 조사됐으며, 72.8%가 휴식을 취하면서도 불안감이나 초조감을 느낀 적이 있다고 답했다. 아수나로는 적절한 학습시간과 관련한 사회적 약속을 만들어 학생들의 쉴 권리, 놀 권리, 행복추구권, 교육권, 건강권 등을 보장해야 할 필요가 있음을 강조했다.

출처: 〈한겨레〉(2015.8.26)를 재구성함.

이 사례에서 볼 수 있듯이 성장기에 있는 청소년들의 수면시간은 상당히 부족하다. 특히 휴식을 취하는 중에도 불안감이나 초조함을 느끼고 있어 학업스트레스에 늘 놓여 있음을 알 수 있다.

한국 아동·청소년 인권 실태연구(2015)는 한국 아동·청소년들이 학교 수업시간 외에도 학습시간이 지나치게 많아 협약 제31조에 명시된 권리가 침해되고 있다고 밝혔다. 이 조사에서 아동·청소년이 여가문화예술활동에 대해 불만족을 느낀 이유도 '시간 부족'이 가장 많이 나와 학업에 내몰려 여가활동을 할 수 없는 안타까운 실태를 나타내고 있다.

3. 관련 법 및 정책

1) 국제규정

협약은 각국이 정책 수립과 실행과정에서 아동놀이를 다루어야 한다는 것을 처음으로 언급한 국제규정이며, 국가가 아동의 요구와 필요에 따라 적극적으로 투자해야 한다는 점을 분명하게 명시하고 있다.

협약 제31조
1. 당사국은 휴식과 여가를 즐기고, 자신의 연령에 적합한 놀이와 오락 활동에 참여하며 문화생활과 예술에 자유롭게 참여할 수 있는 아동의 권리를 인정한다.
2. 당사국은 문화적·예술적 생활에 온전하게 참여할 수 있는 아동의 권리를 존중하고 촉진하며 문화 예술오락 및 여가활동을 위한 적절하고 균등한 기회의 제공을 장려해야 한다.

〈표 10-3〉은 위원회의 놀이와 여가환경 조성에 관한 내용이다. 2011년의 일반논평과 비교해 볼 때, 아동의 놀이가 어떠한 사회적 편견이나 차별로부터 자유로워야 하며, 보다 아동친화적인 환경에서 놀이가 이루어질 필요가 있음을 강조하고 있다. 특히 협약 제31조 아동의 놀 권리에 대한 가치와 제도의 필요성에 대해 부모나 교사 그리고 사회의 인식이 중요함을 강조하고 있다.

〈표 10-3〉 위원회의 놀이와 여가환경 조성

구체적 내용
스트레스로부터의 자유
사회적 배제·편견 혹은 차별로부터의 자유
사회적 위험이나 폭력으로부터 안전한 환경
낭비·오염·교통체증으로부터의 자유
아동이 살고 있는 지역 내의 물리적 환경 위험으로부터의 자유
연령과 발달에 적합한 휴식 제공
다른 사회적 요구로부터의 자유
놀 장소와 시간 제공, 성인의 통제와 감독으로부터의 자유
다양하고 모험적인 환경을 통해 바깥놀이 활동이 가능한 공간과 기회 제공, 필요한 경우 성인의 도움
자연생태환경과 동물 세계에서 놀거나 함께 상호작용하는 경험을 할 수 있는 기회 제공
상상력과 아동 자신의 언어를 사용해 그들만의 세계를 창조하고 변형시킬 수 있는 시간과 공간 제공
문화와 전통예술을 이해하고 탐색하며 스스로 창조해 보고 재구성해 볼 수 있는 기회 제공
다른 아동들과 게임·스포츠·오락 활동에 참여할 수 있는 기회 제공, 필요한 경우 훈련받은 전문 인력의 도움
제31조 놀 권리에 대한 가치와 제도의 필요성에 대한 부모·교사·사회의 인식

출처: 황옥경 외(2014).

2) 국내법

놀이와 관련된 법률로는 〈어린이놀이시설 안전관리법〉이 있지만 놀이시설의 안전관리에만 초점을 맞추고 있을 뿐 당사자인 아동의 놀 권리 자체에는 큰 강조점을 두지 않고 있다. 따라서 〈청소년기본법〉에서 제시하는 다양한 시설이나 프로그램들을 실제로 아동·청소년들이 얼마나 이용하고 있는지 파악하고, 보다 접근 가능성 있는 시설로 활용도를 높일 필요가 있다.

관련 법	내용
청소년기본법	제3조 제3항: '청소년 활동'이란 청소년의 균형 있는 성장을 위하여 필요한 활동과 이러한 활동을 소재로 하는 수련활동, 교류활동, 문화활동 등 다양한 형태의 활동을 말한다.
어린이놀이시설 안전관리법	제1조: 이 법은 어린이들이 안전하고 편안하게 놀이기구를 사용할 수 있도록 어린이놀이시설의 설치·유지 및 보수 등에 관한 기본적인 사항을 정하고 어린이놀이시설을 담당하는 행정기관의 역할과 책무를 정하여 어린이놀이시설의 효율적인 안전관리 체계를 구축함으로써 어린이놀이시설 이용에 따른 안전사고를 미연에 방지함을 목적으로 한다.

3) 관련 정책 및 지원

우리나라 아동·청소년 놀이 및 여가문화활동은 여성가족부와 보건복지부가 중심이 되어 다양하게 지원하고 있다. 특히 최근의 놀이헌장 제정은 우리나라가 처음으로 국가적 차원에서 놀이정책을 명시했다는 점에서 큰 의의가 있다. 그러나 일부 지방자치단체에서 시행하고 있는 다양한 놀이정책들이 일회성에 그치지 않고 보다 일관성 있고 지속성 있는 정책으로 거듭날 수 있으려면 세심하게 시행될 필요가 있다.

더불어 국내에 상시 이용할 수 있는 아동·청소년을 위한 문화적 공간이 있는지 살펴볼 필요가 있다. 주변에서 가장 흔하게 볼 수 있는 게 청소년 수련관인데 과연 이 공간이 이들에게 진정한 의미의 놀이공간으로 다가가는지도 깊이 들여다봐야 한다. 우리나라 아동·청소년의 놀이 및 문화여가활동과 관련된 주요 시설은 다음과 같다.

• 청소년수련시설: 11개 지역 40개 청소년수련시설과 교육프로그

램 지원. 〈청소년활동진흥법〉에 따라 청소년들의 다양한 수련활동 지원을 위한 시설·설비 등을 갖춘 시설로서, 입지·주요 목적 등에 따라 청소년수련관, 청소년문화의집, 청소년수련원, 청소년야영장, 유스호스텔, 청소년특화시설 등 총 6종류. 청소년수련시설 위치와 운영프로그램 정보는 여성가족부 홈페이지나 '청소년활동정보서비스'에서 확인.

• 전국 박물관, 미술관, 도서관, 문예회관 등 800여 개소의 토요문화학교 운영.

• 한국예술문화교육진흥원: 아동·청소년 문화예술교육사업, 청소년센터 방과 후 교육.

• 아동전용도서관, 숲교육 공간 등 문화 인프라 확충과 지역사회 놀이터 리모델링 및 아동친화 지자체 및 아동친화 기업문화를 확충하고, 어린이 활동 공간 환경 안전성 확보 등 다양한 방면으로 아동의 놀이와 여가 보장을 위해 추진 중.

다음은 우리나라 지방자치단체에서 시행하고 있는 놀이 프로그램들로, 어린이의 창의·인성을 발달시키고 지역주민이 직접 참여하여 세대 간의 통합도 이루어지고 있다.

• 강원도 교육청: 2015년부터 '친구야 놀자'를 계획·운영.

• 전라북도교육청: 초등학생들의 신체활동 시간이 부족한 현실을 개선하기 위해 '놀이밥 60 + 프로젝트'를 수립. 중간놀이, 방과 후 학교 놀이과정 개설 등 놀이교육 확대.

- 대전교육청: 2015년 1학기부터 초등학생을 대상으로 놀이 통합 교육을 실시. 교과와 창의적 체험활동으로 구성되는 학교교육에 놀이활동을 체계적으로 융합하여 또래 간 소통·공감·배려하는 전인적 성장을 추구하는 교육으로 하루 50분 이상 놀이활동 시간을 제공.
- 서울시교육청: 단조롭고 노후화된 기존 어린이 놀이공원을 어린이와 주민들이 직접 참여해 꿈과 창의력, 상상력을 키워 주는 테마 놀이공원 및 지역커뮤니티 공간으로 재조성하기 위한 활동 운영.
- 순천시: 2016년 5월 제1호 '기적의 놀이터'를 신설하여 제공. 기존의 놀이터와는 다르게 놀이기구가 없음. 돌, 흙, 통나무와 같은 자연물을 이용하였고, 흐르는 시냇물, 잔디, 언덕, 동굴, 나무 그루터기 등을 자연의 생태처럼 자연스럽게 구성.

4. 도움 받을 수 있는 기관

아동·청소년의 놀 권리를 지원하는 기관은 다음과 같다.

- 청소년방과후아카데미(www.youth.go.kr): 청소년들의 건강한 방과 후 생활과 전문체험 및 학습 프로그램, 청소년 생활관리 등 종합서비스를 지원하는 국가정책지원 사업. 현재 청소년수련관, 청소년문화의집 등의 지자체 공공시설에서 250개소 운영.
- 청소년활동진흥원(www.kywa.or.kr): 창의적인 청소년 체험활

동을 진흥시켜 청소년의 잠재 역량 계발과 인격 형성을 도모하고 수련·참여·교류·권리 증진 활동을 종합적으로 지원.

- 청소년활동정보서비스: 공공기관 및 청소년수련시설에서 실시하는 체험활동, 자원봉사, 국제교류, 신고 인증된 프로그램 등 다양한 청소년활동 프로그램정보를 제공하는 종합 사이트로서 청소년 복지보호와 관련된 유용한 정보도 함께 제공한다.

- 청소년활동안전센터: 안전사고 예방과 체계적 대응 및 법적 의무사항의 효율적 추진을 위한 기구로서 청소년 수련활동 신고대상과 인증 의무화, 종합 점검, 평가 등 청소년 활동의 안전사고 예방과 관리를 담당.

5. 아동·청소년이 충분한 놀이 및 여가문화활동을 향유하기 위하여

최근 국가 차원에서 아동의 놀 권리를 보장하기 위한 기본입장을 확고히 하였지만 이를 구체적으로 추진하기 위한 명확한 기본방향이나 추진과제들은 요원하다. 또한 청소년 체험활동은 전반적으로 증가하고 있으나, 불균형적인 성장에 대한 사회적 우려가 여전한 실정이다. 놀이정책은 놀이의 가치와 태도에 대한 변화가 선행되어야 하므로 놀이시간을 더 확보하고 아이들이 쉽게 접근할 수 있는 놀이공간을 제공할 필요가 있다. OECD국가 가운데 한국의 아동·청소년이 '지적 역량'은 높은 순위에 있으나 공동체 참여와 사회적 협력도를 보여 주는 '사

<표 10-5> 놀이 및 여가문화활동 관련 해외 사례

국가	사례
프랑스	• 문화예술 교육 헌장 발표: 문화예술교육은 모든 사람이 누구나 골고루 향유해야 하는 공동재산이라는 점 강조. • 학습과 휴식의 조화: 학생의 학습리듬은 교내에서의 일과와 방과 후의 여가시간까지 포함하여 고려.
영국	• The Play Strategy: 2008~2020년의 장기계획 놀이정책. 아동에게 더 많은, 더 나은 놀이 기회 주고자 추진됨.
일본	• Play Park: 아동이 자연물을 이용하여 스스로 해보고 싶은 놀이터를 만들어 보기. 아동의 놀 권리 보장을 위함.
미국	• Public Workshop: 청소년들과 함께하는 지역사회 놀이터 디자인 프로젝트. 지역사회 변화를 위해 청소년들이 목소리를 내고 성인과 함께 협업을 통해 역량 기름.

회적 상호작용 역량'은 하위로 나타났다. 시민사회의 구성원으로서 갖추어야 할 역량 간의 불균형이 뚜렷한데, 이들의 공동체의식 및 인성 함양을 위한 다양한 활동 지원이 절실하다.

에릭슨(Erickson)은 사춘기 청소년들은 미래의 자유로운 인격체로서의 발달을 준비할 수 있는 방랑의 시간인 심리적 지불유예기간(moratorium)을 가져야 한다고 했다. 아이들이 행복할 때는 '좋아하는 일을 실컷 할 수 있을 때'와 '친구들과 사이좋게 지낼 때'이며, 행복하지 않을 때는 '성적에 대한 압박이 클 때', '학업 부담이 너무 클 때'이다. 따라서 아동·청소년들이 과도한 학업부담에서 벗어나 여가와 문화예술을 향유하여 정서적으로 성숙하고 행복한 청소년기를 보낼 수 있도록 지원해야 할 필요가 있다.

현재와 미래의 우리

현재의 우리는?	미래의 우리는!
충분한 놀이 및 여가문화활동 시간과 공간 및 프로그램 부족.	놀이가 학습만큼이나 중요하다는 인식 확산과 함께 국가 정책의 중요한 과제로 고려됨. 아동 · 청소년들이 충분한 놀이 및 여가문화활동을 즐기며 야외활동 시간 늘림.

■ 관련 문헌 · 영상물

EBS(2012. 5. 21). 〈지식채널e: 노는 아이들을 찾아서〉.

_____(2015. 5. 19). 〈지식채널e: 와글와글 통신문이 왔습니다〉.

활동해 보기

1. 놀면 성적이 떨어지고 공부를 못한다는 가설은 진실일까? 왜 그렇게 생각되는가?

2. 학교에서 체험활동이나 견학 장소 등을 정할 때 학생의 의견이 반영되는가?

3. 아동 · 청소년의 놀이 및 여가문화와 관련한 국내아동 관련 법은 어떻게 보완되어야 할까? 여러 관련 법을 찾아 비교해 보자.

4. 살고 있는 지역사회에서 안전하게 놀이할 수 있는 장소가 어디인지 사진을 찍어 그 이유를 친구들과 비교해 보자.

5. 놀이와 여가에서 부모님이나 선생님들께 바라는 점을 얘기해 보자.

6. 시간이 허락한다면 어떠한 놀이나 여가 생활을 즐길 것인지에 대해 얘기나누어 보자.

7. 아동 · 청소년들이 경험한 다양한 문화적 경험과 야외활동의 중요성을 토의해 보고 이러한 경험들이 학생들에게 어떤 영향을 주었는지 공유해 보자.
   - 최근에 본인이 경험한 문화예술활동은 무엇이었는가? 이러한 활동들을 보다 활성화시키기 위해서는 어떠한 정책들이 보완될 필요가 있을까?
   - 본인이 살고 있는 지역사회의 놀이환경 개선을 위해 가장 우선적으로 해결해야 할 점은 무엇인가?

제11장
청소년 노동 인권 보호

학교가 끝나면 바로 편의점에서 카운터 아르바이트를 하고 있어요. 그런데 수업 때문에 어쩔 수 없이 5분 정도 늦는 경우가 있는데 이런 경우 벌금을 매겨 이를 제하고 월급을 주곤 했습니다. 그래서 정작 받은 월급은 본래 지급 받아야 할 돈의 3분의 1도 되지 않았어요. 어떻게 해야 제가 본래 월급을 받을 수 있나요?

출처: 경기도교육청(2013).

배달 일을 하고 있습니다. 사장님이 근로계약기간 도중에 그만두면 손해배상금으로 2개월 월급을 반납한다는 서약서를 쓰라고 해서 쓴 적이 있습니다. 사정이 생겨 일을 그만두는데 사장님이 계약대로 하자며 2개월 급여를 주지 않습니다.

출처: 서울특별시(2015).

한국청소년정책연구원(2015)의 '한국 아동·청소년 인권 실태조사'에 따르면 중고등학생 중 남자청소년의 12.1%와 여자청소년의 12.3% 가 아르바이트 경험이 있는 것으로 나왔다. 현재 많은 청소년들이 자립에 대한 욕구, 가정 형편 등 경제적인 이유로 아르바이트에 관심을 갖고 있으며, 실제 취업하거나 노동현장에서 아르바이트를 하고 있다. 하지만 당연히 보장되어야 할 노동자로서의 권리는 잘 지켜지지 않는다. 악덕 사용자에 의해 관련 법률은 무시되고, 임금체불은 물론 모욕적인 폭언과 폭력도 발생하는 등 부당한 노동 인권 침해 사례가 발생하며, 사회적으로는 여전히 청소년노동을 폄하하거나 부정적으로 바라보는 시각이 있다.

노동을 통하여 삶의 주체로 성장·발달할 우리의 청소년들이 노동현장에서 당연히 누릴 권리를 침해당하고 있으면서도 인지하지 못하고, 침해 사례에 대해 적절히 대응하는 방법과 절차를 모르고 있다는 것은 안타까운 일이다. 청소년들에게 노동 인권 교육이 필요한 이유가 여기에 있다.

앞의 사례에서 보듯이 법령에 저촉되지 않는 한 누구든지 아르바이트를 할 수 있다. 아르바이트를 하는 과정에서 불가피하게 늦을 수도 있다. 과도한 지각이나 무단이탈, 근무태만 등으로 본래 근무해야 할 계약상의 근로시간을 이행하지 못한 경우라면, 미이행된 근로시간에 비례하여 임금을 감액하여 지급하는 것도 가능하다. 하지만 이 경우에는 본래 근로계약의 범위를 해치지 않는 정도의 지각을 이유로 과도하게 임금을 삭감했으므로 부당한 임금체불로 보아야 한다. 만약 성인이었다면 편의점 사장은 어떠했을까?

이 장에서는 청소년노동에 대한 사회적 인식과 현황을 파악하고, 청소년 노동 인권 보장을 위한 헌법 및 국제인권협약, 〈근로기준법〉 등에 따른 청소년 노동 인권의 주요 쟁점을 사례를 통해 살펴보고자 한다.

1. 아동·청소년 인권 관점에서 본 청소년노동

1) 청소년노동에 대한 오해

'노동'이라고 하면 '힘들다', '고생한다', '피할수록 좋다', '나와는 별로 상관없다' 등 부정적인 단어를 연상하는 경우가 많다. 그래서 많은 아동·청소년들은 '어쨌든 노동자는 되기 싫다. 공부 열심히 해서 의사, 변호사, 교사, 연예인 등이 되겠다'라고 말한다. 이들 대부분도 노동자인데 말이다. 이렇듯 노동에 대한 부정적인 시각과 잘못된 인식이 우리 사회 전반에 퍼져 있다. 심지어 자신이 노동자임에도 불구하고 그 사실을 모르거나 부정하기까지 한다. 이제라도 노동 인권을 잘 알아야 한다. 사회구성원 중 가장 많은 계층이 노동자이고, 우리 대부분 역시 앞으로 노동자로 살아갈 것이며, 어떤 일이든 노동과 연관이 있기 때문이다. 노동하며 부당한 대우나 인권 침해를 당하지 않기 위해서도 반드시 노동 인권을 알아야 한다.

청소년노동(일하는 청소년)에 대한 부정적 시각이나 편견도 사라져야 한다. '청소년이 공부는 하지 않고 무슨 일을 해!', '알바해서 놀려고' 등 청소년노동에 대한 폄하가 종종 들린다. 청소년노동 역시 개인의 다양한 필요와 목적으로 노동력을 제공하고 임금을 받는 정당한 노동행위인데 말이다. 현실에서 청소년은 노동의 온전한 주체이다. 청소년이 장차 노동현장에서 권리행사의 주체로 역할을 다하기 위해서는, 이러한 인식 개선이 교육과 홍보를 통해 이루어져야 한다.

2) 청소년 노동 인권의 이해

모든 청소년은 건강이나 교육 및 발달에 위협이 되는 노동으로부터 특별한 보호와 지원을 받을 권리가 있다. 청소년도 성인과 마찬가지로 생존과 기본적 생활을 위한 노동현장의 주체이며, 근로자로서의 권리를 누릴 수 있다. 청소년이라는 이유로 청소년의 노동행위에 대한 편견이나 부정적 인식, 부당한 노동력의 착취를 겪어서는 안 된다. 청소년은 차별 없는 정당한 대우를 받아야 하며, 유해하고 위험한 환경에 노출되지 않고 안전한 노동환경을 제공받아야 한다. 청소년의 건강한 성장과 발달을 위한 교육이 노동으로 인해 방해받아서는 안 되며, 신체적·지적·정신적·도덕적 또는 사회발전에 유해한 어떠한 노동의 수행으로부터 보호받고, 청소년 스스로가 삶의 주체로 노동 인권을 이해하고 적극적으로 행사할 수 있는 교육을 받아야 한다. 또한 청소년이 안심하고 부당한 일에 대해 상담하고 도움을 청할 수 있는 기관을 마련해야 한다.

이를 실현하기 위해 특히 유엔아동권리협약 제32조 제2항은 각국이 모든 입법, 행정, 교육 등의 조치를 취하고, 최저고용연령, 고용시간, 고용조건, 처벌 및 제재수단을 마련할 것을 규정했다. 이와 관련하여 〈경제적·사회적·문화적 권리에 관한 국제규약〉 제10조 제3 항도 모든 아동과 청소년은 경제적·사회적인 착취로부터 보호받아야 한다며, 이들을 보호하고 지원할 특별조치를 취할 것을 촉구했다. 또한 임금을 지불하여 고용하는 최저연령을 정하고, 최저연령 이하의 노동을 금지하며, 이를 어길 시 법으로 처벌할 것도 촉구했다.

또한 국제노동기구(ILO)가 2002년에 제시한 '아동노동이 없는 미래'에서는 타파해야 할 아동노동을 ① 국제적인 기준에 부합하도록 제정된 국내법상의 최저연령 이하의 아동노동, ② 아동의 신체적·정신적·도덕적 복리를 해치는 위험한 노동, ③ 노예, 매매, 담보나 강제적인 노동, 무력분쟁을 위한 징집, 매춘, 포르노그래피 등 불법활동에 연루되는 노동으로 규정하였다(국가인권위원회, 2015).

하지만 청소년들의 노동현장에서는 일부 사용자가 손님이 적은 시간에 휴식을 지시하고 그 시간만큼 임금을 지급하지 않는 일명 '꺾기'라는 부당한 일이 발생하고 있다.

이랜드, 애슐리 아르바이트생 '열정페이' 논란에 사과 …
이랜드 외식브랜드 애슐리가 아르바이트생의 임금을 체불하고 휴식시간을 주지 않는 등 이른바 '열정페이' 논란에 대해 사과했다.

애슐리는 5일 홈페이지에 "최근 애슐리 파트타임 근무와 관련된 지적에 대해 사과의 말씀을 드린다"며 "문제의 소지가 있는 부분은 철저히 재점검해 모범적인 사업장으로 만들기 위해 더욱 노력하겠다"고 사과문을 올렸다. 앞서 국회 환경노동위원회 소속 이정미 정의당 의원은 일부 애슐리 매장에서 아르바이트생들에게 근무시간 10분 전 작업장에 도착하도록 강요하고 근무시간을 15분 단위로 끊어 시급에 반영하는 이른바 '꺾기'를 했다고 지적했다.

또 근로계약을 맺으면서 일부러 근로시간을 정규 근로시간보다 1시간 더 늘린 뒤 아르바이트생을 조퇴시키고 필요에 따라 30분에서 1시간가량 무보수로 일을 더 시키는 등 기간제법도 위반했다고 주장했다. 아울러 〈근로기준법〉에 따라 1년 미만인 근로자라도 한 달간 출근하면 하루가 발생하는 연차휴가나 연차휴가 대신 지급하는 연차수당도 제공하지 않았다.

출처: SBS CNBC 뉴스(2016.10.5).

한국청소년정책연구원(2016a)의 조사에 따르면, 중학교와 고등학교에 재학 중인 청소년 중 아르바이트 경험이 있다고 응답한 비율은 남자청소년이 15.1%, 여자청소년은 11.8%로 나타났다. 아르바이트 피해 경험 중 임금을 1~2번 정도 받지 못하거나 약속보다 적게 받은 경우는 여자청소년이 14.2%로 나타났으며, 남자청소년은 12.8%로 나타났다. 그러나 3번 이상인 경우는 남자청소년이 1.8%로 여자청소년 1.3%보다 높게 나타났다. 아르바이트 시간을 초과하여 일하였거나 하기로 한 일과 전혀 다른 일을 하는 피해경험 중 1~2번의 피해가 있는 경우는 남자청소년이 11.8%, 여자청소년이 13.0%로 나타났다. 또한 아르바이트 과정에서 최저임금 이하의 임금을 받은 경험이 1번이라도 있는 청소년의 비율은 20.1%로, 여자청소년이 22.4%, 남자청소년이 18.5%로 나타났다.

근로계약서는 부당한 노동으로부터 보호받을 수 있는 중요한 수단이지만 아르바이트 시 근로계약서를 작성한 적이 없는 청소년은 전체

69.7%에 달하며, 남자청소년은 72.0%, 여자청소년은 66.6%로 나타났다. 아르바이트 과정에서 부당하게 해고를 당한 경험이 1번이라도 있는 남자청소년은 7.0%, 여자청소년은 4.6%로 나타났다. 아르바이트 과정에서 1번이라도 불결하고 위험한 작업환경을 경험한 청소년은 9.5%로 나타났다. 또한 아르바이트를 하는 과정에서 폭언 등의 인격 모독을 경험한 청소년은 여자청소년이 11.5%, 남자청소년이 10.0%로 나타났다. 구타나 폭행을 경험한 남자청소년은 3.9%, 여자청소년은 1.8%로 나타났다.

아르바이트에서의 피해경험 중 가장 심각한 경우라 할 수 있는 성적 피해경험은 남자청소년이 4.3%, 여자청소년이 2.1%로 나타났다.

2011년 유엔아동권리위원회는 대한민국 정부에 아동노동을 야기하는 근본적인 사회경제적 요인을 해결하기 위한 조치를 취할 것, 야간근무 금지의 효과적인 시행과 최저임금 지급 등 18세 미만 청소년의 근로조건 기준이 엄격히 시행되도록 할 것, 변칙적 노동관행을 규제하는 추가적인 법 조항을 제정할 것, 근로환경 전반을 포괄적으로 감시할 수 있도록 노동 감독을 개선할 것, 근무환경에서 폭력과 성추행 문제를 다루고 방지할 효과적인 조치를 제공하고, 이러한 문제가 발생한 경우 책임 소재를 묻고 재활을 돕는 효과적인 제도를 이용할 수 있게 할 것을 권고한 바 있다.

2. 인권 침해 사례

이 절에서는 청소년이 노동현장에서 부딪힐 수 있는 10가지 사례를 중심으로 관련 법률규정과 구체적인 내용을 살펴보고자 한다.

① 만 15세 이상이 되어야만 일을 할 수 있나요?
근로가능연령은 다음과 같이 4가지로 나눌 수 있다.

- 만 18세 이상: 부모의 동의 없이 일할 수 있음.
- 만 15세 이상 18세 미만: 친권자 또는 후견인 동의서가 있으면 일할 수 있음.
- 만 13세 이상 15세 미만: 원칙적으로 일을 시켜서는 안 되지만, 취직인허증이 있으면 가능함.
- 만 13세 미만: 예술공연 참여 이외에는 어떠한 경우라도 절대 일을 시켜서는 안 됨.

② 편의점 사장님이 부모님의 동의서와 나이를 알 수 있는 증명서를 가지고 오래요.
〈근로기준법〉제64조에 따라, 만 15세 이상 18세 미만의 청소년이 일을 하려면 보호자 또는 후견인의 동의서와 가족관계증명서가 필요하며, 사용자는 이 서류를 보관하고 있어야 한다. 또한 중학교에 재학 중이거나 만 13~14세인 청소년은 지방고용노동청에서 발급하는 취직인허증이 있어야 한다.

③ 근로계약서를 반드시 작성해야 되나요?

근로계약서는 노동 인권 침해로부터 스스로를 보호하기 위해 반드시 확인하고 작성해야 한다. 〈근로기준법〉 제17조에 따라 계약서에는 임금, 소정의 근로시간, 휴일, 연차유급휴가 등이 포함되어야 한다.

부당한 근로계약 강요 사례는 다음과 같다.

- 지각을 하면 하루 일당을 줄 수 없다.
- 한 달을 못 채우고 그만두면 월급을 줄 수 없다.
- 일하는 시간과 기간을 채우지 않으면 손해배상금을 내야 한다.
- 월급에서 일정 금액을 떼어 저축해 놓겠다.

④ 최저임금은 어른들만 받는 것은 아닌가요?

최저임금제도는 일정 금액 이상의 임금을 근로자에게 지불하도록 법적으로 강제하는 제도를 말한다. 이 제도의 목적은 국가가 법적 강제력으로 임금의 최저한도를 정해 이를 밑도는 수준으로는 사용자가 근로자를 고용하지 못하도록 함으로써 상대적으로 불리한 위치에 있는 근로자를 보호하는 데 있다(국가인권위원회, 2007).

최저임금은 청소년을 포함한 모든 노동자에게 임금의 최저수준을 보장하여 노동자의 생활 안정과 노동력의 질적 향상을 꾀할 목적으로 최저임금위원회의 심의를 거쳐 고용노동부장관이 정하도록 하고 있다. 〈최저임금법〉 제10조 제1항에 따라 2017년 최저임금액은 6,470원이다. 최저임금은 노동자의 생존권과 직결되어 있으며 세계인권선언, 헌법과 유엔아동권리협약 등 국제인권조약에서 규정하고 있는 노동자의 인권의 문제이다.

〈근로기준법〉제 43조에 따라 사용자는 청소년노동자 본인에게 임금을 현금으로 지급해야 하며, 일을 그만두었을 경우에는 14일 이내에 지급해야 한다. 또한 청소년노동자가 사용자에게 손해를 입히거나 근로계약을 위반했다는 이유로 임금에서 손해액을 제하고 줄 수 없다.

임금지급의 원칙은 다음과 같다.

㉠ 현금인 돈으로, ㉡ 본인에게 직접, ㉢ 월급날을 정해서, ㉣ 근로계약으로 정한 월급 전액을, ㉤ 그만둔 경우 그만둔 날로부터 14일 이내에 줘야 한다.

⑤ 하루 7시간, 1주일에 40시간 이상 일할 수 없어요.

〈근로기준법〉제 69조에 따라 하루 7시간, 1주일에 40시간을 초과할 수 없다. 다만, 당사자의 합의에 따라 1일 1시간, 1주일에 6시간 한도로 연장할 수 있다.

〈근로기준법〉제 54조에 따라 노동시간이 4시간인 경우에는 30분 이상, 8시간인 경우에는 1시간 이상 자유롭게 휴게시간을 누릴 수 있다.

다음 사항들은 근로시간에 포함된다.

- 일 시작 전 준비시간(작업준비, 작업지시, 회의 등)
- 일 끝난 후 정리시간(청소, 판매대금 정산, 물품정리 등)
- 손님을 기다리는 대기시간
- 의무적으로 참석해야 하는 교육시간 및 회식

침해 사례

휴게시간에는 임금이 지급되지 않음. 그러다 보니 이를 악용해 손님이 없는 시간에 노동자를 매장 밖으로 내보내 쉬게 하거나 조기퇴근시키는 등 '꺾기'라는 관행이 퍼지고 있음. 이는 영업상 발생하는 손실을 노동자에게 고스란히 떠넘기는 대표적인 노동 인권 침해 사례로, 적절히 대응하기 위해 반드시 근로계약서 작성 필요함.

⑥ 휴일에 일하거나 초과근무를 했을 경우 50%의 가산임금을 받을 수 있어요.

〈근로기준법〉 제70조에 따라 청소년노동자는 야간·휴일노동을 할 수 없다. 다만, 청소년노동자의 동의가 있으면 가능하다. 〈근로기준법〉 제56조에 따라 연장근로, 야간근로, 휴일근로에 대해서는 통상임금의 50%를 더 받을 수 있다.

⑦ 1주일을 개근하고 15시간 이상 일하면 하루의 유급휴일을 받을 수 있어요.

〈근로기준법〉 제55조에 따라 사용자는 근로자에게 1주일에 평균 1회 이상의 유급휴일을 주어야 한다. '유급휴일'이란 일을 하지 않아도 임금을 받을 수 있는 날이다. 4주를 평균하여 1주 노동시간이 15시간 이상이면 1주일에 하루 이상은 유급휴일을 누릴 수 있다.

⑧ 노래방에서는 아르바이트를 할 수 없나요?

〈근로기준법〉 및 〈청소년보호법〉에 따라 청소년은 유해하거나 위험한 곳에서 일을 할 수 없다.

- 청소년 출입과 고용 모두 금지: 유흥주점, 단란주점, 비디오방, 노래방, 댄스교습소, 나이트클럽, 성 기구 취급업소, 전화방, 경마장 등
- 청소년 고용만 금지: 여관, 안마 시술소, 담배소매업장, 티켓다방, 소주방, 호프집, PC방 등

⑨ 일을 하다 다치면 산재보험으로 치료와 보상을 받을 수 있어요.

일을 하다가 실수로 다치거나 사고를 당한 경우에는 산업재해보상보험(산재보험)에 따라 보상받을 수 있다. 산업재해로 처리될 경우, 요양급여·휴업급여 등 다양한 보상이 가능하므로 4일 이상 치료가 필요하면 산업재해로 처리해야 한다. 아르바이트 중 다쳤다면 알바를 그만둔 후에도 사고 발생한 후 3년 이내에 신청 가능하다.

⑩ 아르바이트를 한 경우에도 퇴직금을 받을 수 있어요.

근로자퇴직급여보장법에 따라 주 15시간 이상 1년 넘게 일을 한 청소년 아르바이트생도 당연히 1년당 30일분의 퇴직금을 받을 수 있다. 사용자와 퇴직금을 받지 않기로 하였다 하더라도 퇴직금을 받을 수 있다. 사용자는 노동자에게 퇴직금을 14일 이내에 지급해야 하며, 지급받지 못했을 경우 3년 이내에 지급을 청구할 수 있다.

3. 관련 법 및 정책

1) 국제규정

세계인권선언은 모든 인간이 차별 없이 노동할 수 있고, 알맞은 보수를 요구할 권리, 자신의 이익을 보호하기 위해 노동조합을 조직하고 참여할 권리, 휴식과 여가를 요구할 권리가 있음을 천명하고 있다.

세계인권선언 제 23조
1. 모든 사람에게는 노동, 자유로운 직업 선택, 적절하고 알맞은 노동 조건, 실업에 대한 보호를 요구할 권리가 있다.
2. 모든 사람에게는 아무런 차별 없이 동일한 노동에 대해 동등한 보수를 요구할 권리가 있다.
3. 노동을 하는 모든 사람에게는 자신과 가족에게 인간의 존엄한 존재 가치를 보장하고 필요한 경우에 여타의 사회적 보호 수단에 의해 보완되는 적절하고 알맞은 보수를 요구할 권리가 있다.
4. 모든 사람에게는 자신의 이익을 보호하기 위해 노동조합을 조직하고 참여할 수 있도록 요구할 권리가 있다.

세계인권선언 제 24조
모든 사람에게는 노동시간의 합리적 제한과 정기적인 유급 휴가를 포함하여 휴식과 여가를 요구할 권리가 있다.

협약 제32조는 최저고용연령 규정, 고용시간 및 고용조건, 그리고 이의 효과적인 실시를 위한 적절한 처벌 규정이 자국 내 법률에 명확히 포함되는 것이 아동권리 보장을 위해 반드시 필요함을 강조하고 있다.

1. 당사국은 경제적인 착취를 비롯해 위험하거나, 교육을 방해하거나, 건강이나 신체적 · 정신적 · 도덕적 · 사회적 발전에 유해한 모든 노동으로부터 보호받을 아동의 권리를 인정한다.

2. 당사국은 이 조항의 이행 보장을 위해 입법적 · 행정적 · 사회적 · 교육적 조치를 강구해야 한다. 이 목적을 위해 그리고 여러 국제문서의 관련 규정을 고려해 당사국은 특히 다음의 규정들을 확립해야 한다.

가. 단일 또는 복수의 최저고용연령 규정

나. 고용시간 및 고용조건에 관한 적절한 규정

다. 이 조항의 효과적인 실시를 위한 적절한 처벌 규정

2) 국내법

헌법 제32조는 국민의 근로의 권리를 명시하고 근로의 내용, 조건, 기준은 인간 존엄성 보장을 위해 법률로 정하도록 하고 있다. 특히 연소자의 근로는 특별한 보호를 받는다고 규정하여 청소년 노동 인권 보장을 위한 관련 법률 정비 및 정부의 적극적인 노력을 요구하고 있다.

1. 모든 국민은 근로의 권리를 가진다. 국가는 사회적 · 경제적 방법으로 근로자의 고용의 증진과 적정임금의 보장에 노력하여야 하며,

법률이 정하는 바에 의하여 최저임금제를 시행하여야 한다.

2. 모든 국민은 근로의 의무를 지닌다. 국가는 근로의 의무의 내용과 조건을 민주주의 원칙에 따라 법률로 정한다.

3. 근로조건의 기준은 인간의 존엄성을 보장하도록 법률로 정한다.

4. 여자의 근로는 특별한 보호를 받으며, 고용·임금 및 근로조건에 있어서 부당한 차별을 받지 아니한다.

5. 연소자의 근로는 특별한 보호를 받는다.

〈근로기준법〉은 헌법에 따라 근로조건의 기준을 정하여 근로자의 기본적 생활 보장과 향상, 균형 있는 국민경제의 발전을 꾀할 목적으로 제정되었다. 동법은 근로자의 권리에 관한 매우 광범위한 영역을 규율하고 있으며, 무엇보다 중요한 것은 동법이 사인 간의 계약인 근로계약에

〈표 11-1〉 노동현장에서의 법적 보호를 위한 〈근로기준법〉

제4조(근로조건의 결정)	제36조(금품 청산)
제6조(균등한 처우)	제43조(임금 지급)
제7조(강제근로의 금지)	제54조(휴게)
제8조(폭행의 금지)	제55조(휴일)
제17조(근로조건의 명시)	제56조(연장·야간 및 휴일 근로)
제19조(근로조건의 위반)	제60조(연차 유급휴가)
제20조(위약 예정의 금지)	제64조(최저연령과 취직인허증)
제22조(강제 저금의 금지)	제65조(사용 금지)
제23조(해고 등의 제한)	제66조(연소자 증명서)
제26조(해고의 예고)	제67조(근로계약)
제27조(해고사유 등의 서면 통지)	제69조(근로시간)
제28조(부당해고 등의 구제 신청)	제70조(야간근로와 휴일근로의 제한)
제35조(예고해고의 적용 예외)	제73조(생리휴가)

우선해 적용된다는 것이다. 즉, 근로계약의 내용이 〈근로기준법〉보다 근로자에게 불리하게 작성되었다면 그 효력을 상실시키고 〈근로기준법〉의 내용을 적용한다는 것이다. 물론 〈근로기준법〉이 청소년 노동 인권을 충분히 보장하고 있다고 볼 수 없지만, 현실의 노동현장에서의 법적 보호를 위해서는 반드시 알아 두어야 할 내용이다(〈표 11-1〉).

3) 관련 정책 및 지원

정부는 청소년이 안전한 근로환경에서 일할 수 있도록 2012년 11월에 '청소년 근로환경 개선 종합대책'을 수립하여 사업장 감독을 통한 근로 환경 개선, 청소년 보호를 위한 통합신고체계 구축, 근로환경 자율개선을 위한 인식 제고, 청소년 근로환경 개선 인프라 보강 등의 세부과제를 선정하여 추진하고 있다. 또한 특성화고 현장실습 중 발생하는 노동 인권 침해 상황을 개선하기 위해 동년 4월에는 주당 40시간 이상 근무 금지, 1주일에 이틀 휴무 보장, 야간 및 휴일실습 금지, 안전교육 등을 골자로 하는 '특성화고 현장실습제도 개선대책'을 발표하였다. 또한 사업장에 대한 현장감독을 통해 위반 사업장에 대한 시정조치, 사법처리 및 과태료 처분 등의 조치가 취해지고 있다. 특히 〈근로기준법〉에 따라 위험한 환경에서 미성년자를 사용한 경우는 3년 이하의 징역 또는 2천만 원 이하의 벌금형에 처할 수 있으며, 최저고용연령, 근로시간 및 야간근로와 휴일근로 위반에 대하여는 2년 이하의 징역 또는 1천만 원 이하의 벌금형에 처할 수 있다. 청소년 노동 인권 상담 및 보호를 위해 2011년부터 '1318 안심알바 신고센터'가 운영되고 있으며, 2016년에는 청소년근로권익센터가 설치되었다.

하지만 아직도 많은 청소년고용 사업장에서는 근로계약서 작성 거부 및 임금체불, 안전사고, 신체폭력, 언어폭력, 성폭력 등의 문제가 끊이지 않고 있다. 따라서 지역사회 청소년고용 사업장에 대한 엄격한 근로감독 실시 및 체계적인 모니터링과 예방교육이 이루어져야 한다.

4. 도움 받을 수 있는 기관

노동현장에서 부당한 일을 겪은 청소년들이 안심하고 접근할 수 있는 상담 및 구제기관에 대한 적극적인 홍보가 필요하다. '1318 안심알바 신고센터'는 고용노동부가 청소년들이 아르바이트를 하다가 임금을 받지 못하거나 부당한 대우를 받았을 경우 쉽게 신고할 수 있도록 2011년부터 전국적으로 설치되었다. 청소년근로권익센터는 2016년 5월부터 운영되고 있으며, 청소년을 대상으로 근로권익 교육 및 홍보, 전문상담, 무료 권리구제 지원을 하고 있다. 현재 청소년들이 도움을 받을 수 있는 노동 인권 침해 상담 및 구제기관은 다음과 같다.

- 1318 안심알바 신고센터
- 청소년근로권익센터 1644-3119
- 고용노동부를 통한 인터넷 구제신청(www.moel.go.kr)
- 청소년 사이버상담센터 '알바 Talk', 청소년 모바일 문자 상담
  (#1388)

- 사업장 내 성희롱·성폭력: 여성긴급전화(1366), 청소년전화(1388)

5. 청소년 노동 인권 보호를 위하여

오늘도 노동현장의 사각지대에서 부당한 대우를 감수하면서 경제활동을 하는 청소년이 있다. 또한 현재 부당한 대우를 받고 있는지도 인지하지 못하고 사장이 시키는 대로 일을 하는 청소년이 있다. 부당한 대우에 대해 도움을 구할 곳을 모르거나, 방법을 몰라 주저하는 청소년도 있다. 따라서 청소년 노동 인권 보호를 위해서는 첫째, 유엔아동권리협약 등 국제조약의 성실한 이행, 〈근로기준법〉의 개정, 더불어 불안정고용과 관련한 법률의 정비가 반드시 이루어져야 한다. 둘째, 2010년 국가인권위원회의 청소년 노동 인권 보호를 위한 권고의 성실한 이행 노력과 후속 조치가 필요하다. 예를 들어 시간 외 수당 등 5인 이상 사업장에만 적용되는 〈근로기준법〉 조항은 5인 미만 사업장에서 주로 일하는 청소년에게는 무용지물이며, 특수고용직이나 간접고용 형태의 업무에 종사하는 청소년에게는 더욱 그러하다. 셋째, 청소년 고용 사업장에 비치하도록 되어 있는 근로계약서에 대한 관리·감독 체계를 강화해야 한다. 근로계약서 준수 여부는 청소년 당사자에게 연락하여 계약사항 준수 및 노동환경에 대한 실질적인 실태를 파악하고 위반 사업장에 대한 조치를 취해야 한다. 넷째, 노동 인권 침해에 대응하는 상담 및 구제기관에 대해 청소년들이 안심하고 접근할 수 있는 시스템 구축과 적극적인 홍보가 필요하다. 마지막으로 청소년 노동 인권 교육도 학교교육과정 내에서 학교 급별로 체계화된 교육프로그램이 개발되고 실시되어야 하며, 청소년 고용 사업장 사업주를 대상으로 청소년 노동 인권 교육을 의무화해야 한다.

현재와 미래의 우리

현재의 우리는?	미래의 우리는!
최저임금 미지급, 야간근무, 근로계약서 미작성, 임금체불, '열정 페이'	청소년 고용 사업장에 대한 근로감독 강화. 근로기준법 위반 사업장 0%
청소년 노동 인권 교육, 필요한가요?	청소년 노동 인권 교육은 초 · 중 · 고 학교 급별로 반드시 거쳐야 할 교육과정

활동해 보기

1. 다음 자료를 읽고 청소년 노동 인권에 대해 고민해 보자.

벼랑에 선 청소년 노동 인권

지난 4월 말 고교 2년 박주아(가명)와 정진희(가명)가 상담하러 찾아왔다. 박주아는 평소에 갖고 싶었던 물건을 사기 위해 올해 4월 초부터 친구 소개로 국제시장 근처 한 식당에서 아르바이트를 시작했다. 1일 5시간, 시간급 4,800원 조건에, 한 달을 채우지 못하면 임금을 받지 않기로 업주와 구두 약속을 했다. 그러다 3주쯤 지나 몸살이 심해져 더는 아르바이트를 할 수 없게 되었다. 하루 전에 업주에게 힘이 들고 몸이 아파 일을 더 이상 할 수 없다고 하자, 업주는 한 달을 채우지 못했다는 이유로 임금을 주지 않았다. 정진희는 가정 형편이 어려워 생활에 보탬이 되고자 6개월 전부터 같은 식당에서 평일에는 5시간, 주말에는 8시간 일을 하고 월 40여만 원의 임금을 받았다.

상담 결과, 근로계약서 미작성 및 미교부, 미성년자 보호자 미동의, 임금체불, 주휴수당 미지급, 1일 미성년자 노동시간 위반, 휴게시간 위반, 최저임금 위반, 야간노동(밤 10시~오전 6시) 금지 위반 등의 위법행위가 있었다. 체불임금은 주휴수당을 포함해 박주아는 26만 원, 정진희는 128만 원이었다. 정진희는 매월 임금을 수령해 체불임금이 없다고 알고 있었다.

지방고용노동청에 진정서를 제출했고, 근로감독관이 〈근로기준법〉 및 〈최저임금법〉 위반을 조사하던 중 박주아는 체불임금 전액을 받았다. 정진희는 업주가 진희 아버지에게 50만 원을 주고 진정 취하를 회유했으나, 진희가 동의하지 않아 본인의 통장으로 체불임금 전액을 받았다.

헌법이 정한 시민의 권리와 의무를 실현하기 위해 국가가 존재한다. 헌법과 〈근로기준법〉은 연소자의 노동은 특별한 보호를 받는다고 규정하고 있다. 청소년 노동 인권을 보호하기 위해 교육기관은 교육과정을 통해 노동 인권 교육을 하고, 정부기관은 이를 철저하게 감독해야 한다. 청소년들이 노동의 초입부터 착취당하지 않고 노동현장에서 인간의 존엄이 지켜지는 인간다운 대우를 받길 기대한다.

출처: 국가인권위원회 발간잡지 〈인권〉(2013.7.8).

청소년노동에 대한 부당대우 구제조치 방법

- 아르바이트를 하면서 부당한 대우를 받은 경우 고용노동부 홈페이지에 신고하고 진정 등 구제신청도 가능합니다.
- 최소한의 형식으로라도 근로계약서를 써야 합니다. 사고가 발생하는 경우 학교나 고용노동부, 근로복지공단 등의 구제기관에 알려 구제를 받을 수 있습니다.
- 사업주의 부당대우에 구제신청을 하기 위해서는 최소한 사업장 주소, 연락처, 대표자 이름을 꼭 알아야 신청이 가능하므로 반드시 기록해 두어야 합니다.
- 특히 장기간 노동은 물론 단기 아르바이트를 하고 있는 경우, 노동 인권 보호를 위해 출·퇴근 시간 및 휴게시간 등 실제 일한 시간과 근무 중 발생한 사실, 사고 등 해당 일시와 구체적인 사고내용을 반드시 기록하는 것이 중요합니다.

출처: 경기도교육청(2015).

청소년 노동 인권 보호를 위한 법령 및 정책 개선에 관한 국가인권위원회 결정례(2010.2.4) 주요 내용

- 국가인권위원회는 극도로 취약한 근로조건에 노출되어 있는 청소년들의 노동 인권 보호가 필요하다고 판단하고, 노동부 및 교육과학기술부 장관에 다음과 같은 법령 및 정책을 개선할 것을 권고함.

- 헌법 제32조에 따라 청소년 근로자에 대한 노동 인권 개선을 위해 〈근로기준법〉 개정을 권고함.

- 〈근로기준법〉 제69조에 규정된 연소자의 주간 법정근로시간을 현행 1주 40시간에서 35시간으로, 연장근로 한도를 현행 1주 6시간에서 5시간으로 줄이고, 〈근로기준법〉 시행령을 개정하여 5인 미만의 사업장에 대한 〈근로기준법〉 적용을 확대하고, 청소년 근로자에게 악용되고 있는 '꺾기'의 실태를 파악하여 근절방안을 마련하고, 최저임금 미달 등 열악한 청소년 노동 인권 보호를 위한 근로감독 강화 조치로 '연소자고용 사업장 근로감독 점검표'의 내용을 보완하고, 청소년 고용사업주 대상의 교육을 강화하고, 중고등학교 교과과정에 노동 인권 교육을 필수 교과과정으로 포함시킬 것을 권고함.

2. 현행 〈근로기준법〉에 따라 만 18세 미만은 친권자나 후견인의 동의서가 없으면 아르바이트를 할 수 없다. 이로 인해, 폭력적 가정환경 등을 이유로 가출한 청소년들은 주거비나 생활비 등을 마련하기 위해 일을 해야 하지만 동의서를 제출할 수 없어서 사업주로부터 부당한 대우를 받거나, 성매매나 절도 등의 범죄에 노출되는 등 더욱 열악한 노동환경에 내몰리게 된다. 이러한 환경에 있는 청소년들을 지원할 방법에 대해 토론해 보자.

제 12 장
유해환경으로부터 보호

유엔아동권리위원회는 한국 식품의약품안전청장이 어린이 기호식품을 제조, 가공, 수입, 유통, 판매하는 자에게 어린이를 주 시청대상으로 하는 방송프로그램의 주간 광고에 고열량, 저영양 식품의 광고 금지를 명할 수 있다는 것을 높이 평가한다. 그러나 아동건강에 부정적인 영향을 미치는 해로운 식품의 판매를 규제하는 추가적인 조치를 취할 것을 독려한다.

출처: 유엔아동권리위원회 제 3, 4차 권고사항(2011).

아동 · 청소년의 유해업소 이용 경험률을 보면, 2014년 중학생은 PC방(90.0%), 노래방(87.0%), 전자오락실(50.8%) 순으로 나타났고, 고등학생은 노래방(96.9%), PC방(75.1%), 전자오락실(46.3%) 순으로 나타나 대부분의 청소년이 PC방과 노래방을 이용한 것으로 파악된다.

출처: 한국청소년정책연구원(2015).

아동·청소년의 유해환경은 성인의 보호적 시각을 반영하여 아동·청소년이 경험할 수 있는 물리적 위해요소와 유해행위로 인한 피해를 포함하고 있다. 그러나 과연 '무엇이' 아동·청소년에게 유해한 것인지 명확하게 정의 내리기는 어렵다. 유해하다는 개념 자체가 상대적이다. 법률적으로 〈청소년보호법〉 제10조와 동법 시행령 제7조에서 청소년 유해매체의 심의기준을 규정하고 있지만, '청소년 유해성'의 개념에 대해서 명확하게 정의하고 있는 것은 아니다. 〈청소년보호법〉에서 규정한 유해매체 심의기준으로 볼 때, 입법자들은 음란성, 폭력성, 범죄 충동 유발성, 약물 미화, 반사회성, 비윤리성 등을 청소년 유해성의 내용으로 파악하고 있다.

이 장에서는 아동·청소년이 유해환경으로부터 어떻게 보호되어야 하는지를 주요 국제법과 국내법을 기준으로 살펴보고, 주요쟁점 사항 등을 사례를 통해 살펴보고자 한다.

1. 아동·청소년 인권 관점에서 본 유해환경

아동·청소년의 인권 관점에서 유해환경은 건강한 성장과 발달을 해치는 사회환경으로 간주할 수 있다. 이에 아동·청소년의 건강한 신체와 정신의 발달을 위해 유해한 환경을 차단하여 보호해야 하는 당위성이 성립된다. 그러나 규제와 단속강화로만 유해환경이 개선될 수 있는 것은 아니다. 지속적으로 유해환경을 개선해 나가기 위한 노력을 해야 하고 이에 대한 사회적 관심이 이어져야 한다.

1) 유해환경의 이해

(1) 유해환경의 정의

아동·청소년 유해환경이란 '청소년의 건전한 성장을 저해할 수 있는 사회적·심리적·문화적·물리적·구조적인 모든 요소로 상호 작용하는 사물, 외부의 압력이나 상황, 조건, 행위 등을 모두 포함하는 것'이다. 아동 인권의 관점에서 유해환경이란 건강한 발달을 저해하는 비교육적인 환경이며, 완전한 인격발달에 저해가 될 위험요인이 포함된 환경이라고 볼 수 있다.

(2) 유해환경의 분류

유해환경의 분류는 〈청소년보호법〉을 참조해서 살펴볼 수 있다. 현행 〈청소년보호법〉에서는 청소년 유해환경을 "청소년 유해매체물, 청소년 유해약물 등, 청소년 유해업소 및 청소년폭력·학대" 등으로 규정(제2조 제8항)하였으며, 구체적인 내용은 다음과 같다. [1]

- 청소년 유해매체물: ① 청소년보호위원회가 청소년에게 유해한 것으로 결정하거나 확인, 또는 ② 각 심의기관이 청소년에게 유해한 것으로 심의하거나 확인하여 여성가족부장관이 고시한 매체물.
- 청소년 유해약물: 주류, 담배, 마약류, 환각물질, 중추신경에 작

---

[1] 〈청소년보호법〉의 내용 소개를 위해 청소년 유해매체를 포함시킴. 그러나 유해매체는 제11장에 소개되므로 이 장은 주로 유해물건과 약물 등에 중점을 두고 기술함.

〈표 12-1〉 유해한 약물과 물건의 구체적 정의

유해약물	유해물건
• 주세법의 규정에 의한 주류 • 담배사업법의 규정에 의한 담배 • 마약류 관리에 관한 법률에 의한 마약류 • 유해화학물질관리법에 의한 환각물질 • 그 밖에 중추신경에 작용하여 습관성, 중독성, 내성 등을 유발하여 인체에 유해하게 작용할 수 있는 약물로 여성가족부 장관이 고시한 약물 ※ 여성가족부 장관 고시약물: 컬러풍선류	• 청소년에게 음란한 행위를 조장하는 성기구 등 청소년의 사용을 제한하지 아니하면 청소년의 심신을 심각하게 손상시킬 우려가 있는 성 관련 물건으로서 여성가족부 장관이 고시한 것 • 음란성·포악성·잔인성·사행성 등을 조장하는 완구류 등 여성가족부 장관이 고시한 것 ※ 여성가족부 장관 고시물건: 레이저포인터류, 성기구 5종, 전자담배 기기장치류

출처: 여성가족부 홈페이지(www.mogef.go.kr).

　　용하여 중독성, 내성 등을 유발하여 인체에 유해하게 작용할 수 있는 약물 등 청소년의 사용을 제한하지 아니하면 청소년의 심신을 심각하게 손상시킬 우려가 있는 약물.

• 청소년 유해물건: ① 청소년에게 음란한 행위를 조장하는 성기구 등 성 관련 물건, 또는 ② 청소년에게 음란성·포악성·잔인성·사행성 등을 조장하는 완구류 등 청소년의 사용을 제한하지 아니하면 청소년의 심신을 심각하게 손상시킬 우려가 있는 물건.

• 청소년 유해업소: 청소년의 출입과 고용이 청소년에게 유해한 것으로 인정되는 업소.

• 청소년 폭력·학대: 폭력이나 학대를 통하여 청소년에게 신체적·정신적 피해를 발생하게 하는 행위

　　아동·청소년에게 유해한 약물과 물건의 구체적 정의는 〈표 12-1〉과 같다.

〈표 12-2〉 청소년 출입 금지업소와 청소년 고 용금지업소

청소년 출입 · 고용 금지업소	청소년 고용 금지업소

• 일반게임 제공업, 사행행위영업, 전화방, 화상대화방, 멀티방, 유흥주점, 단란주점, 가요주점, 비디오방, DVD방, 노래연습장업(청소년실은 출입가능), 무도학원업, 무도장업, 경마 장외발매소, 경륜 · 경정 장외매장 등
• 여성가족부 고시 업소
  - 청소년 유해물건으로 결정된 성기구(5종)를 판매 · 대여 또는 이용할 수 있도록 제공하는 성기구 취급업소
  - 키스방, 대딸방, 전립선마사지, 유리방, 성인PC방, 휴게텔, 인형체험방 등
	• 청소년게임 제공업, PC방, 숙박업, 목욕장업, 이용업, 비디오물소극장업, 유해화학물질영업, 만화대여점, 호프집, 소주방, 티켓다방, 주로 주류의 조리 · 판매를 목적으로 하는 일반음식점 등

출처: 여성가족부 홈페이지(www.mogef.go.kr).

청소년 유해업소는 청소년 출입 · 고용금지업소와 청소년 고용금지업소로 구분된다. 그 내용은 〈표 12-2〉와 같다.

2) 지역사회에서 유해환경의 노출

최근 산업구조의 조정으로 음성적 성매매 알선업체가 증가하고 있으며, 행정규제 완화정책에 따라 식품접객업이 허가제에서 신고제로 전환되고 영업시간 제한이 철폐되는 등 풍속영업소가 지속적으로 증가하고 있다. 또한 이러한 풍속영업소가 대형화 경향을 보이며 아동 · 청소년에게 유해한 지역사회를 형성하고 있다. 직업소개소에 대한 규제는 1999년 허가제에서 등록제로 완화되어 유해업소의 청소년 고용알선문제도 심각해지고 있다.

특히 우리나라 유해환경의 특징은 유해시설이 주택가 및 아동 · 청

소년의 생활공간인 학교 주변까지 난립하여 아동·청소년이 그대로 유해시설에 노출되고 접근가능성이 증가한다는 점이다.

아동·청소년들은 편의점이나 소매점에서 담배와 술을 직접 구입할 수 있는 비율이 거의 77%에 달하고 있어 관련 정책의 실효성이 매우 낮은 상황이다. 또한 본드와 같은 흡입류 환각물질도 문구점에서 신분 확인 없이 쉽게 구입할 수 있어 아동·청소년의 마약류 사용 위험성이 높아지고 있다.

이와 같이 우리나라 아동·청소년은 마약류와 향정신성 물질, 흡연과 음주에 쉽게 노출될 수 있는데, 가장 주요한 원인은 아동·청소년들이 지역사회에서 이러한 유해물질을 쉽게 구할 수 있다는 데 있다. 관련 법에 따라 아동·청소년은 직접 구매가 제한되어 있지만, 그들을 둘러싼 지역사회에서 손쉽게 구할 수 있는 상황이다.

3) 유해환경에 접촉한 아동·청소년 현황

지역사회에서 유해물질을 경험하는 공간은 아동·청소년들이 또래와의 관계 증진을 위해 모이는 장소이다. 가장 대표적인 공간이 PC방과 노래방인데, 아동·청소년이 자유롭게 또래와의 상호작용 활동을 할 수 있는 장소가 부족한 결과라고 볼 수 있다. 유해환경으로부터 아동을 보호하기 위해 관련 법을 만들어서 제한하고 있지만, 아동·청소년이 자유롭게 이용할 수 있는 공간이 부족하기 때문에 결국 유해시설을 이용할 수밖에 없는 상황이다. 아동 인권 관점에서 보면, 아동·청소년을 위한 지역사회 인프라 부족이 인권을 침해하는 주요 요인으로 간주될 수 있다.

객관적으로 유해하다고 인정되고 법적으로도 청소년의 출입이 제한되는 업소의 경우 아동・청소년의 접근이 통제되고 있다. 그러나 전자오락실, 만화방, 비디오 대여점, 노래방, 당구장, PC방 등은 청소년에게 비행이나 문제행동을 유발시킬 수 있는 기회를 제공하거나 또래비행집단과의 관계를 매개할 수 있는 시설이나 장소임에도 접근 통제를 받지 않는 경우가 많다.

아동・청소년은 법적으로 출입이 금지된 장소를 이용하고 있는데, 이들을 유해환경에 노출시키는 주체는 어른이다. 결국 어른들이 자신의 이익 추구를 위해 아동・청소년의 건강한 성장과 발달을 추구할 권리를 침해하는 것이다. 아동・청소년을 유해환경과 유해물질로부터 적극적으로 보호하기 위해서 우선적으로 아동・청소년을 유해환경에 유입시키는 '어른'을 규제해야 한다.

여성가족부에서 실시한 '2014년 청소년 유해환경 접촉 종합실태조사' 결과, 업소 유형별 청소년들의 이용 경험률은 노래방이 91.7%로 가장 높았으며 뒤이어 PC방(82.9%), 전자오락실(48.7%), 멀티방/룸카페(25.2%), 만화방(22.2%), 비디오/DVD방(12%) 순으로 나타났다. 노래방과 PC방은 접근성이 높고 청소년들이 여가활동을 하는 것과 관련하여 비교적 허용되는 업소이므로 이들 업소에 대한 이용률이 높게 나타난 것으로 보인다. 아동 인권 관점에서 주목해야 할 사항은 성인용 주점과 무도장은 청소년의 출입이 금지된 업소임에도 불구하고 청소년의 9.7%가 성인용 주점을, 1.0%가 무도장을 이용해 본 적이 있다는 점이다. 아동・청소년의 출입이 금지된 업소인데 접근통제가 되지 않았다는 것은 유해환경으로부터 아동·청소년이 적극적으로 보호받지 못한다는 것을 보여 준다.

조사 결과 청소년의 멀티방 이용이 2012년 이후 금지되었음에도 여전히 횡행하는 것으로 나타났다. 멀티방/룸카페 이용 경험은 25.2%로 청소년 4명 중 1명이 이용해 본 적이 있었다. 비디오방/DVD방 출입 경험은 12.0%였고, 그중 해당 업소에서 성인용 영상물을 본 적이 있는 경우는 8.7%로 청소년 출입이 금지된 업소에 출입을 시도한 청소년의 전체 규모는 크지 않으나, 시도한 청소년 중에서 성공한 경우는 77.3%로 시도 성공률은 높은 편이었다. 또한 이러한 업소 이용과 관련하여, 나이를 확인하지 않고 출입한 경우는 63.2%, 더 나아가 나이를 확인하고도 출입한 경우는 14.1%였으며 나이 확인 후 출입이 거절된 경우는 22.7%에 불과하였다. 인천시의 경우 본드 판매 실태조사 결과 아무런 제지 없이 아동·청소년들에게 본드를 판매한 곳은 전체 판매업소 중 42.7%였다.

출처: 〈인천일보〉(2014.10.1).

한편 아동·청소년이 노래방이나 PC방을 자주 이용하는 것은 이들을 위한 적절한 공간이 없다는 뜻이기도 하다. 아동·청소년의 안전과 건강한 발달을 지원하기 위해서는 유해환경에 대한 접근을 통제하기 전에 안전한 공간을 제공하는 것이 필요하다.

청소년들을 위협하는 유해약물인 술과 담배는 유해환경에서 쉽게 접할 수 있다. 아동·청소년들이 자주 이용하는 PC방, 당구장, 오락실 등에서 아무런 어려움 없이 쉽게 담배를 구할 수 있다. 또한 청소년들은 호프집, 소주방, 카페 등에서 쉽게 술을 마시며, 담배를 피운다. 이처럼 청소년 비행이나 문제행동의 장소로 활용되는 유해시설인 숙박업소, PC방, 당구장, 오락실, 호프집, 소주방 등은 유해한 환경일 뿐만 아니라 흡연, 음주, 약물, 가스 흡입 같은 유해약물의 접촉 장소이므로 관리가 필요하다.

여성가족부에서 실시한 '2014년 청소년 유해환경 접촉 종합실태조사' 결과, 청소년들의 43.5%가 음주를, 21.4%가 흡연을, 그리고 1.0%가 약물을 경험해 본 적이 있는 것으로 나타났다. 청소년들의 음주와 흡연에 대한 규제가 지속되고 있음에도 불구하고 청소년 10명 중 4명이 음주를, 그리고 2명이 흡연을 경험해 보았다는 것은 음주와 흡연에 대한 청소년들의 태도가 관용적임을 의미하며, 특히 음주에 대한 태도가 더욱 그러한 것으로 보인다. 위기청소년의 경우 19.7%가 청소년 고용 금지업소에서 아르바이트를 한 적이 있거나 지금 하고 있는 것으로 응답하였으며, 특히 여성청소년의 비율이 높게 나타났다. 또한 최근 1년 동안 청소년 유해업소(성인용 업소) 출입이나 고용(아르바이트)에 관련된 교육을 받은 적이 있는 청소년은 전체적으로 15.7%로 경험률이 매우 낮아 유해환경에 대한 교육을 확대할 필요가 있다. 유해환경에 대한 교육은 위기청소년과 여성청소년들을 대상으로 우선적으로 제공하고, 모든 아동·청소년들을 대상으로 확대해 나가야 한다. 궁극적으로 아동·청소년들이 유해환경의 위험성을 명확하게 이해하고 그런 환경에 접근하지 않도록 교육시켜야 하며, 아동·청소년이 건강하게 활동할 수 있는 유익한 환경을 구축해 나가야 한다.

2. 인권 침해 사례

아동·청소년이 학교에서 유해물질을 이용하면 학교생활규정에 따라 이를 규제하는데, 이런 경우에도 아동·청소년의 학습권은 보장되어야 한다. 또한 음주와 흡연을 한 아동·청소년의 문제행동에 대해 징계조치를 내릴 때 유엔아동권리협약에 따라 관련 절차를 충분히 설명해야 하며, 징계조치에 관해 아동·청소년이 의사 표명을 할 수 있도록 해야 한다.

다음 사례는 학교 안에서의 흡연 지도에 관한 내용인데, 서울시 대부분의 학교에서 흡연을 단순히 처벌대상으로만 규정하고 있다는 것에 주목할 필요가 있다. 흡연은 처벌대상으로 간주될 것이 아니라 금연으로 유도해야 하는 생활지도상의 문제인데, 문제행동으로 보고 처벌 위주의 학교규정을 만드는 것은 학생의 인권을 침해할 가능성이 있다. 특히 흡연지도를 위해 소변검사 등을 실시하는 것은 학생인권조례 제13조 사생활의 자유 침해라고 볼 수 있다.

청소년인권행동 아수나로 서울지부는 올해 10월 서울지역 중고교 200개를 임의 추출하였고 학교생활규정·선도규정 등이 공개되어 있지 않은 곳들을 제외하고 156개 중고교의 학교 규칙 중 흡연에 관련된 처벌조항을 조사하였다. 조사 결과 98.7%의 학교들이 학생의 흡연을 처벌하는 조항을 가지고 있었다. 이러한 규정은 단지 교내에서 흡연하는 것을 의미하는 것이 아니라 교내외를 막론하고 '흡연자'인 학생을 대상으로 하는 식으로 만들어져 있었다. 이에 따라 교외에서의 흡연이 제보된 경우나 흡연 관련 물품이 소지품에서 발견된 경우, 흡연 측정기에서 일정 수치 이상을 기록한 경우 등을 모두 흡연으로 간주하는 학교가 많았다.

또한 조사한 고등학교의 68.8%가 흡연으로 인해 최고 '퇴학'의 징계가 가능하다고 규정하고 있었으며 조사한 중학교 중 85.6%가 특별교육 이수 및 출석정지와 같은 최고 수준의 징계가 가능하도록 하고 있었다. 고등학교의 경우, 흡연 적발 횟수에 따라 무조건 퇴학 조치를 하는 등, 일명 'N진아웃' 제도를 명시한 곳도 조사한 고등학교 중 42.5%에 이르렀다.

학교에서는 흡연을 특별한 사안으로 다루는 경우가 많았다. 일부 학교에서는 '흡연이 2회 이상 적발된 학생'은 장학금, 학비 지원, 급식 지원, 포상, 대입 추천, 취업 등을 전부 취소 및 보류할 수 있다고 명시했고, 일부 학교에서는 흡연으로 인한 벌점은 상점으로 상쇄하는 것이 불가능하다고 규정하거나 가중처벌하기도 했다. 흡연 학생의 명단을 공개하는 학교도 있었다.

이처럼 흡연을 강력하게 처벌하기 때문에 흡연을 단속하기 위해서 소변·호흡검사나 소지품 검사를 하고, 흡연이 의심되는 행동을 하기만 해도 흡연을 한 것으로 간주하는 등 흡연 단속 과정에서 인권 침해가 벌어지기도 했다.

출처: 2016 청소년인권행동 아수나로,
〈담배 때문에?: 학생인권의 관점에서 본 흡연과 학교 문제 토론회〉.

3. 관련 법 및 정책

1) 국제규정

아동을 둘러싼 유해환경은 궁극적으로 아동의 생존과 발달을 위협할 수 있는 위험요인이 될 수 있다. 아동·청소년들이 살기 좋은 사회란 아동·청소년들의 안전을 보장하는 사회이며, 유해물질과 환경으로부터 보호받을 수 있도록 관련 인프라가 구축된 환경이라고 볼 수 있다.

협약 제6조. 아동의 생명 및 생존과 발달

1. 당사국은 모든 아동이 고유의 생명권을 가지고 있음을 인정한다.
2. 당사국은 가능한 최대한도로 아동의 생존과 발달을 보장해야 한다.

협약 제33조. 해로운 약물로부터 보호

당사국은 관련 국제조약에서 규정하고 있는 마약과 향정신성 물질의 불법적 사용으로부터 아동을 보호하고, 이러한 물질의 불법적 생산과 거래에 아동이 이용되는 것을 방지하기 위하여 입법적·행정적·사회적·교육적 조치를 포함한 모든 적절한 조치를 취하여야 한다.

2) 국내법

유해환경으로부터 아동·청소년을 보호하기 위한 국내법은 가장 대표적으로 〈청소년기본법〉이 있는데, 유해환경의 규제에 관련된 내용과 유해한 행위로부터 정부의 구제책무를 명시하고 있다. 또한 〈청소년 보호법〉은 보다 구체적으로 유해업소의 고용 금지와 출입 제한과 제한구역의 지정내용과 유해약물 및 유해행위의 규제내용을 담고 있으며, 〈환경보건법〉에서는 아동·청소년의 안전한 환경 구축을 위한 법률지침을 제시하고 있다. 국내법은 주로 유해한 환경으로부터 아동·청소년을 보호하기 위한 법적 규제내용을 제시하고 있는데, 아동의 인권 관점에서 관련 법이 기본권을 보호하는지 논의할 필요가 있다.

〈청소년기본법〉 제 52조. 청소년 유해환경의 규제

① 국가 및 지방자치단체는 청소년에게 유해한 매체물과 약물 등이 유통되지 아니하도록 하여야 한다.

② 국가 및 지방자치단체는 청소년이 유해한 업소에 출입하거나 고용되지 아니하도록 하여야 한다.

③ 국가 및 지방자치단체는 폭력·학대·성매매 등 유해한 행위로부터 청소년을 보호·구제하여야 한다.

〈청소년보호법〉 제 3장. 청소년 유해업소, 청소년 유해약물 및 청소년 유해행위 등의 규제

제 24조. 청소년 고용 금지 및 출입 제한 등

제 25조. 청소년 통행 금지·제한구역의 지정 등

제 26조. 청소년 유해약물 등으로부터 청소년 보호

제 26조의 2. 청소년 유해행위의 금지

〈환경보건법〉 제 4장. 어린이 건강보호

　제 23조. 어린이 활동공간의 위해성 관리

　제 24조. 어린이 용도 유해물질 관리

3) 관련 정책 및 지원: 유해환경의 규제방안

아동·청소년이 유해환경에 접촉할 위험 가능성은 지역사회에 존재한다. 앞에서 살펴본 바와 같이 아동·청소년들은 지역사회의 유해시설에 노출되어 있고 실제 빈번하게 이용하고 있다. 유해시설 업주들의 태도에 따라 아동·청소년들의 유해환경 접촉상황이 결정된다고 볼 수 있다. 유해환경으로부터 아동·청소년의 건강한 성장을 보호하는 것은 이들의 건강권을 보호하는 것이므로, 아동·청소년의 유해환경 접근을 제한하기 위한 규제방안을 엄격하게 적용해야 한다.

〈표 12-3〉 아동·청소년의 유해환경 접근을 제한하기 위한 규제방안

유해환경	규제방안
청소년 유해업소에 청소년을 출입시킨 자	2년 이하 징역 또는 2천만 원 이하 벌금 (행정처분으로 위반 횟수마다 과징금 300만 원)
청소년 유해업소에 청소년을 고용한 자	3년 이하 징역 또는 3천만 원 이하 벌금 (행정처분으로 위반 횟수마다 과징금 1천만 원)
청소년 출입·고용금지 표시를 하지 아니한 자	2년 이하 징역 또는 2천만 원 이하 벌금 (행정처분으로 시정명령)

출처: 여성가족부 홈페이지(www.mogef.go.kr).

4. 도움 받을 수 있는 기관

1) 도움 받을 수 있는 기관

〈청소년보호법〉에 따라 청소년의 유해환경은 공익을 해치는 신고사안으로 간주하고 국민권익위원회, 수사기관, 국회의원 및 여성가족부에 전자메일, 방문, 우편 또는 팩스로 신고할 수 있고, 인터넷 국민신문고로도 바로 신고 가능하다. 아동·청소년이 유해시설을 이용하거나, 유해업소에서 아동·청소년의 출입을 허용하거나 그들을 고용했을 경우 적극적으로 신고해야 한다.

- 청소년 유해환경 감시단 https://wg.youth.go.kr
- 한국청소년육성회 유해환경 감시단 http://www.kays.or.kr
- 법제처 청소년 유해업소 신고 https://oneclick.law.go.kr
- 불법유해정보 신고센터 http://www.singo.or.kr

2) 예방책

〈국민건강증진법〉의 관련 규정과 '청소년 보호종합대책'의 일환으로 정부 관계부처는 청소년의 음주와 흡연을 예방하기 위한 정책을 마련하고 있다. 여성가족부, 보건복지부, 교육부를 중심으로 다양한 정책사업을 제공하고 있다. 문화체육관광부와 방송통신위원회는 영화나 TV방송의 음주와 흡연 노출문제를 개선하기 위한 노력을 기울이고 있다.

여성가족부는 청소년의 유해환경과 관련된 전문인력의 양성, 청소년 유해약물 피해 예방과 피해청소년들의 치료와 재활사업을 실시한다. 특히 환각물질 흡입으로 인한 중독증세를 보인 청소년들은 〈소년법〉에 따라 보호처분 결정을 받을 수 있고 청소년 전문치료기관에서 치료와 재활을 지원받을 수 있다. 또한 지방자치단체장이 지정하는 청소년 관련 단체나 기관 내 청소년 유해환경 감시단을 조직하여 청소년 유해환경 점검을 위한 순찰활동을 통하여 위반업체를 계도하거나 행정기관에 고발조치하며, 세미나 워크숍, 캠페인 등의 예방활동을 실시한다. 그리고 유해환경으로부터 청소년을 보호하고 청소년에게 약물·물건 판매 등 불법행위에 대한 감시·고발활동을 권장하기 위해 청소년 유해환경 신고포상금제도를 두고 있다. 청소년 유해환경 감시단은 지역사회 청소년 유해환경 개선을 위한 계도와 감시활동을 수행하는 민간단체로, 지역사회를 기반으로 활동하고 있다.

5. 아동·청소년을 위한 지역사회: 아동친화도시

아동·청소년들은 건강한 성장과 발달을 위해 음주, 흡연, 약물과 같은 유해물질로부터 보호되어야 한다. 또한 지역사회의 유해환경을 차단하기 위한 접근금지 구역 등이 규정되어야 한다. 그러나 아동·청소년들은 지역사회에서 손쉽게 유해물질을 직접 구입할 수 있고, 유해한 환경에 접촉할 수 있다. 청소년들이 유해환경에 접촉하는 것은 이들의 건강한 성장 및 발달에 저해 요인이 될 뿐 아니라 문제행동으로 이어지는 주요 경로 중 하나이다. 따라서 아동·청소년들의 안전한 성장과 발달권 보장을 위해 유해물질을 판매하거나 유해한 공간으로 아동·청소년들을 출입하게 하는 어른을 지속적으로 단속하고 규제해야 한다.

아동·청소년에게 유익한 지역사회 환경을 구축하기 위한 국제적 노력은 유니세프의 아동친화도시 인증제를 보면 알 수 있다. 유니세프는 아동이 안전하고 살기 좋은 지역사회에서 성장하고 발달할 수 있도록 모든 아동의 안전과 권리 보장을 위한 친화도시를 구축하고 있으며, 유니세프 한국위원회는 아동친화도시 지방정부 협의회를 통해 우리나라 아동친화도시 인증을 지원하고 있다.

유니세프 아동친화도시(Child Friendly Cities)는 18세 미만 모든 아동이 살기 좋은 도시로 유엔아동권리협약의 기본정신을 실천하는 지역사회를 말합니다. 한국에서는 서울 성북구가 2013년 최초로 인증 받았으며, 2016년 현재 완주군, 부산 금정구, 군산시를 포함하여 4개의 지방자치단체가 유니세프 아동친화도시로 인증 받았습니다.

아동친화도시에 사는 어린이는
- 지역사회의 중요한 의사 결정에 영향력을 행사합니다.
- 아동과 관련된 지역사회 일에 의견도 맘껏 표현합니다.
- 가정과 지역사회의 일에 앞장서는 멋진 활동가입니다.
- 의료와 교육서비스를 누리는 것은 기본입니다.
- 어딜 가나 깨끗한 물을 마시고, 위생적인 화장실을 이용할 수 있습니다.
- 착취와 폭력, 학대로부터 안전하게 보호받습니다.

- 거리를 다닐 때 안전하다고 느낍니다.

- 자유롭게 친구들을 만나서 즐겁게 놉니다.

- 숲과 공원 같은 녹색공간을 쉽게 만날 수 있습니다.

- 맑은 공기를 마시며, 깨끗한 환경에서 삽니다.

- 문화행사나 사회행사에 참여할 수 있습니다.

- 국적이나 인종, 성별이 다르거나 소득수준이 낮다고 차별받지 않습니다.

- 장애를 가진 아동도 똑같이 존중받습니다.

출처: 유니세프 한국위원회(http://www.unicef.or.kr).

현재와 미래의 우리

현재의 우리는?	미래의 우리는!
아동·청소년에게 건전한 문화활동 전용공간 미흡	지역사회에서 아동·청소년의 또래활동을 보장하는 안전한 전용공간 제공
법적으로 제한된 유해시설에서 흡연이나 음주 등 유해물질 접촉	아동·청소년이 건강한 신체적 성장과 발달을 도모할 수 있는 안전한 공간에서 건전하게 사회적 교류

활동해 보기

1. 우리가 살고 있는 지역사회에서 유해한 환경을 찾아서 스크랩해 보자.

2. 유해한 지역사회 환경은 아동 청소년의 인권을 얼마나 침해하는 것일까? 4대 권리 또는 권리영역별로 구분해서 논의해 보자.

3. 지역사회의 유익한 환경은 무엇이 있을까?

4. 지역사회의 유해한 환경을 유익한 환경으로 변화시키기 위해 아동 · 청소년이 할 수 있는 활동을 구체적으로 목록화해 보자.

5. 실천활동 이후 지역사회를 중심으로 어떠한 변화가 있었는지 살펴보자.

6. 아동 · 청소년의 안전한 성장과 발달을 위해 유해환경으로부터 아동 · 청소년을 보호할 수 있는 방법을 고민해 보자.
   • 지역사회에서 아동 · 청소년에게 유해물질(음주, 담배, 본드류 등과 같은 환각물질 등) 판매를 엄격하게 금지할 수 있는 방법이 무엇일까?
   • 아동 · 청소년들이 안전하게 갈 수 있는 장소는 어떤 곳일까?
   • 우리 사회에서 아동 · 청소년에게 유익한 환경과 유해환경을 구분하여 논의해 보자.

7. 다음 Q&A를 통해 유해환경에 대해 학습해 보자.

Q1) 일반음식점에서도 '19세 미만 청소년에게 술·담배 판매 금지' 표시를 해야 하나요?

A1) 일반음식점도 〈청소년보호법〉 제28조 제4항에서 정한 주세법에 따라 주류소매업의 업자에 해당되므로 표시를 해야 합니다.

Q2) 술을 판매하는 일반음식점에서는 청소년을 고용할 수 없나요?

A2) 일반음식점 중에서 주로 주류의 조리·판매를 목적으로 하는 소주방·호프·카페 등과 같이 식당보다는 술집으로 인식되는 형태로 운영되는 업소는 청소년 고용이 금지됩니다. 이 밖의 형태로 운영되는 일반음식점에서는 청소년을 고용할 수 있습니다.

Q3) '주로 주류의 조리·판매를 목적으로 하는 소주방·호프·카페 등의 형태'의 의미는 무엇인가요?

A3) 업소의 매출액 중 주류·안주류가 차지하는 비중, 칸막이·조명 등 내부 인테리어, 청소년의 근로시간대와 근무형태, 간판에 주류 판매를 표방하는 문구나 그림의 유무 등을 종합적으로 살펴보아 주점으로 인식할 만한 정황이 있는지를 의미합니다.

Q4) 술이나 담배를 판매하는 편의점이나 슈퍼마켓에 청소년을 고용할 수 있는지와 고용된 청소년이 술·담배를 판매할 수 있나요?

A4) 술·담배를 판매하는 편의점이나 슈퍼마켓은 청소년 고용금지업소에 해당하지 않아 청소년을 고용할 수 있으며, 청소년이 아닌 성인에게 술·담배를 판매할 수 있습니다.

Q5) 청소년 고용 금지업소는 청소년 고용제한 표시를 해야 하나요?

A5) 청소년 고용 금지업소는 〈청소년보호법 시행령〉 제28조에 따른 청소년 유해 표시의 의무를 지지 않습니다.

Q6) 청소년실을 갖춘 노래연습장은 청소년 유해업소가 아닌가요?

A6) 청소년실을 갖춘 노래연습장이라도 청소년 출입·고용금지업소에 해

당됩니다. 다만, 청소년실에 한정하여 오전 9시부터 오후 10시까지 청소년의 출입이 허용됩니다.

Q7) 고등학교를 졸업한 빠른 년생은 〈청소년보호법〉상 청소년인가요?

A7) 〈청소년보호법〉상 청소년은 학력, 신분과는 상관없이 연령으로 구분됩니다. 따라서 만 19세 미만(단, 만 19세가 되는 해의 1월 1일을 맞이한 사람은 제외), 즉 연 19세 이하의 자는 모두 청소년에 해당되어, 〈청소년보호법〉의 적용을 받습니다(2016년 기준, 1998년 1월 1일 이후 출생자).

Q8) 청소년이 신분증을 위조 · 변조, 도용하여 청소년에게 술이나 담배를 판매한 경우에도 과징금이 부과되나요?

A8) 〈청소년보호법 시행령〉 개정(2016. 7. 19) 으로, 신분증 위 · 변조 등으로 인해 청소년인 사실을 알지 못한 사정이 인정되어 불기소 처분이나 선고유예를 받은 경우에는 과징금이 면제될 수 있습니다.

Q9) 신분증 위 · 변조 및 도용 여부를 확인할 수 있는 방법이 있나요?

A9) 공적 신분증 진위 확인 서비스는 다음과 같습니다.

① 주민등록증(국번 없이 1382번, 민원24 http://www. minwon. go. kr)

② 운전면허증(e-운전면허 https://dls. koroad. or. kr)

Q10) 부모 동의하에 청소년에게 술 · 담배를 판매하는 것도 〈청소년보호법〉을 위반한 것인가요?

A10) 친권자의 동의를 받은 경우라도 만 19세 미만의 청소년에게 술이나 담배를 판매한 것은 〈청소년보호법〉 위반이며, 그에 따른 처벌을 받습니다.

Q11) 청소년의 금연을 목적으로 부모와 함께 찾아와 전자담배를 구입하고자 할 경우 판매해도 되나요?

A11) 부모가 동의한 경우라도 청소년에게 전자담배를 판매할 수는 없습니다. 금연보조제라도 카트리지가 분리되어 있어 니코틴을 주입할 수 있는 것은 청소년에게 판매할 수 없습니다.

출처: 여성가족부 홈페이지(www.mogef.go.kr).

제 13 장
유해매체와 SNS로부터 보호

〈청소년보호법〉일부 개정 법률안은 청소년의 지나친 온라인게임 이용으로 인한 부작용에 대해 게임 제공자를 규제함으로써 이를 개선하고자 하나, 이미 관련 법령 등을 통해 청소년에게 유해한 게임물을 규제한 것으로도 청소년 보호라는 공익을 달성할 수 있으므로 당해 개정 법률안은 헌법 제 11조 평등권, 제 37조 제 2항 과잉금지의 원칙, 제 75조 포괄적 위임입법 금지의 원칙과 아동권리협약 제 31조에 부합하지 못함. 따라서 국회의장에게 반대의견을 표명함.

출처: 국가인권위원회 의견표명(2015).

사이버폭력을 당한 중학생이 자살했다. 최근 모바일 메신저와 SNS 사용이 보편화되면서 학생들 사이에 '떼카'(단체 채팅방에서 집단으로 욕설을 하는 행위), '카톡감옥'(단체 채팅방에서 나간 학생을 계속 초대해 빠져나가지 못하도록 하는 행위), '방폭'(피해학생만 남겨 두고 단체 채팅방에서 모두 퇴장하는 행위) 등 사이버폭력이 증가하고 있다.

출처: 〈연합뉴스〉(2016.10.22)를 재구성함.

현대사회에서 아동·청소년은 태어나면서부터 대중매체와 밀접하게 생활한다. 인터넷 사용이 대중화되면서 아동·청소년의 일상에 대중매체가 차지하는 비중은 점점 더 커지고 있다. 아동·청소년은 성인과 다르게 대중매체나 사이버공간을 생활 속의 일부로 인식할 수 있다. 대중매체나 사이버공간은 개별접촉매체이므로 외부에서 개입하기 어렵기 때문에 잠재적 위험성이 더 클 수 있다. 따라서 일정 수준의 가이드라인이 제시되지 않으면 아동·청소년이 대중매체의 위험성에 그대로 노출될 수 있다.

그러나 지나친 규제는 아동·청소년의 정보접근권을 침해할 수 있으므로 정보접근권을 보장하면서 유해한 대중매체에 대한 노출을 최소한으로 할 수 있도록 안전장치를 마련해야 한다. 한편 최근 급증하는 SNS를 이용한 사이버폭력은 아동·청소년의 관계에서 상대방의 인권을 존중하지 않아서 발생하는 것이다. 사이버공간에서 발생하는 아동·청소년 간의 폭력은 사이버인권교육의 중요성을 말하고 있다.

이 장에서는 유해매체[1]와 SNS 사용 과정에서 아동·청소년의 인권 침해 사항이 무엇인지 알아보고, 정보화시대에서 살아갈 아동·청소년이 사이버공간에서 발생가능한 인권 침해 사례를 국제규정과 국내법을 기준으로 살펴보고자 한다. 또한 사이버공간에서 이루어져야 할 인권 존중 방안이 무엇인지 사례를 중심으로 생각해 보고자 한다.

---

[1] 유해매체는 유해환경의 하위개념으로 정의되기도 하지만, 이 책은 유해매체를 유해환경과 구분하여 살펴보았음.

1. 아동·청소년 인권 관점에서 본 유해한 대중매체

아동·청소년의 인권을 침해할 수 있는 유해한 대중매체는 아동·청소년의 대상규정을 통해 살펴볼 수 있다. 대상은 만 19세 미만의 아동·청소년이며, 청소년 유해매체물이다. 통신기술의 발달로 아동·청소년들이 경험하는 유해매체가 더 증가하고 있다. 음란물에 노출될수록 공격성이나 범죄를 저지를 확률이 높아지며 왜곡된 성의식을 형성하는 문제가 발생한다. 그러나 사이버공간에서 전달되는 유해매체는 시간과 공간의 제한성이 없어서 발견하거나 통제하기가 매우 어렵다. 따라서 아동·청소년 이용 음란물 규제를 위해 통신, 아동·청소년 대상 범죄 처벌과 예방, 여성·아동의 안전업무를 담당하고 있는 방송통신심의위원회, 여성가족부, 법무부, 국민안전처, 경찰청 간의 긴밀한 협력체계가 이루어질 필요가 있다.

한편 아동·청소년의 인터넷 사용이 급증하면서 사이버상에서 발생하는 여러 가지 폭력도 증가하고 있다.[2] 아동·청소년이 고의적으로 유해매체에 접근하지 않아도 무분별하게 음란물에 노출되는 경우도 발생한다. 그러나 아동·청소년의 유해매체 접근을 차단하는 것은 정보접근권의 중요한 쟁점이 된다. 유해매체의 차단을 이유로 아동·청소년의 정보접근권이 침해될 가능성도 고려해야 한다. 결국 인터넷

---

[2] 경찰청(2015)으로부터 받은 '최근 3년간 아동음란물 적발현황'에 따르면 아동음란물 제작·유포 등으로 검거된 인원은 2014년 734명, 2015년 719명, 2016년 8월 기준 548명으로 연평균 700명이 넘는 것으로 나타났다. 검거 건수도 2014년 693건, 2015년 674건, 2016년 8월 기준 531건에 달한다.

이나 스마트폰을 사용하여 대중매체를 이용하는 과정에서 유해정보를 차단하는 기술에 초점을 두게 되는데 성인인증방식을 통한 차단은 개인정보 도용이나 정보 유출 등 부수적인 문제를 안고 있다.

1) 아동·청소년의 대중매체 이용: 규제와 허용 기준의 어려움

아동·청소년은 대중매체를 통해 새로운 사회관계를 형성하거나 다양한 문화활동에 참여할 수 있는데, 이러한 경험을 통하여 개인의 능력을 확대시킬 수 있다. 그러나 대중매체는 시공간을 뛰어넘어 상호관계를 맺을 수 있게도 하지만, 가상공간과 현실세계에 대한 혼란과 지나친 자극 등 역기능도 가지고 있다. 아동·청소년은 자아를 형성해 나가는 시기인데, 지나치게 자극적인 대중매체를 지속적으로 접촉하면 왜곡된 자아를 형성할 위험이 있다.[3] 특히 선정적이거나 폭력적인 유해매체는 아동·청소년을 영상에 이용하는 등 부정적 영향을 초래한다.

또한 대중매체가 아동·청소년을 성 상품화하거나, 아동·청소년이 사이버공간에서 현실자아와 다른 폭력성을 표출하기도 한다. 즉, 유해한 대중매체에 의해 아동·청소년의 인권이 침해될 수도 있지만, 아동·청소년이 다른 사람의 인권을 침해할 경우도 있다. 특히 게임산업의 발달로 게임에 몰두하는 아동·청소년이 증가하고 있는데, 이

---

[3] 방송통신심의위원회(2016)의 '2015년 인터넷 불법·유해정보 실태조사 보고서'에 따르면 전체 청소년 응답자의 87.1%가 음란물을 접촉한 경험이 있으며 이 가운데 40.8%는 음란물을 '자주' 또는 '매우 자주' 접한다고 응답했다. 또한 청소년 중 65.2%는 청소년 유해정보에 '쉽게' 또는 '매우 쉽게' 접근할 수 있다고 응답했다.

는 게임 중독 문제를 야기할 뿐만 아니라 건강한 신체발달과 사회적 관계를 저해할 우려도 있다.

그러나 게임 통제는 아동·청소년의 능동적 행위를 차단하는 것으로 새로운 분야에 대한 정보 접근을 제한하여 새로운 시대에서 요구하는 능력을 발전시키지 못할 수도 있다. 미래사회에서 온라인게임 산업은 신성장동력이 될 수 있는데 지나친 규제로 새로운 산업발달 흐름에서 뒤처질 위험도 존재한다.

2) 아동·청소년의 SNS 이용현황과 영향: 사이버공간에서 인권보호의 중요성

2016년 방송통신심의위원회가 공개한 '청소년 방송·통신 콘텐츠 이용실태 분석연구' 보고서에 따르면 우리나라 청소년 10명 중 약 8명은 사회관계망서비스(SNS)를 주요 경로로 폭력적이거나 선정적인 콘텐츠를 본 경험이 있는 것으로 나타났다. 최근 1년 이내 폭력적 콘텐츠를 본 적이 있다는 응답자가 79%나 됐다. 응답자의 77%는 선정적인 콘텐츠를, 72%는 허위광고와 같은 상업적 콘텐츠를, 53%는 자살이나 범죄와 같은 정보와 불법 유해 물품 정보에 대한 콘텐츠를 본 적이 있다고 답했다. 다른 사람의 신상정보나 특정 집단 비하와 같은 권리 침해 콘텐츠를 본 경험이 있다는 청소년도 81%에 달했다.

선정적 콘텐츠 경험자의 74%, 권리침해 콘텐츠 경험자의 73%는 이들 콘텐츠를 본 이유로 '호기심'을 꼽았고, 전체 응답자의 80%는 불법·유해 콘텐츠를 보고 아무 생각 없이 지나쳤다고 답했다.

방송통신위원회(2012)에 따르면 이용자들은 인터넷 불법매체와 같은 유해매체가 주는 사회적 위해성이 매우 심각한 상태라고 인식하고 있었다. 특히 아동·청소년과 관련하여 음란성 정보 노출이 사회적 위해성이 가장 심각한 것으로 나타났다. 향후 인터넷 불법 및 유해매체는 정보화의 진척과 더불어 필연적으로 더 확산될 것이며, 아동·청소년의 가치관 형성에 더 유해한 영향을 미칠 것이다. 따라서 사이버공간에서 발생할 수 있는 아동·청소년의 인권 침해 문제에 더욱 관심을 기울여야 한다.

① 청소년 유해매체물로 지정되는 유형(〈청소년보호법〉 제2조)
• 영화 및 비디오물, 게임물, 음반, 음악파일, 음악영상물 및 음악영상파일, 공연, 정보통신물, 방송프로그램, 일간신문 및 인터넷 뉴스서비스, 잡지, 정보간행물, 전자간행물 및 그 밖의 간행물, 전자출판물 및 외국간행물, 옥외광고물, 상업적 광고선전물 등.
• 청소년 유해매체물을 지정하는 절차: 청소년에게 유해한 내용이 있는 매체물은 청소년보호위원회와 각 심의기관이 청소년에게 유해한 것으로 심의·결정하고 이를 여성가족부장관이 고시하면 청소년 유해매체물로 지정.

② 매체물의 청소년 유해성을 심의·결정하는 기관
• 청소년보호위원회: 음반, 음악파일, 음악영상파일.
• 방송통신심의위원회: 정보통신물, 방송프로그램.
• 간행물윤리위원회: 간행물, 전자출판물 및 외국간행물, 잡지,

정보간행물, 전자간행물.

- 영상물등급위원회: 영화 및 비디오물, 뮤직비디오.
- 게임물관리위원회: 게임물.

3) 유해매체차단과 아동·청소년의 정보 접근권 침해

아동·청소년은 이동통신사에서 제공하는 유해매체 차단 서비스를 의무적으로 설치해야 한다. 아동·청소년 유해매체물 차단수단으로는 유해 웹사이트 접속 시 이동통신사의 시스템에서 자동 차단해 주는 무료서비스인 '네트워크 차단 방식'과 유해 웹사이트 접속 시 필터링 어플리케이션(앱)을 통해 차단해 주는 서비스인 '앱 차단 방식'이 있다.

유엔아동권리위원회는 대중매체가 협약의 원칙과 기준의 사회적 인식 확대에 기여하였다고 간주하며, 아동권리의 현실적인 이행을 모니터링하는 데 대중매체가 중요한 역할을 수행하였음을 인식하고, 아동·청소년이 대중매체에 접근할 수 있는 권리의 보장을 강조하였다. 대중매체는 아동이 자신의 의사를 자유롭게 표현할 가능성을 제공하는 점에서 중요하다(국가인권위원회, 2015). 따라서 정부는 아동·청소년을 보호하기 위한 수단으로 유해매체 차단 방안을 지속적으로 마련하는 과정에서, 대중매체를 매개로 아동·청소년이 접근할 수 있는 정보와 의견을 표명할 수 있는 창구까지 차단되지 않도록 주의해야 한다.

4) 사이버폭력

사이버폭력은 사이버공간에서 발생하는 만큼 빠르게 전파되고 피해 및 후유증이 오프라인 폭력에 비해 매우 크다. 그러나 사이버폭력의 위험성과 심각성에 대한 우리 사회의 인식은 아직 부족하다. 학교폭력의 한 유형으로 사이버따돌림이 포함되어 있긴 하지만 학교현장에서는 이를 신체적 폭력보다 가볍게 여기거나 심각한 학교폭력으로 받아들이지 않고 있다. 특히 사이버폭력은 신체적 폭력에 비하여 잘 드러나지 않기 때문에 일반적으로 피해 자체가 크지 않다고 여기는 경우가 많고, 피해자 역시 피해사실을 인지하지 못하는 경우도 많다. 또한 스마트폰, SNS, 실시간 동영상·사진·파일 등의 자료교환, 다양한 기능을 수행하는 앱 등의 기술적 발전이 사이버공간의 익명성이나 집단성, 탈시공간성, 광역성 등과 같은 특성들과 결합되면서 사이버폭력이라는 부작용이 나타나게 되었다(한국형사정책연구원, 2015).

(1) 현실과 사이버의 경계 모호

일반적으로 아동·청소년 사이버폭력은 현실의 학교폭력 등이 그 연장선상에서 온라인으로 옮겨 와 진행되는 경우가 많다. 그렇기 때문에 아동·청소년 당사자도 현실과 사이버의 경계를 인식하지 못하고 있고, 행위의 형태만 달라질 뿐 가해대상이나 방법 등에 있어서 큰 차이를 보이지 않는 것이 특징이다. 따라서 아동·청소년 사이버폭력의 경우 가해자의 특정이 일반적 사이버폭력보다 쉬운 측면이 있고, 가해 진원지 추적이 용이하기도 하다.

(2) 고의성 희박

아동·청소년 사이버폭력의 가장 큰 특징이자 문제점 중 하나는 폭력의 고의성이 희박하다는 점이다. 성인의 경우 악의적 의도로 모르는 상대에게 사이버폭력을 행사하는 경우가 많은 반면에, 아동·청소년의 경우 또래들끼리의 놀이과정에서 사이버폭력 행위를 하는 경우가 많기 때문에 상대에 대한 고의성이 성인에 비해 적다고 할 수 있다. 대부분 사이버폭력 행위를 장난으로 여기거나, 자신이 친구들에게 왕따 당하지 않기 위해서 가담하는 경우가 많은 것은 아동·청소년 사이버폭력을 성인의 사이버폭력과 동일하게 처벌 관점으로만 바라볼 수 없는 이유 중 하나이다.

(3) 행동의 비일관성

성인과 달리 아동·청소년의 경우 합리성 부족으로 인해 폭력행위의 일관성이 없는 경우가 많다. 가령 성인 사이버폭력의 경우 사이버스토킹을 주로 하는 행위자는 스토킹에 집중하는 행동패턴을 보이나 아동·청소년의 경우 사이버폭력의 행위 유형을 불문하고 다양한 형태의 폭력이 발현되는 것을 알 수 있다. 학교폭력의 연장에서 방법만 바뀌었을 뿐 괴롭히고자 하는 목적으로 스토킹을 하거나 사이버따돌림, 사이버명예훼손 등 행위유형을 불문하고 다양한 형태로 폭력을 행사하고 있다.

(4) 익명성과 무관

아동·청소년 사이버폭력의 경우 자신을 드러내면서 폭력행위를 하는 경우도 있는데, 현실에서의 학교폭력이 사이버폭력으로 이어지면서 굳이 익명으로 저지를 필요성을 느끼지 못한다. 일례로 청소년들은 자기가 싫어하는 상대에 대하여 안티카페나 홈페이지를 만들어 대놓고 사이버폭력을 일삼기도 한다.

2. 인권 침해 사례

유해매체에 의한 아동·청소년의 인권 침해 양상은 아동을 대상으로 하는 음란물을 제작하거나 유포하는 것도 포함된다. 우리나라의 경우 인터넷 공간에서 아동·청소년들이 안전하게 보호되지 않은 상황에서 음란물 이용자로 전락하는 경우가 발생하고 있다. 아동·청소년을 이용하여 음란물을 제작하거나 아동·청소년을 음란물 이용자로 대상화하는 성인에 의해 아동·청소년의 인권이 침해되고 있다.

아동·청소년들은 SNS를 활용하여 유해매체인 음란물을 상호교류하거나 이를 이용해 이득을 취하기도 한다. 또한 사이버권리를 존중하지 않은 SNS 사용으로 사이버폭력을 유도하는 사례도 발생한다.

충남지방경찰청 사이버수사대는 SNS에 공유방을 개설, 아동·청소년 관련 음란물을 전시·배포한 중고생 등 19명을 검거(전원 불구속) 했다고 1일 밝혔다. 경찰에 따르면 이들은 모두 중고교에 재학 중인 15세에서 19세 사이 청소년들로, 지난 2월부터 7월까지 SNS를 통해 공유방을 개설하고 각자 소지하고 있던 음란물을 올려 돌려 본 것으로 드러났다. 운영자는 회원과 함께 다양한 음란물을 확보하기 위해 공유방의 인터넷 주소를 타 사이트와 SNS에 링크하는 방법을 활용했으며, 참여자들은 회원 신분을 유지하기 위해 2편 이상의 음란물을 올려야 했던 것으로 드러났다.

출처: 〈중앙일보〉(2016.8.1).

3. 관련 법 및 정책

1) 국제규정

협약은 대중매체를 통해 협약의 사회적 인식이 확대되었음을 인정하고, 아동·청소년이 대중매체를 통해 자신의 의사를 표명할 수 있는 기회를 가지는 것이 중요하다고 강조한다. 또한 아동·청소년들이 직접 정보매체를 소비할 수 있는 권리를 가지고 있으며, 스스로 대중매체에 참여하여 의사소통을 할 수 있는 존재로 인정한다.

협약 제13조. 표현의 자유

1. 아동은 표현의 자유를 갖는다. 이 권리는 구두, 필기 또는 인쇄, 예술의 형태 또는 아동이 선택하는 기타의 매체를 통하여 모든 종류의 정보와 사상을 국경에 관계없이 추구하고 접수하며 전달하는 자유를 포함한다.

2. 이 권리의 행사는 일정한 제한을 받을 수 있다. 다만 이 제한은 오직 법률에 의하여 규정되고 다음 경우에 해당된다.

가. 타인의 권리 혹은 명예를 존중해야 하는 경우

나. 국가안보, 공공질서, 공중보건 또는 윤리상 필요한 경우

협약 제17조. 정보접근권

당사국은 대중매체가 수행하는 중요한 기능을 인정하며, 아동이 국내외의 다양한 소식통으로부터 정보와 자료, 특히 아동의 사회적·정신적·윤리적 복지와 신체적·정신적 건강의 향상을 목적으로 하는 정보와 자료를 접할 수 있도록 해야 한다. 이 목적을 위하여 당사국은,

가. 대중매체가 아동에게 사회적, 문화적으로 유익하고 제29조의 정신에 부합되는 정보와 자료를 보급하도록 장려하여야 한다.

나. 다양한 문화와 국내외의 소식통에 의한 정보와 자료의 제작, 교환 및 보급을 위한 국제협력을 장려하여야 한다.

다. 아동도서의 보급과 제작을 장려하여야 한다.

라. 대중매체로 하여금 소수집단의 아동 혹은 원주민 아동이 언어상 겪는 곤란에 특별한 관심을 기울이도록 장려하여야 한다.

마. 제13조와 제18조의 규정을 유념하며 아동복지에 해로운 정보와 자료로부터 아동을 보호하기 위한 적절한 지침을 개발하도록 권장해야 한다.

유엔아동권리위원회 일반논평 제4호(2003). 청소년의 건강과 발달

청소년들의 건강한 발달과 사회 내 참여 능력 향상을 위해 충분한 정보에 접근할 권리와 적절한 정보를 제공받을 권리.

2) 국내법

아동의 대중매체에 관한 국내 관련 법은 대중매체로부터 아동을 보호할 수 있는 방안에 집중되고 있다. 이에 아동·청소년의 유해한 대중매체에 대한 접근을 차단하는 수단을 강화하고 있는데, 결국 아동·청소년들이 대중매체와 자유로이 소통할 수 있는 기회가 차단될 가능성도 높다. 〈아동·청소년 성보호법〉은 인터넷으로 접근 가능한 음란물에 대한 차단을 법적으로 규제(제11조)하였으며, 〈청소년보호법〉은 유해매체물에 대한 자율적 규제(제12조)를 정하고 있다.

3) 관련 정책 및 지원

(1) 유해대중매체 규제와 대응

아동·청소년을 유해매체로부터 보호하기 위해 관련 법에 따라 중앙부처별로 다양한 규제와 대응방안을 마련해 두고 있다. 2016년 12월을 기준으로 부처별 주요 정책을 간략하게 정리하면 행정안전부는 청소년 정보통신 윤리교육을 위해서 단계별로 특화된 교육(KAP)을 실시하고 있는데 네티켓, 사이버문화, 저작권, 바람직한 인터넷 이용 등의 내용을 주로 다루는 정보윤리특강과 정보문화학교, 그리고 아름누리지킴이 활동단을 운영하고 있다.

여성가족부는 인터넷 공간에서 청소년들을 보호하기 위한 방안으로, 학령 전 아동의 건전한 매체 이용 습관 지원, 청소년 스스로 지킴이 운영 지원, 학부모의 자녀 매체 지도능력 제고 등을 위한 체계적 교

육을 실시하였다. 여성가족부는 또 사이버 역기능 대응체계를 위해
'사이버상 청소년보호 종합대책'을 세우고 사이버 건전문화 조성을 위
한 정부 부처 간 협력체계를 강화하였다.

또한 방송통신위원회는 방송과 통신에 관한 전반적인 사업을 실시
하고 있으며 유해매체 관련 업무를 추진하기 위해 방송통신심의위원
회를 두고 있다. 방송통신심의위원회는 정보통신망을 통해 유통되는
정보의 심의를 효율적으로 수행하기 위하여 통신심의소위원회를 구성
하여 운영하고 있다.

유해정보 차단을 위한 조치로 방송통신위원회, 문화체육부, 교육
부는 유해정보 차단 소프트웨어 보급을 확대하고, 사이버 안심존 서
비스[4]를 전국으로 확대 추진하였다(2015년 165교 → 2016년 2,000교,
2017년 전국 확대).

정부는 부처별로 유해정보를 차단하거나 인터넷과 스마트폰 중독
자를 위한 상담 프로그램을 운영하고 있다. 또한 유해요인을 예방하

〈표 13-1〉 유해정보 및 요인을 예방하기 위한 부처별 과제

추진과제	소관부처
유해정보 차단을 위한 조치 - 유해정보 차단 소프트웨어 보급 확대 - 게임시간 선택제 활성화	방송통신위원회 문화체육관광부
인터넷, 스마트폰 중독위험군 상담 및 치유 - 인터넷, 스마트폰 이용습관 진단 - 위험군 학생 대상 상담 및 사후 관리 서비스 - 상담, 치료 기숙 특화 치유프로그램	여성가족부 여성가족부, 교육부 여성가족부
유해요인 예방 교육 지원 강화 - 게임리터러시 교육 등 과몰입 예방 지도 교육 - 올바른 인터넷 사용법 교육 - 체험형 예방 공연 추진	문화체육관광부 미래창조과학부 미래창조과학부

기 위한 교육과 지원을 강화하는 대책을 제공하고 있다(2016년 12월 기준, 정부사업).

(2) 외국의 유해매체 대응 사례

캐나다에서는 온라인성범죄 예방을 위해 2005년 사이트(Cybertip. ca)를 오픈하여 온라인상 아동성범죄에 관한 정보 제공, 예방교육, 홍보 등을 하고 있다. 아일랜드에서는 아동포르노 이미지를 다운받는 청소년들을 위한 인지행동 치료가 개발되었고, 아동포르노물을 다운받은 사람들이 자신의 행동에 대해 도움을 구할 수 있는 온라인 사이트를 만들었다. 또한 포르노물에 나온 아동의 이미지를 찾고 관련 수사와 피해아동을 지원하는 '피해자 확인 사업'(Victim Identification Project, VIP)을 진행하였다.

호주에서는 대부분의 주요 경찰 관할 구역에서 인터넷 아동성범죄 전담반을 두고 아동 포르노그래피 이미지를 담고 있는 사이트를 수색하는 업무를 하고 있다. 또한 온라인에 의한 아동·청소년성범죄 예방을 위한 다양한 노력들을 하고 있다. 예를 들어 아동포르노물을 담고 있는 많은 웹 사이트들이 신용카드 결제를 요구하는데, 신용카드 회사가 그런 사이트로부터 결제를 받지 않기로 선언하거나 직장에서 아동포르노물을 소지, 배포하지 않도록 모니터링을 의무화하는 등의 활동을 하고 있다(여성가족부, 2015).

---

4) 학부모와 학생의 동의를 받아 유해정보 차단 소프트웨어 및 전용 앱을 학생 스마트폰에 설치하여 이용행태를 분석하고, 결과에 따라 전문상담기관에 연계하는 서비스.

4. 도움 받을 수 있는 기관

1) 도움 받을 수 있는 기관

청소년 유해매체물이나 아동·청소년 이용 음란물을 발견한 경우 홈페이지, 이메일, 전화로 신고할 수 있다. 신고를 통해서 청소년 유해매체물이 다른 아동·청소년들에게 유포되어 노출되는 것을 차단해야 한다. 구체적인 신고방법은 〈표 13-2〉와 같다.

청소년문화라고 불리는 것들은 대부분 대중매체가 그들에게 보여 준 것을 되새김질하여 내놓는 것이라 해도 과언이 아니다. 청소년은 대중매체가 형성해 놓은 문화적 토양 속에서 자라나고 있다. 청소년을 위한 대중매체 교육이 필요한 시점이라고 본다. 무엇을 어떻게 보여 주는가에 따라 대중매체는 순기능을 낳기도 하고 역기능을 낳기도 한다. 또한 청소년에게 앞으로도 더 다양한 첨단의 매체가 등장할 것

〈표 13-2〉 아동·청소년 유해매체물 신고방법

홈페이지(www.singo.or.kr)	이메일	전화(1377)
• 신고 메뉴에서 정해진 양식에 맞춰 신고 • 다음 정보를 반드시 기입 - 개인정보: 신고자(단체)명, 주소, 연락처, 이메일, 성별, 연령 구분 등 - 신고 주소: 유해정보 제공사이트 또는 발생사이트 주소(URL) - 신고 제목: 신고의 핵심 내용 - 신고 내용: 신고 이유 및 내용 - 증거자료: 문제 되는 화면의 캡처 파일	필수정보(개인정보, 신고 주소, 신고 제목, 신고 내용, 증거자료 등)를 작성해 singo@kocsc.or.kr로 신고	상담을 통해 전화로 신고할 경우, 유해정보 제공사이트의 주소(URL) 등 기본정보를 준비한 후, 불법·청소년 유해정보 신고전화를 이용

출처: 여성가족부 홈페이지(www.mogef.go.kr).

이고 보여 주는 내용과 방식도 통제할 수 없을 것이다. 어른들이 파악하기도 전에 음란하고 선정적인 것, 잔인하고 폭력적인 것에 노출될 위험성이 더욱 커지고 있다. 이런 시점에서 가지 말고, 보지 말고, 듣지 말라는 금지적 제지는 설득력이 떨어진다.

지금 필요한 것은 바른 것을 볼 줄 아는 청소년 자신의 안목이다. 과연 우리의 교육이 얼마나 이를 위해 힘쓰고 있는지 돌아보아야 한다. 대중매체 교육 없이 텔레비전과 비디오, 저질 대중매체에 무방비로 노출되었던 과오를 다시 되풀이하지 않기 위해서는 올바른 대중매체 교육이 시급히 이루어져야 한다(인천광역시교육청, 2015).

2) 유해매체 예방책

한국청소년정책연구원(2015)의 조사 결과, 2014년 기준으로 10대의 95.2%와 20대의 99.3%는 하루에 1회 이상 인터넷을 이용하는 것으로 나타나 거의 대부분 인터넷을 매일 이용하는 것으로 파악된다. 또한 성인용 영상물과 같은 유해매체를 약 절반이 이용한 것으로 나타나, 유해매체로부터 아동·청소년들을 보호하는 예방방안이 절실히 필요하다.

그 예방책으로는 방송통신위원회가 운영하는 방송통신이용자정보포털인 와이즈유저(www.wiseuser.go.kr), 또는 이용하고 있는 이동통신사의 고객센터나 방송통신이용자보호센터에서 청소년 유해매체 차단수단을 다운로드 받아 설치하는 방법이 있다. 또한 사이버폭력 관련 예방교육은 국가정보화기본법에서 언급한 유치원과 초·중·고에서 '매년 1회 이상' 하도록 의무화한 인터넷 중독 관련 교육이 있다. 그러나 사이버폭력이 급증하고 있음에도 불구하고 이 규정 외에는 예방교육에 대한 정책이 거의 없는 것이 현실이며, 형식적으로 제공하는 교육부의 '사이버폭력 예방 선도학교' 역시 큰 효과를 기대하기 어렵다.

다음은 자녀의 안전한 인터넷 사용을 위한 방법들이다.

- 컴퓨터는 가족들이 공동으로 사용하는 공간(거실 등)에 설치하고, 비밀스러운 사용은 금지한다.
- 인터넷이 가져올 수 있는 잠재적 위험성에 대하여 자녀와 열린 대화를 나눈다.
- 자녀가 주로 활용하는 인터넷 사이트를 알고 있어야 한다.
- 자녀의 패스워드를 자녀와의 대화를 통해 공유한다.
- 자녀의 인터넷 사용 내용을 확인할 수 있는 모니터링 소프트웨어를 PC에 설치한다.
- 스마트폰, 아이팟 등 컴퓨터 이외의 인터넷 사용 수단이 무엇인지 파악하고 있어야 한다.
- 자녀에게 휴대폰 번호, 주소, 학교 이름, 자신의 사진 등 개인정보를 함부로 유출하지 않도록 지도한다.
- 온라인에서 알게 된 사람은 오프라인에서 만나서는 안 됨을 알려 준다.
- 부모님이나 보호자 이외에는 누구에게도 패스워드를 알려 주어서는 안 된다고 알려 준다.

출처: 미국 국립아동지원센터 프로그램(2014) 재인용.

향후 아동·청소년을 보호하기 위해 청소년 유해매체물의 경우, 주민등록번호를 통한 연령 확인절차에 대한 실효성 수단 강구가 필요하다. 즉, 포털 업체는 각 콘텐츠에 대한 연령 구분장치를 마련해야 하며 이용등급 제한조치의 법률적용이 필요하다. 친권자의 연령 확인절차, 공인인증서, 청소년증 발급번호 등의 연령 확인절차를 활용하고 인증 시 부모 휴대전화 문자메시지 전송이나 이메일 등을 활용할 필요가 있다. 디지털 유해매체 환경과 관련하여 수집된 블랙리스트DB 등 각종 정보를 정부기관, 기업, 민간단체 등이 공유해야 한다.

5. 아동·청소년의 사이버인권을 위하여

아동·청소년들의 인터넷과 스마트폰 사용은 이미 대중화되었으며, 그들의 사이버공간은 향후 확대될 가능성이 더 많다. 아동·청소년은 사이버사회에서 자신이 원하는 정보를 자유로이 얻을 수 있어야 하고 의견을 표명할 수 있는 다양한 기회를 보장받아야 한다. 성인인증제도나 인터넷 접근 차단과 같은 일시적인 정책이 아니라 아동·청소년을 대상으로 하는 유해매체를 금지할 수 있는 규제를 강화해야 한다. 또한 자신의 권리 보장을 위해 다른 사람의 사이버권리를 보호할 수 있도록 교육하여 사이버폭력으로 인한 인권 침해를 예방해야 한다.

현재와 미래의 우리

현재의 우리는?	미래의 우리는!
아동·청소년들에 대한 유해한 대중매체의 접근을 차단하기 위한 조치로 정보접근권 침해 우려	사이버공간에서 유해매체가 아동·청소년들에게 접근하지 않도록 금지 사이버공간에서 아동·청소년의 소통과 참여 기회가 확대
아동·청소년의 사이버폭력 증가로 사이버 권리 침해	사이버권리 교육을 통해 사이버폭력으로부터 인권 보호

활동해 보기

1. 다음 질문을 참고하여 사이버공간에서 지켜야 할 규칙을 만들어 보자.
   - 사이버공간에서 익명으로 댓글 다는 것을 규제해야 할까?
   - 사이버폭력을 예방하기 위해 무엇을 해야 할까? 구체적인 활동을 만들어 보자.
   - 사이버공간에서 인권보호를 하기 위해 사회적 규제는 어떻게 개선되어야 할까?

2. 다음 주제를 가지고 유해매체에 따른 인권 침해를 이해해 보자.
   - 유해매체로부터 아동·청소년의 보호와 사이버공간에서 아동·청소년의 정보접근권 보장은 어떻게 균형을 맞추어야 할까?
   - 사이버폭력을 예방하기 위한 사이버권리 교육을 의무화해야 할까?

제14장
성폭력으로부터 보호

경기도교육청은 의정부, 이천, 평택의 19개 초중등학교가 보육전담사, 조리사, 배식도우미 등 23명의 비정규직 교직원을 채용하는 과정에서 성범죄 경력조회를 하지 않은 사실을 지난해 2월 감사에서 적발한 바 있다.

출처: 〈연합뉴스〉(2016.8.19).

대검찰청에 따르면 청소년 성범죄는 2005년 714건에서 2014년 2,564건으로 3배 이상 늘었다. 같은 시기 청소년 흉악범죄(살인, 강도, 성폭력, 방화 등)가 1,460건에서 3,158건으로 2배가량 늘어난 것에 비해 증가폭이 훨씬 더 크다.

출처: 〈헤럴드경제〉(2016.5.6).

우리나라 학교 교육과정이 암묵적으로 전제하고 있는 바람직한 인간의 모습은 젊고 건강하며, 남성 중심적 성향의 '이성애적' 인간이라 할 수 있다. 그리고 이러한 암묵적인 이성애적 인간상은 학교 안에서 성소수자를 존재감이 결여된 투명인간으로 만들어 버린다.

출처: 김지혜(2016).

모든 인간은 누구나 성적 주체이며 성적 자기결정권(*sexual self-deter-mination*)을 가지고 있다. 그러나 아동·청소년은 발달적 특성상 성(性) 인권과 관련하여 때론 권리보장보다 '보호'가 더 요구될 수 있다. 아동의 성 인권 존중을 위해 아동·청소년을 성적 주체로 인정하고 권리를 보장해야 하는지 아니면 아직은 성으로부터 보호해야 하는 것인지는 여전히 논란이 되는 주제이다.

　이 장에서는 아동·청소년에 대한 성폭력 현황을 파악하고, 아동·청소년의 성적 자기결정권과 인권보호를 위한 국제인권협약과 국내법 등에 따라 성폭력 피해아동·청소년 인권의 주요 쟁점을 사례를 통해 살펴보고자 한다.

1. 아동·청소년 인권 관점에서 본 성폭력

1) 성폭력은 아동·청소년의 성적 자기결정권의 침해인가?

아동·청소년에 대한 성폭력이란 성인 및 청소년이 자신의 성적 욕구를 충족시키기 위해 힘의 차이(물리적인 힘뿐만 아니라 역할관계·연령·지적 수준·사회적 지위 등)를 이용하여 아동·청소년에게 가해지는 모든 성적 행위를 의미한다. 성폭력의 정의를 인권 관점에서 다시 말하자면, 가해자가 힘을 이용하여 피해자가 자발적 동의 없이 가하는 성적 권리 침해로 해석해 볼 수 있다. 결국 성폭력이란 성을 매개로 해서 힘을 더 가진 자가 약한 자의 인권을 침해하는 것이다. 아동·청소년은 성적 정체성 및 가치관이 제대로 형성되지 않은 상태에서 자신의 성에 대한 권리를 스스로 주장하고 지키기 어려운 존재이므로 성적 권리 침해 대상자가 될 가능성이 높다.[1)]

성폭력은 과연 어떻게 이해해야 하는 것일까? 우선적으로 성폭력은 매우 포괄적 개념이며 다양한 유형의 성적 행위를 포함하는 것임을 이해해야 한다. 성폭력의 행위는 성폭행, 성추행, 성희롱, 성추문으로 유형화할 수 있다.

- 성폭행(강간, 강간미수, 강간치상, 특수강간, 의제강간, 준강간, 장애인 강간)
- 성추행(강제추행, 업무상 위력에 의한 추행, 공중밀집장소 내 추행, 통신매체 이용 음란, 몰래카메라)
- 성희롱(육체적 행위, 언어적 행위, 시각적 행위, 기타 성적 봉사 강요 등)
- 성추문(공권력, 고위공직자, 교육자, 성직자 등 사회 지도층 인사)

한국여성변호사회(2015)의 '아동·청소년 대상 성폭력범죄 판례분석' 조사결과에 따르면, 위계위력간음죄의 경우 13세 이상 16세 미만 피해자가 60.8%(73건)로 가장 많았고, 16세 이상 19세 미만은 25.8%(31건), 13세 미만 피해자는 13.3%(16건)였다.

---

1) 2011년부터 2016년 9월까지 아동·청소년 대상 성폭력 피해는 50,816건으로 나타났는데, 이는 지난해 기준으로 하루에 평균 24건의 아동·청소년 대상 성폭력이 일어난 것이다(경찰청, 2016).

13세 이상 16세 미만은 아동과 청소년의 특성을 모두 가진 나이로 성적 정체성 및 가치관이 형성되지 않은 상태에서 동의를 한다 해도 위력의 요소가 있는 것으로 해석된다. 여성변호사회는 2016년 형법 개정안에 '13세 이상 16세 미만의 사람을 간음 또는 추행한 자가 행위 당시 19세 미만인 경우에는 벌하지 아니한다'는 단서를 달기로 했다. 아동·청소년의 성적 자기결정권을 보장하면서 성인에 의한 성적 인권 침해로부터 보호하려는 취지이다.

　　성폭력에 의한 아동·청소년의 성 인권 침해에서 가장 주목해야 할 문제는 의제강간죄 연령기준이다. 현행 형법상 13세 미만의 미성년자에 대한 간음·추행은 동의하에 이뤄져도 강간 또는 강제추행죄로 처벌받게 된다. 그러나 13세 이상 19세 미만 미성년자에 대한 간음이나 추행의 경우 위력에 의해 이뤄졌다는 것이 입증되지 않으면 강간죄로 처벌하기 쉽지 않다. 아동·청소년이 미성년자이기는 하지만 자신들의 성적 자기결정권에 따라 성적 행위를 판단한 것으로 간주되기 때문이다. 행위자가 19세 미만이라 처벌하지 않는다는 단서가 피해자의 성 인권을 보호하는 것인지 침해하는 것인지 생각해 볼 필요가 있다.

2) 성매매에서 발생하는 성적 자기결정권: 보호와 규제 사이

우리나라 아동·청소년의 성매매는 가출 후 '또래포주'나 성인남성이 피해아동·청소년을 강제로 협박하고 폭행하여 비자발적으로 이루어진 경우가 많다. 그러나 강제나 폭력에 의한 것이 아닌 '생계형 성매매'도 있는데, 이는 가출 후 실질적으로 돈을 벌기 어려운 상황에서 먹고

마실 것을 구하기 위해 어쩔 수 없이 성매매를 선택하는 것이다. 결국 아동·청소년이 자신의 성 인권을 스스로 박탈하는 것인데, 생계형 성매매는 사회적으로 생존권을 보장받을 수 없는 상황에서 발생한다. [2]

아동·청소년은 생계비 마련을 위해 성매매를 하는 경우 현장에서 성범죄 피해자가 아니라 자발적인 성매매자로서 분류될 가능성이 높은데, 이럴 경우 〈아동·청소년의 성보호에 관한 법률〉 제2조 제7호에 의해 '대상 아동·청소년'으로 분류되고 보호처분 대상자가 되어 수사경력 자료가 남게 된다. 이후 성인 성매수자가 이를 이용할 가능성이 매우 높아서 성매매에 재유입될 가능성이 있다. 따라서 아동·청소년 성매매는 아동·청소년의 인권 침해 문제뿐만 아니라 생존권과 발달권 보장이라는 측면으로도 이해해야 한다.

아동·청소년 성매매자들은 성매매라는 인권 침해 상황으로부터 보호받기 위하여 우선적으로 안전한 생활을 보장받아야 한다. 단순히 쉼터와 같은 주거권뿐 아니라 건전하게 일을 해서 생활비를 벌 수 있도록 노동권도 보장받아야 한다. 아동·청소년의 건전한 일할 권리 보장을 위해 지나치게 엄격히 제지되고 있는 규제를 완화해야 한다. 아동·청소년들은 가출 후 생계비와 주거 마련을 목적으로 하는 경우가 많다. 현재 아동·청소년들은 합법적으로 일자리를 찾기 위해서

---

2) 첫 성매매 경험 연령은 평균 14.9세이고 85.0%가 '조건만남'으로 생활비를 마련하고 있었다. 성매매 이유는 '돈이 필요해서'(66.7%), '잘 곳이 없어서'(46.2%), '배가 고파서'(28.2%) 순으로 복수 응답을 하였다. 생활비 마련을 위하여 연령 제한 등의 금지로 불안정한 임금노동보다 위험하더라도 벌이가 나은 성매매를 선택하게 된다(서울시, 2015).

보호자의 동의서가 필요하다. 가출한 아동·청소년들은 보호자의 동의서를 가져올 수 없기 때문에 불법으로 아르바이트할 수밖에 없는 상황에 처하게 된다. 불법 아르바이트도 구하지 못한 가출한 여자아동·청소년들은 생계를 위한 비용과 당장 거주할 공간을 찾기 위해 채팅앱을 이용하거나 주변 강요에 의해 성매매를 하는 경우가 있다. 성매매를 하는 것은 엄연한 불법이다. 하지만 13세 이상의 성매매한 청소년이 성적 자기결정권을 할 수 있는 연령이라고 '자발적 성매매자'로 구분하는 것이 과연 타당한지, 아니면 '성매매 피해자'로 간주하여 이들의 성 인권이 침해당했다고 봐야 하는지 많은 논의가 필요하다.

다음은 성매매 아동·청소년의 욕구와 의견을 보여 준다.

- 아동·청소년 성매매 동기는 가출로 인한 빈곤과 생계비 마련이 가장 큰 요인.
  - 개별 심층면접 결과, 1순위 '가출로 인해 어쩔 수 없이 숙식비를 마련하기 위해 성매매를 시작', 2순위 '주변 친구들의 권유나 부탁', 3순위 '가정형편이 어려워 부모님 몰래 성매매'로 나타났음.
- 성매매 유입 경로를 보면 가장 많은 경우가 인터넷 또는 스마트폰 앱을 통한 조건만남이었음. 그다음으로 주변의 친구나 선배 권유로 아는 사람을 통해 성매매 남성을 소개받게 되는 것으로 나타남.
- 성매매 이후의 신체적·심리적 문제
  - 전체 응답자의 70.0%(28명)가 성매매 이후 신체적으로 임신이나 성병에 대한 두려움을 갖고 있는 것으로 나타났음.
  - 응답자의 22.5%(9명)는 성매수 남성의 폭력 및 가학행위로 성매매

이후에도 심각한 신체적·심리적 문제를 겪었음. 예를 들어, 아동
·청소년의 성행위 모습을 촬영하여 성매매 이후에도 협박을 하는
것으로 나타났음.

- 또한 심리적으로 성매매 아동·청소년들이 성매수 남성들이 사후에
자신을 협박하거나, 자신의 행위를 경찰에 신고할까 봐 두려워하는
것으로 나타났고, 자신의 성매매 사실이 가족이나 주변 친구들에게
알려질까 심각한 불안감을 갖게 된 것으로 나타났음.

- 모든 남성들에 대한 불신과 성인들을 향한 혐오감 등이 심각한 대인
기피증으로 이어지고, 결국 자살 충동이나 우울증 등의 문제를 겪게
되는 것으로 나타났음.

출처: 한국청소년정책연구원(2014).

3) 성소수자에 대한 사회적 폭력

아동·청소년의 성적 지향에 대한 사회적 차별은 이들에 대한 폭력으로
간주할 수 있다. 사회적으로 이들이 자신의 성적 지향을 스스로 인식하
고 존중받을 수 있는 법적 보호가 여전히 미흡한데, 이러한 법적 제도가
적절하게 만들어지지 않는 것 자체가 인권 침해라고 볼 수 있다. 특히
아동·청소년이 학교에서 개인의 성적 지향으로 인해 경험하는 차별문
제는 이들의 기본권 침해가 될 수 있다는 점을 인식해야 한다.

'성소수자'란 '성적인 특질로 구별되어 차별받는 집단'이라 할 수 있
으며, 레즈비언, 게이, 양성애자, 트랜스젠더 등을 아울러 이르는 말
이다. 성소수자들은 성적 지향, 성별 정체성, 성별 표현에 의해 그 특

징이 나타나며, 구체적 특징은 다음과 같다(장서연, 2014).

- 성적 지향(*sexual orientation*)은 자신이 이끌리는 이성, 동성, 혹은 복수의 성 또는 젠더를 나타낸다. 이때의 끌림은 감정적이거나, 낭만적인, 성적인 끌림일 수도 있고 이러한 것들이 복합적으로 일어나는 것일 수도 있다. 대다수의 심리학 혹은 정신의학 단체는 성적 지향이 선택의 문제가 아니라고 결론 내렸다. 특히 성적 지향의 분류에는 크게 반대 성에 이끌림을 뜻하는 이성애, 같은 성에 이끌림을 뜻하는 동성애, 두 성 모두 또는 때에 따라 둘 중 한 성에 이끌림을 뜻하는 양성애, 이분법적인 남성과 여성 외에도 모든 성에 이끌릴 수 있음을 뜻하는 범성애, 성적 이끌림이 없음을 뜻하는 무성애 등이 있다. 이러한 분류는 때로 논란을 불러일으킨다. 사람들마다 느끼는 이끌림이나 행동의 경향 및 강도가 제각기 다르기 때문이다.
- 성별 정체성(*gender identity*)이란 자신이 스스로 인식하는 자신의 성별을 말한다. 성별 정체성은 생물학적 성별과 일치할 수도, 일치하지 않을 수도 있으며 후자를 일컬어 성전환자 또는 트랜스젠더(*transgender*)라고 한다.
- 성별 표현(*gender expression*)이란 복장, 머리스타일, 목소리, 말투 등 특정문화 속에서 남성스럽거나 여성스러운 것으로 받아들여지는 외형적인 모습이나 행동을 의미한다. 개인의 성별 표현은 사회적으로 규정된 성역할, 또는 자신의 성별 정체성과 일치할 수도 있고 일치하지 않을 수도 있다.

다음은 한 성소수자가 학교에서 받은 차별 사례이다.

학교에 레즈비언이라고 커밍아웃을 했더니 허구한 날 불러다가 수업도 못 듣게 교무실에 앉혀 놓고 상담한다면서 하는 말이 "네가 레즈비언이라서 내가 지도를 해야 할 거 같은데 어떻게 할지 모르겠다"였습니다. 그 후 1주일 동안 수업을 들은 시간이 10시간도 안 되는 것 같습니다. 교장 만나고, 교감 만나고, 학생지도 교사 만나고, 학년 부장 만나고만 계속 반복했습니다. 그러던 어느 날 친구들끼리 야한 이야기를 하고 놀기에, 섹스를 하더라도 피임은 꼭 해야 한다며 콘돔 사용법을 알려 주었는데 그 사실이 교사 귀에 들어갔습니다. 학교는 소문만으로 저의 징계위원회를 꾸렸습니다. 결국 저는 학교를 안 나가기 시작했고 자퇴를 했습니다.

출처: 학생인권조례 성소수자 공동행동(2013).

우리 사회 차별적 시각을 변화시키기 위해 2010년 유엔사무총장의 연설문이 주장하는 메시지를 진지하게 생각해 봐야 한다.

양심을 가진 인간으로서 우리는 일반적으로 차별을, 특별히 성적 지향과 성별 정체성을 이유로 한 차별을 거부합니다. 누군가 성적 지향을 이유로 공격받고, 학대받거나 감옥으로 보내질 때, 우리는 반드시 이에 맞서 목소리를 내야 합니다 ···. 오늘날 많은 국가들이 기본권과 자유를 보장하는 현대적 헌법체계를 갖추고 있습니다. 그런데도 70개국 이상에서 동성애는 여전히 범죄로 취급되고 있습니다. 이것은 옳지 않습니다. 사회적 통념의 뿌리가 깊다는 것, 물론 알고 있습니다. 사회 변화가 이루어지려면 시간이 필요하다는 것 역시 알고 있습니다. 하지만 혼돈해서는 안 됩니다. 문화적 태도와 보편적 인권이 대립할 때에는, 보편적 인권이 반드시 우선해야 합니다. 개인적 반감이나, 심지어 사회적인 반감이 있을지라도, 체포, 구금, 감금, 괴롭힘이나 고문에 대한 변명이 될 수는 없습니다. 절대 그럴 수 없습니다.

반기문 유엔사무총장의 유엔 연설문(2010.12.10).

2. 인권 침해 사례

1) 성폭력과 성매매

지적 장애 아동 · 청소년 성적 착취 사례

2014년 6월, 사건 당시 만 13세의 지능지수 70 정도인 아동이 가출한 뒤 성인남성에 의해 모텔로 유인되어 성적인 착취를 당한 사건이 발생하였다. 가출 이후 잘 곳이 없던 아동은 스마트폰 채팅앱을 통해 성인남성 양 씨를 만나 모텔로 유인되어 성적인 착취를 당했다. 이 사건의 가해자 양 씨는 '아동 · 청소년의 성보호를 위한 법률' 제 13조(성매수 등) 위반으로 기소되었고, 미성년자에 대한 유사성교행위가 인정되어 벌금 400만 원이 확정되었다. 이 사건의 피해아동과 그 법정대리인은 양 씨에게 이 범죄행위로 인해 입은 정신적 피해에 대한 위자료와 그 치료를 위해 지출한 병원비를 청구하였다. 이에 대하여 서울 서부지방법원 1심 재판부는 양 씨에 대한 원고들의 손해배상청구를 인정하지 않고 기각하였다. 이유는 아동의 연령이 만 13세 2개월로 성적 자기결정권이 있으므로 자신의 의지에 따라 성매매를 했다는 것이다. 그러나 결국 항소심에서 지적 장애인 상황이 고려되어 가해자들에게 손해배상을 청구하였다.

우리가 이 사례에서 주목해야 할 사항은 만약 지적 장애 여아가 아니었다면 자발적 성매매자로 간주된다는 것이다. 법적 연령기준에 의해 만 13세 미만은 법에 의해 보호받을 수 있지만 만 13세가 넘으면 성적 자기결정권이 있다고 간주하고 성매매자가 되는 것이다. 협약에서 아동의 연령기준은 18세이고, 우리나라에서 투표권도 19세로 제한되고 있는데, 아동·청소년의 성적 자기결정권은 왜 13세를 기준으로 두고 있는지 의문이다. 우리나라는 미성년이라는 이유로 아동·청소년이 욕구를 표출할 기회가 상당히 제한되어 있다. 그러나 성적 자기결정권은 아주 관대하여 만 13세 이상부터 주어진다. 아동·청소년의 성적 자기결정권은 관대하게 일찍부터 인정하면서 그들의 성적 지향이나 특성은 인정하지 않는 모순을 보이고 있는 것이다.

2) 성소수자

국가인권위원회(2014)에서 실시한 '성적 지향·성별 정체성에 따른 차별 실태조사' 결과, 청소년 성소수자 응답자의 98.0%가 학교에서 교사나 학생들로부터 '혐오표현'을 접하였고, 응답자 중 54.0%는 자신의 성별 정체성이 알려진 뒤 친구들로부터 괴롭힘을 당한 것으로 나타났다. 또한 응답자의 19.0%는 소속 학교에 동성 교제 금지 정책이 있다고 보고했고, 응답자 중 4.5%는 동성애자로 의심되는 학생의 이름을 적어 내게 하는 속칭 '이반 검열'을 경험한 바 있다고 했다.

다음은 학교에서 성적 자기결정권을 인정받지 못한 사례이다.

저는 조용하고 십자수를 좋아하며 도서실에서 책 읽기를 좋아하는 중학생이었습니다. (중략) 중학교 1학년 초에, 50대의 남자 영어 선생님이 수업시간에 들어오셔서 갑자기 칠판에 '시씨'(sissy)라고 적어 놓곤 이게 무슨 뜻인지 아냐고 물었습니다. 그 말이 계집애 같은 남자를 뜻한다면서 저를 '시씨'라고 불렀습니다. 아이들은 쑥덕거리며 웃었습니다. 그 후로 선생님은 1년 내내 제 이름을 부르지 않고 항상 '시씨'라고 불렀습니다. 이렇게 해서 '시씨'는 저의 별명이 되었고, 아이들도 저를 그렇게 부르면서 놀림은 더욱 심해졌습니다. 아이들은 대놓고 저에게 자기를 만지지 말라거나 가까이 오지 말라고 했고, 저랑 닿으면 "살이 썩는다. 불결하다"며 소리를 지르곤 했습니다.

출처: 학생인권조례 성소수자 공동행동(2013).

성소수자 아동·청소년들은 자신의 성적 자기결정권을 인정받지 못하고 학교 안에서조차 차별을 경험하고 있다. 특히 아동·청소년의 권리를 인정하고 존중해야 할 교사집단으로부터 놀림을 받거나 성적 지향이 밝혀지게 되는 것은 심각한 수준의 인권 침해라고 볼 수 있다.

3. 관련 법 및 정책

1) 국제규정

협약은 아동·청소년의 성을 착취하거나 매매하는 행위를 금지하고 이들을 보호할 규정을 명시해 두고 있다. 또한 지속적으로 일반논평을 통하여 아동·청소년의 성 인권을 보호할 것을 촉구하고 있다. 성소수자에 대한 사회 차별을 금지하는 국제규정도 주목해야 한다.

협약 제34조. 아동 성착취 금지

당사국은 모든 형태의 성적 착취와 성적 학대로부터 아동을 보호할 의무를 진다. 이 목적을 달성하기 위하여, 당사국은 특히 다음의 사항을 방지하기 위한 모든 적절한 조치를 국내적으로, 양국 간, 다국 간으로 취해야 한다.

  가. 아동을 불법적·성적 활동에 종사하도록 유인하거나 강제하는 행위
  나. 아동을 매음이나 기타 불법적·성적 활동에 착취적으로 이용하는 행위
  다. 아동을 외설적인 공연 및 자료에 착취적으로 이용하는 행위

협약 제35조. 아동 약취 유인, 아동 매매 및 거래

당사국은 모든 목적과 형태의 아동의 약취 유인이나 인신매매 또는 거래를 방지하기 위한 모든 적절한 국내적, 양국 간, 다국 간 조치를

취하여야 한다.

2) 국내법

〈아동·청소년의 성보호에 관한 법률〉제2장은 아동·청소년 대상 성범죄의 처벌과 절차에 관한 특례를 정하여서, 아동·청소년에 대한 강간과 강제추행에 대한 규제와 매매행위 및 강요행위에 대한 처벌내용을 제시하고 있다. 동법은 성매매 알선영업행위에서 고용주와 성매매를 하도록 강요하는 자들에 대한 처벌내용도 포함하고 있다. 주목해야 할 점은 〈아동·청소년의 성보호에 관한 법률〉이 주로 가해자에 대한 처벌 위주라는 것이다. 성폭력과 성매매를 하는 아동·청소년의 인권보호와 예방을 위한 정부의 관점은 행위자의 사후처벌이 우선이라고 간주할 수 있다.

① 〈아동·청소년의 성보호에 관한 법률〉
제2장. 아동·청소년대상 성범죄의 처벌과 절차에 관한 특례
제7조. 아동·청소년에 대한 강간·강제추행 등
제12조. 아동·청소년 매매행위
제13조. 아동·청소년의 성을 사는 행위 등
제14조. 아동·청소년에 대한 강요행위 등
제15조. 알선영업행위 등

한편 아동·청소년 성소수자를 위한 국내법은 주로 성소수자의 차

별받지 않을 권리에 중점을 두고 있다. 특히 헌법은 모든 인간의 존엄성과 행복추구권 보장은 가장 기본적인 권리라고 밝히지만, 여전히 성소수자에 대한 인권 침해는 빈번하게 나타나고 있다. 특히 학교현장에서 나타나는 차별행위를 예방하기 위해 관련 법에서 차별을 금지하고 있지만 법적 효력은 미흡한 수준이다.

국가인권위원회를 비롯한 정부의 성폭력 피해아동에 대한 인권보호 및 지원정책과 재발방지대책들을 살펴보면, '아동의 보호', '아동이익의 최우선'이라는 인권위원회의 아동인권존중의 기본이념이 각종 입법과 정책에 반영되지 못했다. 그 결과 성소수자들을 위한 〈차별금지법〉이 제정되지 못하는 상황이다.

② 헌법

제 10조. 모든 국민은 인간으로서의 존엄과 가치를 가지며, 행복을 추구할 권리를 가진다. 국가는 개인이 가지는 불가침의 기본적 인권을 확인하고 이를 보장할 의무를 진다.

제 11조. 모든 국민은 법 앞에 평등하다. 누구든지 성별·종교 또는 사회적 신분에 의하여 정치적·경제적·사회적·문화적·생활의 모든 영역에 있어서 차별을 받지 아니한다.

제 31조. 모든 국민은 능력에 따라 균등하게 교육받을 권리를 가진다.

③ 〈교육기본법〉

제 4조. 모든 국민은 성별, 종교, 신념, 인종, 사회적 신분, 경제적 지위 또는 신체적 조건 등을 이유로 교육에서 차별을 받지 아니한다.

④ 〈초중등교육법〉

제18조. 학교의 설립자 경영자와 학교의 장은 헌법과 국제인권조약에 명시된 학생의 인권을 보장하여야 한다.

⑤ 〈국가인권위원회법〉

제2조. 평등권 침해의 차별행위란 합리적인 이유 없이 성별, 종교, 장애, 나이, 사회적 신분, 출신지역, 출신국가, 출신민족, 용모 등 신체조건, 혼인 여부, 가족형태 또는 가족상황, 인종, 피부색, 사상 또는 정치적 의견, 전과, 성적 지향, 학력, 병력 등을 이유로 차별행위를 금지하고 있다.

3) 관련 정책 및 지원

(1) 성폭력 정책 지원

여성가족부는 아동·청소년 대상 성범죄자의 신상정보를 국민에게 알려 아동·청소년 등을 성범죄로부터 보호하고 아동·청소년 등이 건강한 사회구성원으로 성장하는 것을 지원하고 있다(〈표 14-1〉 참고).

(2) 성매매 정책 지원

〈성매매 방지 및 피해자 보호 등에 관한 법률〉 제5~9조에 따라 성매매 피해청소년 등을 대상으로 숙식 및 심리안정, 인성 변화, 진학 및 취업교육, 직업 알선 등 자활에 필요한 사항을 지원하기 위하여 성매매 피해자 지원시설이 운영되고 있다. 또한 동법 제10~11조에 따라 성매

<표 14-1> 아동·청소년 대상 성범죄자의 신상정보 등록 및 공개제도

구분	등록제도	공개제도
등록기간	20년(형 집행 종료 후)	10년 이내(형 집행 종료 후)
등록·공개대상	아동·청소년 대상 또는 성인 대상 성범죄로 유죄 판결이 확정된 자	아동·청소년 대상 또는 성인 대상 성폭력범죄자 등 (법원의 공개명령에 의함)
등록·공개정보	① 성명, ② 주민등록번호, ③ 주소 및 실제 거주지, ④ 직업 및 직장 등의 소재지, ⑤ 신체정보(키와 몸무게), ⑥ 사진, ⑦ 소유차량의 등록번호, ⑧ 아동·청소년 대상 성범죄 요지, ⑨ 성폭력범죄 전과(죄명 및 횟수), ⑩ 전자장치 부착 여부	① 성명, ② 나이, ③ 주소 및 실제 거주지(도로명, 건물번호), ④ 신체정보(키와 몸무게), ⑤ 사진, ⑥ 아동·청소년 대상 성범죄 요지, ⑦ 성폭력범죄 전과(죄명 및 횟수), ⑧ 전자장치 부착 여부
공개정보 확인		- 성범죄자 알림e (www.sexoffender.go.kr) - 성범죄자 알림e 스마트폰 앱

출처: 여성가족부 홈페이지(http://www.mogef.go.kr).

매 피해자 등에 대한 현장상담, 법률, 의료 지원, 관련 시설 연계 등으로 성매매 피해자에 대해 조기 개입하고, 피해자 보호와 탈 성매매를 지원하기 위하여 전국 성매매 상담소가 운영되고 있다. 여성가족부는 〈아동·청소년의 성보호에 관한 법률〉 제39조 제2항에 근거하여 성 매수 대상 아동·청소년에 대한 치료와 재활교육 강화로 성매매 재유입을 방지하고 사회복귀를 돕기 위한 프로그램을 중앙위기청소년교육센터를 통해 제공하고 있다.

여성가족부, 법무부, 경찰청은 '성매매 방지·피해자 보호 및 지원·성매매 사범 단속·수사 강화를 위한 추진계획'을 추진했다. 우선 사법당국은 아동·청소년 상대 성구매자는 '존스쿨' 회부를 원칙적으로 금지하고 엄중히 처벌하기로 했다. 존스쿨 제도는 초범의 경우 성매매 재범방지교육을 하루 8시간씩 이틀간 받으면 검찰에서 기소를 유예하는 제도다. 정부는 또 인터넷이나 랜덤 채팅앱 등 신종 수법을 이용한 아동·청소년 성매매를 근절하고자 상시적인 모니터링과 단속을 시행하는 한편, 알선 사범에 대해서는 적극적으로 구속 수사하기로 했다.

성매매 예방교육 현장점검과 컨설팅 대상 기관은 2015년 404개에서 2016년 600개로 늘렸다. 이와 함께 성매매 방지 공모전 개최, 성매매 방지 웹툰 제작, 성매매 추방주간(9월 19~25일) 운영, 성매매 방지 전용 홈페이지(www. stop. or. kr) 상시 운영 등 대국민 홍보활동을 추진한다. 성매매 피해자를 위한 상담소와 자활지원센터는 지난해보다 각 1개소씩 늘어난 27개소와 11개소를 운영한다. 더불어 탈 성매매 여성의 자립과 자활을 돕기 위한 프로그램을 발굴·개발해 상담소에 배포한다.

(3) 성범죄 피해 및 가해아동·청소년을 위한 지원

여성가족부는 성범죄 피해 및 가해아동·청소년을 위한 교육 프로그램을 제공하고 있다(〈표 14-2〉). 내용을 살펴보면, 성폭력 가해아동·청소년을 위한 치료적 개입이 제공되지만 성인 가해자를 위한 치료프로그램은 거의 없는 상황이다. 또한 성매매 피해청소년뿐만 아니라 성매매 유입경로과정에 가담하는 아동·청소년을 위한 지원 프로그램도 제공되어야 한다.

<표 14-2> 성폭력 · 성매매 가해 및 피해아동 · 청소년 치료 교육

목적	- 성폭력 가해아동 · 청소년에 대한 인지행동 상담 · 치료교육을 통한 성폭력 재발 방지 - 성매매 피해청소년에 대한 치료 · 재활교육 강화로 성매매 재유입 방지 및 건강한 사회인으로의 복귀를 지원		
주요 내용	성폭력 가해 아동 · 청소년 인지행동상담 · 치료교육	교육대상	보호관찰(수강명령) 대상 성폭력 가해아동 · 청소년, 학교성폭력 가해아동 · 청소년 등으로 특별교육이 필요한 아동 · 청소년
		교육방법	법무부 보호관찰소, 소년원 및 교육부 위센터 등에 전문치료강사가 방문하여 교육
		교육내용	성폭력 재범 방지를 위한 상담 · 치료 교육 실시 (100시간 이내)
	성매매 피해 청소년 치료 · 재활교육	교육대상	검사의 교육 · 상담과정 이수명령자 및 경찰에 의해 발견된 성매매 피해청소년 등
		교육방법	권역별 위탁교육기관에서 5박 6일 숙박교육 후 사례관리 지원 등
		주요내용	전문가 24시간 숙식을 함께하며 심리치료, 자존감 증진 프로그램, 성교육, 역할극, 문화활동, 진로 탐색 등 교육을 실시하며, 교육 수료 후 의료 · 법률 · 학업 · 자립 · 자활 등 대상별 맞춤형 지원

출처: 여성가족부 홈페이지(http://www.mogef.go.kr).

4. 도움 받을 수 있는 기관

1) 성폭력 피해아동 · 청소년을 위한 기관

(1) 성범죄 신고 방법

• 전화: 117 또는 112
• 경찰청 '안전Dream' 홈페이지(www. safe182. go. kr)
  - 안전Dream 홈페이지 → 신고 · 상담 → 117신고상담센터 → 성

폭력 신고상담 → 청소년 성매수 유인 → 신고내용 작성 · 등록

- 스마트폰(모바일 앱): 안전 Dream 앱을 스마트폰에 다운로드
  - 안전 Dream 앱 접속 → 4대 사회악 신고 117(성폭력) → 신고
    유형에서 청소년 성매수 유인 → 신고내용 작성 · 등록
- 스마트폰(모바일 웹): 스마트폰에서 안전 Dream(m. safe182. go.
  kr)에 신고
  - 안전 Dream 모바일 웹 접속 → 학교 · 여성 폭력신고 → 신고유
    형에서 청소년 성매수 유인 → 신고내용 작성 · 등록
- 방문: 경찰관서 · 검찰청

(2) 해바라기센터

성폭력 피해아동 · 청소년을 위한 대표기관으로는 해바라기센터가
있다. 해바라기센터(아동)는 19세 미만 성폭력 피해를 입은 아동 · 청
소년과 지적(정신지체) 장애인에게 의학적 진단과 외상치료, 심리평
가 및 치료, 사건 면담, 법률지원서비스, 지지체계로서의 가족기능
강화를 위한 상담서비스 등을 제공한다. 해바라기센터는 광역시와 각
도별로 병원에 설치되어 같은 서비스를 제공하고 있다.[3]

① 상담 지원: 사례 접수 및 면담조사, 피해자 및 가족 상담을 통한 심
  리 안정 조치, 유관기관과의 연계, 의료 지원

---

3) 전국 각 시도별 해바라기센터 운영기관 현황은 여성가족부(http://www. mogef.
  go. kr)에 명시되어 있음.

② 응급치료, 산부인과, 외과, 정신과 진료, 피해자 진료 및 진단서 발급 지원 등 심리지원: 심리평가(assessment), 심리 치료프로그램 운영
③ 수사 · 법률 지원: 수사 및 소송절차에 대한 정보 제공, 피해자 진술서 작성, 진술녹화 실시 등 증거물 채취, 법적 증거 확보

(3) 성범죄 피해 · 가해아동 · 청소년 교육

① 목적
- 성폭력 가해아동 · 청소년에 대한 인지행동 상담 · 치료교육을 통한 성폭력 재발 방지
- 성매매 피해청소년에 대한 치료 · 재활교육 강화로 성매매 재유입 방지 및 건강한 사회인으로의 복귀를 지원

② 주요내용
- 성폭력 가해아동 · 청소년 인지행동상담 · 치료교육
- 교육대상: 보호관찰(수강명령) 대상 성폭력 가해아동 · 청소년, 학교성폭력 가해아동 · 청소년 등으로 특별교육이 필요한 아동 · 청소년 등
- 교육방법: 법무부 보호관찰소, 소년원 및 교과부 위센터 등에 전문치료강사가 방문하여 교육
- 교육내용: 성폭력 재범 방지를 위한 상담 · 치료 교육실시(100시간 이내)

- 성매매 피해청소년 치료·재활교육
- 교육대상: 검사의 교육·상담과정 이수명령자 및 경찰에 의해 발견된 성매매 피해청소년 등
- 교육방법: 권역별 위탁교육기관에서 5박 6일 숙박교육 후 사례관리 지원 등
- 주요내용: 전문가가 24시간 숙식을 함께하며 심리치료, 자존감 증진 프로그램, 성교육, 역할극, 문화활동, 진로 탐색 등 교육을 실시하며, 교육 수료 후 의료·법률·학업·자립·자활 등 대상별 맞춤형 지원

출처: 여성가족부 홈페이지(www.mogef.go.kr).

2) 예방교육

(1) 성인 역할

- 배우고, 가르치고, 연습해야 한다.
- 건강하고 모범적인 경계를 알려 주는 것이 좋다.
- 일상생활에서 자유롭게 자기표현할 수 있는 분위기가 형성되고, 'No'가 존중되는 경험을 느끼게 해야 한다.
- 청소년에게 허용할 수 있는 접촉과 용납할 수 없는 접촉에 관하여 분명하게 알려 주어야 한다.
- 청소년에게 비밀(*secret*)과 뜻밖의 일(*surprise*)의 차이점에 대해 설명하고, 비밀이 자신을 얼마나 위험하게 하는지 알려 주어야 한다.

(2) 교사 역할

- 학생들의 이야기를 잘 들어 주어야 한다.
- 학생들과 함께 있는 시간을 가능한 한 많이 가지는 것이 중요하다.
- 학생들에게 관심을 갖고 학생의 특성을 파악하는 것이 필요하다.
- 학생이 다가오도록 하기보다는 교사가 먼저 다가가는 것이 좋다.
- 평상시 학생의 자존감을 높여 주는 활동을 많이 하여야 한다.
- 학생의 말을 믿어 주어야 한다.
- 학생들이 학교, 반에서 지켜야 할 규칙을 정하는 것이 필요하다.

3) 아동 · 청소년 대상 교육

- 청소년은 어떤 경우에도 보호받아야 하는 존재이다.
- 청소년을 성폭력으로부터 안전하게 보호하고 지역사회에 안전한 환경을 조성하기 위해서는 예방에 초점을 맞추어야 하며 1차부터 3차까지의 예방단계가 모두 제대로 이뤄져야 한다.
- 청소년 성폭력 예방교육은 청소년의 안전한 보호와 건강한 발달, 권리 존중을 바탕으로 하여야 하며, 청소년 성폭력 예방교육은 청소년의 안전을 최우선으로 하여야 한다.
- 예방이 가장 중요하며, 청소년에게 안전한 환경을 조성해 줄 수 있도록 보호자, 교사를 비롯한 사회구성원 모두의 인식 변화가 필요하다.

5. 성범죄로부터 아동·청소년을 보호하기 위하여

아동·청소년을 대상으로 하는 성범죄는 단순히 처벌을 강화하는 것으로만 예방효과를 볼 수 없다. 보다 적극적으로 성범죄자들을 대상으로 한 치료 프로그램을 병행해서 성범죄의 발생비율을 줄이도록 해야 한다. 즉, 아동·청소년을 대상으로 한 성범죄자의 연령을 고려하여 다양한 유형의 치료 프로그램을 개발하여 성범죄자들에게 처벌과 함께 치료적 개입을 병행해야 한다.

또한 궁극적인 문제 해결을 위해 성매매가 일부 아동·청소년의 생계수단이 되고 있음을 직시하여, 이들이 건전하게 일할 수 있는 다양한 일자리를 지원해야 한다. 더불어 성매매 강요 및 알선이 가출과 함께 증가하고 있는 현상을 심각하게 받아들이고, 아동·청소년의 가출을 예방하기 위한 가족적·사회적·국가적 대책을 마련해야 할 것이다.

미성년범죄자들의 범행은 성폭력을 놀이의 하나로 생각하고, 또래끼리 집단적으로 이루어지며, 피해자의 인권을 침해한다는 인식이 거의 없는 경향이 있다(여성가족부, 2015). 따라서 성폭력에 대한 조기교육, 성 인권에 대한 권리 주장 등에 대한 교육 및 상담 프로그램, 상담기관 등의 예방체계가 구축되어야 할 것이다.

현재와 미래의 우리

현재의 우리는?	미래의 우리는!
성폭력 가해아동·청소년과 성매매 피해아동·청소년을 위한 치료적 프로그램 필요	아동·청소년에 대한 성범죄자를 포괄적으로 정의하여 모든 성범죄자를 대상으로 처벌과 치료적 개입을 병행하여 재범을 예방
아동·청소년의 성매매가 생계수단으로 이용되고 있음	아동·청소년이 생계수단으로 이용할 수 있는 일자리를 창출하여 성매매 유입 경로를 차단

활동해 보기

1. 다음을 읽고 성적인 주체로 보는 시기에 대해 생각해 보자.

현행 형법 제305조에 의하여 13세 미만 미성년자를 간음하거나 추행하였을 경우, 동의 여부와 상관없이 처벌한다(미성년자 의제강간죄). 이는 13세 이상의 아동·청소년에게 성적 자기결정권이 있음을 법적으로 규정하는 것을 의미한다. 〈아동·청소년의 성보호에 관한 법률〉은 성매수에 연루된 '대상 아동·청소년' 역시 이들을 동의가 가능한 성적 주체로 보기 때문에 피해자가 아닌 범죄자로서 '보호처분' 대상으로 처벌하게 된다. 동 법률의 청소년은 '만 19세 미만의 자'를 의미하므로 '만 19세 미만의 자' 모두가 성적인 행위에서 동의가 가능한 연령으로 간주되는 것이다. 국제적 기준에서 아동은 '18세 미만의 자'를 의미한다. 따라서 형법에서 동의가 가능한 연령을 13세 이상으로 보는 것과, 〈아동·청소년의 성보호에 관한 법률〉에서 19세 미만의 아동·청소년을 성적인 주체로 보는 것은 재검토가 필요하다.

2. 다음 주제를 가지고 성폭력을 이해해 보자.
• 아동·청소년 성폭력 가해자에 대한 가중처벌이 필요한가?
• 가출 아동·청소년들의 기본생활보장을 위한 쉼터 및 일터 보장과 성매매의 관계에 대해 어떻게 생각하는가?
• 의제강간의 연령을 13세에서 16세로 상향조정해야 할까? 성적 자기결정권 인정을 위해 현형대로 두어야 할까?

제 15 장
소년사법체계에서 인권

한국 청소년 비행률이 계속 증가하고 있고 높은 수준의 재범률 등 청소년 범죄율이 높다는 점을 우려한다. 또한 비행아동이 이러한 상황에 처하게 된 근본원인을 다루기보다 성인 구금시설에 비행아동을 구금하는 등, 아동범죄자를 사회에 효과적으로 복귀하도록 하는 조치 대신 징계조치를 늘리는 식으로만 소년범죄 대책이 이루어졌다는 사실을 우려한다. 또한 아동·청소년 전담검사가 소년사법 전문가가 될 수 있도록 하는 환경을 제공받지 않아 이러한 기능을 충분히 수행할 수 없다는 점을 우려한다.

출처: 유엔아동권리위원회 제 3, 4차 권고사항(2011).

유엔아동권리위원회가 2010년 조사한 결과에 따르면 한국·독일·일본처럼 형사처분연령이 만 14세 이상인 국가가 총 40개국으로 조사대상(170개국) 중 가장 많았다. 그보다 낮은 나라는 103개국, 15세 이상인 국가는 27개국이었다. 유엔아동권리위원회는 형사처분연령을 12세 이상으로 상향할 것을 권고한 바 있다. 이에 따라 2004~2010년 사이 연령을 낮춘 국가는 3개국에 불과한 반면, 연령을 높인 국가는 11개국이다.

출처: 〈중앙일보〉(2015.11.1).

소년사법제도는 범죄행위를 한 아동·청소년에게 국가가 일정한 제재조치를 가하는 것을 의미한다. 소년사법은 형사사법과 구별되지만 국가의 형벌제도를 따르고 있기 때문에 본질적으로 형사사법의 범주에 포함된다. 형벌의 대상이 아동·청소년이라는 특징을 보이지만, 대상자의 자유과 권리를 강제적으로 박탈하는 것이므로 근본적으로 형벌권의 발동으로 간주할 수 있다. 아동·청소년의 비행행동에 대해 국가가 강제적으로 처벌하였을 때 아동의 인권보호를 어떻게 어느 정도까지 보장해야 하는지 지속적으로 논의해야 한다.

이 장에서는 소년사업제도에서 발생할 수 있는 아동·청소년의 인권 침해 쟁점을 살펴보고, 국제규정과 국내법에 따라 사례를 중심으로 관련된 사항을 살펴보고자 한다.

1. 아동·청소년 인권 관점에서 본 소년사법

소년사법이란 소년의 비행에 국가가 일정한 법 처우를 부과하는 작용을 말하고, 소년사법제도란 ① 소년사법과 관련된 조직의 구성, ② 소년비행의 성립요건과 법 효과, ③ 소년사건의 처리절차, ④ 소년범죄자에 대한 각종 처우의 집행 등에 관한 법규범으로 구성된 것을 말한다. 본래 의미의 소년사법이란 소년의 범죄행위에 국가가 형벌권을 발동하는 작용을 말한다. 다시 말해서 범죄행위자가 일정한 연령에 미달한 경우 형사미성년자라고 하여 책임능력을 부인하고 처음부터 형벌의 상벌제도에서 배제하며, 책임능력이 인정되더라도 성인과 달리 소년에게는 형벌의 종류, 법 강도를 보다 완화함으로써 형벌권의 행사에 한계를 두고 있다. 소년사법은 무엇보다도 범죄소년을 비롯한 비행소년에 대하여 형벌과는 그 내용이 다른 독특한 제재수단과 일반 형사절차와는 별도의 처리절차를 마련한 데에 그 고유성이 있다.

1) 소년사법의 처벌연령: 형사책임 최저연령의 기준은 몇 살인가?

현행법은 연령을 기준으로 처벌을 구분하는데, 각 법의 취지에 따라 가치가 상충되는 현상이 발생한다. 형법은 14세 이상을 형사처벌하는 반면 〈소년법〉은 10~14세를 소년원에 송치하고 있으며, 〈교육법〉·〈아동복지법〉·〈청소년보호법〉은 동일한 대상을 복지 차원에서 보호하는 것에 초점을 맞추고 있다. 물론 일부 아동·청소년의 범죄와 비행이 성인범죄 수준인 경우가 있어 처벌연령을 낮춰 법적 책임을 강화하자는 주장이 타당하게 비칠 수 있지만, 이들은 미성년자이므로 처벌 강화보다는 보호와 교화 측면을 우선해야 한다.

아동·청소년 복지 관련 법은 18세 미만을 주요 보호대상으로 규정하고 있는데, 형법은 14세 미만을 책임무능력자로 규정하여 보호대상의 연령 차이가 4년이나 난다. 각 법의 취지에 따라 연령기준을 둔 것이지만 이들이 책임의 주체인지 보호의 대상인지를 결정하는 연령이 법에 따라 너무 상이한 측면이 있다.

국가별 차이는 있지만 소년범죄 아동의 형사책임연령을 정의하는 기준을 보면 대체로 7~14세 사이이다. 범죄행위를 저지를 수 있는 '능력'이 '없다'고 간주하는 '형사 미성년'과 성인과 동등한 수준의 형사적 책임을 묻지 않는 '책임 무능력자'의 차이를 구분한다. 형사책임연령은 교육기간과 취업 및 결혼연령 등을 고려해서 결정하는데 성인으로 간주되는 나이가 이를수록 형사책임을 부과하는 최저연령도 낮아지게 된다.

형사책임 최저연령 기준에 대한 외국의 예는 〈표 15-1〉과 같다. 각 국가별로 형사책임을 부과하는 최저연령은 차이를 보이는데, 아동 인권 관점에서 적정연령은 과연 몇 살인지가 쟁점이다. 협약은 소년범죄를 다룰 때 형법위반능력이 없다고 추정되는 최저연령을 설정하고, 최저연령이 만 12세 이하인 국가의 경우 이를 상향조정하도록 권고하여 형사적 책임 부과연령에 제한을 두었다.

아동은 지속적으로 발달하는 존재인데, 이러한 발달적 특성을 고려하여 형사적 책임을 부과하는 최저연령에 대한 논의는 신중하게 진행될 필요가 있다. 소년범죄의 저연령화 현상과 재범률 등을 이유로 소년범죄에 대한 처벌기준의 연령을 낮추어야 한다는 목소리가 점점 높아지고 있다. 소년범죄의 처벌연령에 대한 논쟁은 아동·청소년의 인권 보호와 증진이라는 관점에서 이해하고, 어떤 방향으로 가는 것이 바람직한지 고민해야 할 문제이다.

최근 발생한 용인 벽돌 투척 사건에서 행위자가 촉법소년이라 처벌받지 않는다는 것에 대해 사회적으로 상당한 우려가 표명되었다. 이 사건을 계기로 처벌연령 기준을 낮추어야 한다는 주장이 제기되었는데, 아동 인권 관점에서 신중하게 접근해야 한다. 특히 아동 인권을 보호하는 측면에서 처벌을 강화하는 방향으로 법 개정이 이루어졌을 때 과연 범죄예방의 효과가 있는지 검토해 봐야 하며, 교정 위주로 비행행위를 개선할 수 없는지 살펴봐야 할 것이다.

<표 15-1> 외국의 형사책임 최저연령 기준

국가	특징
일본	• 우리나라와 가장 유사한 체계 • 일본형법 제 41조는 '14세가 되지 않은 자의 행위는 처벌하지 않는다'고 규정 • 소년범에 대한 형사처분을 강화하는 방향으로 법 개정 • 2000년 만 16세 이상이던 형사처벌 가능연령을 만 14세 이상으로 낮췄고, 2007년에는 소년원 송치가능연령을 12세 이상으로 확대 • 2014년에는 만 14세 이상 소년범에게 선고 가능한 형량을 징역 15년에서 20년으로 상향조정
독일	• 우리나라와 동일하게 만 14세 미만은 형사처분하지 않지만 소년법원의 관할 대상이 아님 • 소년강력범죄 발생으로 이들에 대한 처벌을 강화하고 있음
미국	• 아동범죄를 가장 엄하게 처벌하는 국가 • 미국 관습법에서 7세 미만 소년을 형사책임 최소연령으로 보고 13세 미만 범죄자를 '아동비행자'로 보고 있지만 법적 정의가 명확하지 않아 대부분의 주들이 형사책임 최저연령을 두지 않고 있음 • 노스캐롤라이나(6세), 콜로라도, 캔자스, 펜실베이니아(이상 10세) 등. 일부 주만 7~14세 사이 최저연령을 규정 • 7세 미만도 소년법원의 보호처분이 가능하고, 범죄의도가 형성되지 않는 것으로 추정하되 사법당국에서 명백하게 이를 입증할 수 있을 경우 형사처벌도 할 수 있음
영국	• 7세 미만을 형사책임 무능력자로 간주했다가 1963년부터 10세로 유지 • 유럽국가 중에서 가장 낮은 형사책임연령을 규정하고 있어 아동 인권적 시각에서 많은 비판을 받고 있음 • 스코틀랜드의 경우 2010년 유엔의 권고대로 최저연령을 8세에서 12세로 상향조정 • 영국도 형사책임 하한연령과 별개로 18세 미만 소년은 소년법원의 관할 • 구금 · 훈련 명령은 12세 이상에게만 할 수 있으며 소년교도소 수용도 15세 이상만 가능
호주	• 10세 미만이 형사책임 최저연령 • 10세에서 14세 사이 소년에 대해 원칙적으로 형사책임능력이 없는 것으로 추정한 뒤 범죄행위 당시 악의가 있었다는 것을 증명하면 추정을 번복
프랑스	• 만 13세 미만이 최저연령 • 형벌은 부과할 수 없지만 교육적 처분은 가능 • 13~18세도 예외적으로 형벌을 부과하고 원칙적으로는 교화를 강조

형사처벌을 받지 않는 '형사미성년자' 연령을 낮추자는 여론이 높아지고 있다. 전문가들은 연령을 낮추더라도 사고와 범죄는 반드시 구분해야 한다고 지적했다.

현행 형법상 미성년자는 만 14세 미만으로, '형사미성년자'의 범행은 처벌할 수 없다. 1953년 형법이 제정된 뒤 지금까지 한 번도 바뀌지 않았다. 다만 만 10세 이상 만 14세 미만의 촉법소년은 〈소년법〉상 보호처분의 대상이 될 수 있다. 보호처분의 종류와 기간은 법원 소년부 판사가 정하고, 범행이 중한 경우 소년원에 송치될 수 있다. 하지만 이번 용인 '캣맘' 사건처럼 만 10세 미만인 경우 보호처분 대상도 아니다. (중략)

경찰청 통계에 따르면 지난 10년간 촉법소년은 4천여 명에서 1만여 명으로 늘었고, 범죄 형태도 흉포화됐다. 해외에서도 소년범죄가 증가하고 있고, 온정주의보다는 엄격주의를 적용해 형사처벌연령을 낮추고 있는 추세다. (중략) 2010년 대한변호사협회도 형사미성년자의 연령을 현행 14세에서 12세로 조정할 필요가 있다는 의견을 법무부에 제시한 바 있다.

제 18대 국회에서 2011년 형사미성년자 연령을 만 14세에서 만 12세로 낮추고, 촉법소년 연령도 만 14세에서 만 12세로 낮추는 형법 및 〈소년법〉 일부 개정안을 발의했지만, "처벌이 능사가 아니라 예방대책부터 마련해야 한다"는 의견도 분분해 표류하다 결국 제 18대 임기가 끝나 자동 폐기됐다.

출처: 〈뉴시스〉(2015.10.16).

2) 소년범죄의 현황: 소년범의 증가추세

대검찰청의 '2015 범죄분석' 결과, 지난 10년 동안 성인범죄자의 범죄 발생비율은 감소했지만, 18세 이하 소년범죄자의 범죄 발생비율은 증가한 것으로 나타났다. 소년범죄자는 10년 전보다 54.3% 증가했는데, 특히 강력범죄(흉악)와 재산범죄의 증가율이 높게 나타났다. 아동·청소년 강력범죄의 발생비율은 지난 2005년 〈소년법〉에 의한 19세 미만 소년인구 10만 명당 16.2건에서 2011년 38.6건으로 늘어 최고치를 기록했다. 지난 10년 동안 아동·청소년 강력범죄의 발생비율은 95.1% 증가했다. 범죄유형별로 보면, 재산범죄 증가세가 명확하게 나타났는데, 2005년 소년인구 10만 명당 208.6건에서 지속적으로 늘어 2012년 438.4건으로 2배 가까이 증가하였다. 지난 10년 동안 소년 재산범죄 발생비율은 74.0% 증가하였다.

다음은 통계청(2016)이 발표한 소년범죄 관련 통계 내용이다.

• 2014년 소년범죄자(0~18세)는 77,594명으로 전년의 91,633명보다 15.3% 감소. 전체 범죄자 중 소년범죄자가 4.1% 차지.

• 2012년 학교폭력이 사회적 문제로 다루어지면서 강력 대응 등으로 소년범죄자가 증가하였다가 감소하는 추세.

• 범죄유형은 재산범(절도, 장물, 사기, 횡령 등)이 46.7%로 가장 높은 비중을 차지하며, 폭력범(공갈, 폭행·상해 등) 24.9%, 기타(교통사범, 저작권법 위반, 기타) 24.2%, 강력범(살인, 강도, 방화, 성폭력) 4.1% 순. 최근 18세의 범죄비중이 높아지는 추세.

3) 소년사법제도의 쟁점

협약에 근거하여 범죄행위를 한 아동·청소년의 처우는 그들의 인권 보장과 인권 침해 예방이라는 관점에서 접근해야 한다.

첫째, 비행행위를 한 소년범죄자에 대한 차별적 대우 금지이다. 비행행위 이외의 인종, 민족, 종교, 성소수자, 성별, 부모의 지위, 장애 등의 조건에 의해 법적 조치를 받는 과정에서 차별과 불공정을 경험하지 않도록 해야 한다. 특히 법적 처벌 이후에 교육권이나 노동권을 추구하는 과정에서 사회적 낙인을 받거나 차별받지 않도록 특별한 주의를 기울여야 한다. 특히 학교 밖 아동·청소년과 가출 및 노숙을 하는 아동·청소년이 현재 범죄행동이 아닌 미래에 발생 가능한 행동에 대해 처벌을 받거나 사회적 분리를 경험하지 않도록 해야 한다.

둘째, 범죄행위를 한 아동·청소년이 법적 절차를 따를 때 모든 단계의 법적 조치에 관해 자신의 견해를 밝힐 수 있도록 보장받아야 한다. 특히 소년사법에 관해 아동·청소년의 시각으로 개선해 나갈 수 있도록 절차가 마련될 필요가 있다. 소년사법제도는 단순히 범죄행위를 한 아동·청소년의 처벌에만 국한시켜서는 안 되고, 제도 안에서 그들을 교육시키고 건강하게 성장·발달할 수 있도록 지원해야 한다.

셋째, 소년사법제도는 아동 최선의 이익을 고려해야 한다. 아동·청소년은 성인과 다르게 계속 성장·발달하는 존재라는 것을 인정하고 법위반을 한 경우라도 심리적 발달과 교육 지원이 필요하다는 것을 수용해야 한다. 따라서 이들을 성인과 분리해서 다루어야 하고 처벌 위주가 아닌 사회적 복귀를 도울 수 있어야 한다. 최종목표는 이들이 사회에서 요구하는 건강한 사회인이 될 수 있도록 돕는 것이다.

다음은 소년범죄자를 위한 통고제도에 대한 설명이다.

- 〈소년법〉상 통고제도는 보호자나 학교-사회복지시설의 장이 죄를 범한 소년이나 그런 우려가 있는 소년들을 관할 법원 소년부에 통고해 보호사건 절차가 진행되도록 하는 제도.
- 보호자의 통고가 있으면 법원은 소년과 보호자의 품행, 경력, 가정상황이나 환경 등을 조사하고 필요한 경우 보호처분.
- '죄를 범할 우려가 있는 소년'까지 법원에서 조사하는 경우 인권 침해 상황이 발생할 가능성이 있음.

4) 인권 존중을 위한 소년사법체계 기본원칙[1]

유럽평의회 각료회의의 아동친화적 사법체계에 대한 지침에 따라 소년사법체계에서 아동·청소년의 인권 존중과 보호를 위한 기본원칙은 다음과 같다.

(1) 참여

① 아동·청소년 자신이 관련되었거나 자신에게 영향을 미치는 절차에서 자신의 권리에 대해 안내받을 권리, 사법체계에 접근할

---

1) 한국아동권리학회(2015)를 기초로 작성하였음.

수 있는 적절한 방법을 제공받을 권리, 상담을 받고 의견을 개진
할 권리는 존중되어야 한다. 이는 아동의 참여를 의미 있도록 만
들기 위해서 아동의 시각을 고려하고 아동이 가질 수 있는 의사
소통의 어려움과 아동의 성숙 정도를 고려하는 것을 포함한다.

② 아동은 완전한 권리를 가진 사람으로서 대우받고 고려되어야 하
며, 사건의 정황과 자신의 의견을 형성할 그들의 능력을 고려하
여 그들 자신의 권리를 행사할 자격이 주어져야 한다.

(2) 아동 최선의 이익

① 아동이 포함되거나 아동에게 영향을 미치는 모든 문제에서 아동
최선의 이익을 우선적으로 고려하여 아동권리의 효과적인 이행
을 보장해야 한다.

② 관련되었거나 영향을 받는 아동 최선의 이익을 평가하는 데 있어
서 다음 사항이 고려되어야 한다.

 - 아동의 견해와 의견, 아동의 존엄권, 자유를 추구할 권리, 평등
한 대우를 받을 권리 등 모든 권리, 아동의 심리적·신체적 안녕
과 법적·사회적·경제적 이익을 포함한 모든 이익을 고려하기
위해서 관련된 모든 기관들에 의한 광범위한 접근

③ 동일한 절차나 사건에 관여된 모든 아동의 최선의 이익은 상충되
는 이익을 조정하기 위해 별도로 측정되고 조정되어야 한다.

④ 사법당국이 최종 결정의 권한과 책임을 가지고 있지만, 회원국들
은 아동을 포함하는 절차에서 아동 최선의 이익을 측정하기 위한

다학제적 접근을 위해서 필요하다면 공동으로 노력해야 한다.

(3) 존엄성

① 어떤 소송이나 사건에서든지 아동은 언제나 공정하고 조심스럽고 세심하게 대우받고 존중받아야 한다. 특히 그들의 개인적인 상황, 안녕, 구체적인 필요에 특별한 관심을 기울이고, 아동의 신체적·심리적 온전성을 존중해야 한다. 아동이 어떤 방식으로 사법 혹은 비사법 절차나 여타 개입과정에 접하게 되든 간에, 어떤 절차나 사건에 따른 법적 지위와 역량에 상관없이 이러한 대우를 받아야 한다.
② 아동은 고문이나 비인도적인 굴욕적 대우 또는 처벌을 받아서는 안 된다.

(4) 차별로부터 보호

① 아동의 권리는 성별, 인종, 피부색이나 민족적 배경, 연령, 언어, 종교, 정치적 또는 다른 의견, 국적 또는 사회적 신분, 사회·경제적 배경, 부모의 지위, 소수민족과의 연관, 재산, 출생, 성적 취향, 성정체성이나 다른 지위에 따른 차별 없이 보장되어야 한다.
② 이주아동, 난민 또는 망명 신청 중인 아동, 보호자가 없는 아동, 장애아동, 부랑아 또는 거리의 아동, 집시아동, 보호시설의 아동과

같이 보다 취약한 아동들에게 특별한 보호와 도움을 줘야 한다.

(5) 법의 지배

① 법의 지배 원칙은 성인과 마찬가지로 아동에게도 완전하게 적용되어야 한다.
② 사법체계에서 적법절차 요소들은 성인과 마찬가지로 아동에게도 보장되어야 하고, 아동 최선의 이익을 구실로 축소되거나 거부되지 않아야 한다. 이것은 모든 사법과 비사법, 행정절차에 적용된다.
③ 아동은 독립적이고 효과적인 적절한 고충처리기구에 접근할 권리를 가져야 한다.

2. 인권 침해 사례

범죄소년의 경우 체포현장부터 법적 처벌을 받는 전 과정에서 인권 침해가 발생할 수 있다. 영장 없는 체포와 연행 및 구금으로 범죄소년의 교육권을 침해할 수 있으며, 이주아동의 경우 통역관을 적절히 배치하지 않을 경우 의사소통과정에서 문제가 발생할 수 있다. 또한 법무부는 지난 2011년 6월 이주아동의 교육권 보장을 위해 미성년자의 구금, 강제퇴거 시 보호규정을 마련하고 초·중·고 재학 중인 아동의 체류를 허용하고 있다고 했으나 출입국관리사무소로 이주아동을 넘기는 사례도 발생하였다.

　미성년자의 자기방어권을 보호하기 위한 법적 제도는 여전히 미흡한 수준이다. 범죄피해자들을 위한 〈아동학대범죄의 처벌에 관한 특례법〉과 〈아동·청소년 성보호에 관한 법률〉 등 피해자를 위한 법은 있지만 범죄행위를 한 아동·청소년을 위한 법적 보호장치는 마련되어 있지 않다. 범죄소년의 경우 의사소통이나 자신의 상황을 정확하게 표현하는 데 어려움을 경험할 수 있어 구체적 범죄 정황이나 자신의 태도와 범죄 이유 등을 수사기관과 법원에 충분히 전달하기 못할 가능성이 있다. 따라서 반드시 변호인이나 보호자 등의 도움을 받도록 해야 한다.

　현행법상 수사단계에서 '피의자' 신분으로 조사를 받을 경우 국선변호사 선임제도가 없고 '피고인'이 되어야 형사소송법에 따라 국선변호사를 선임할 수 있다. 사선변호사를 선임해도 변호인의 역할이 제한적이다. 이에 국가인권위원회는 아동·청소년이 피의자 신분으로 신문을 받을 경우 국선변호사 제도를 확대하고 수사과정에서 변호인의 참여를 적극적으로 보장할 필요가 있음을 지적했다. 또한 현재 아동·청소년을 위한 심문과정에서 보호자의 동석이 의무조항이 아니어서 이로 인한 부작용도 발생하고 있다. 국가인권위원회는 수사현장에서 미성년자의 인권 침해 사례를 발견했는데, 미성년자가 보호자가 없는 상태에서 조사를 받는 경우가 있었다. 따라서 유엔아동권리협약에 따라 위법적 또는 자유 박탈이나 법률에 따라 체포 절차를 수행해야 하고 이는 최후의 수단으로만 활용해서 범죄소년의 인권 침해를 최소화해야 한다.

1) 체포 절차 수행 시 인권 침해 사례

- 경찰 연행 과정

  고등학교 1학년인 김○○ 학생이, 몽골로 귀국하는 친구의 환송회를 하는 과정에서 한국학생과 다툼이 있었음. 김○○ 학생이 싸움에 가담하지 않았음은 한국인 학생들도 인정하였는데 경찰이 지구대로 연행함.

- 경찰 조사 과정

  지구대에서 김○○ 학생을 중부경찰서로 이관함. 그 사이 김○○ 학생의 신분조회를 하던 경찰 측이 김○○ 학생이 미등록자임을 알게 됨.

- 서울출입국관리사무소 인계와 강제퇴거명령 및 보호명령 결정

  서울출입국관리사무소에서 김○○ 학생에게 내용에 대한 설명도 없이 서류를 내밀면서 사인할 것을 요구함. 김○○ 학생이 짐을 다 싸자 손에 수갑을 채운 후 뒷문으로 데리고 나가 호송차에 태워서 외국인보호소로 이송함.

- 화성외국인보호소

  외국인보호소로 옮겨진 후, 담당 공무원이 김○○ 학생을 불러 그 내용도 알려 주지 않은 채 "싸인해"하면서 서류에 서명할 것을 종용함. 이후 추방당할 때까지 10여 명의 다른 성년피보호외국인들과 같은 방에서 생활함.

- 사실이 아닌 정보에 근거해 철회한 이의 신청 및 일시 보호해제 신청

  김○○ 학생의 보호자가 이의 신청 및 일시 보호해제 신청을 하기 위해 재학증명서 등 서류를 준비함.

- 화성외국인보호소의 담당반장은 김OO 학생에게 "이의 신청을 하고 빠르면 10일이고, 지금 같은 경우 2달이 될지 그 이상이 될지 모른다. 그리고 2달 뒤에 다시 나가도 얼마 못 있다가 간다. 연장을 하는 것도 좀 힘들 거다"라고 말함(그런데 이는 사실과 다른 주장으로서 피보호자에게 잘못된 정보를 제공한 것임).
- 반인권적 강제퇴거 과정
  외국인보호소에서 인천공항에 도착하여 비행기가 오기까지 수갑을 찬 상태에서 호송차 안에서 대기함.
- 비행기를 타기 위해 성인 몽골인 7명과 함께 수갑을 찬 상태에서 인천공항의 탑승통로를 통과하였고, 항공기 앞에 도착해 수갑에서 풀려났음.

출처: 몽골이주아동추방 사례 반인권적 이주아동강제추방규탄
기자회견자료(2012.10.5).

2) 삼례사건 피의자 재심사건 무죄 확정 이후 경찰청의 입장

- "경찰의 수사 절차 개선 노력 이전의 일이고 당시 객관적인 증거 확보를 위한 과학수사 기법도 다소 부족한 상황에서 발생한 잘못" 인정.
- "수사 진행과정에서 적법절차와 인권 중심 수사 원칙을 준수하지 못한 부분을 매우 유감스럽게 생각한다"고 반성.
- 이번 판결을 반면교사 삼아 경찰수사 신뢰도 제고를 위한 개선 노력 추진.
- 이번 사건에서 확인된 문제점을 수사관 교육자료로 활용한다는 방침.

• 수사 전문성 제고를 위해 중요 범죄를 경찰서가 아닌 지방청이 수사를 맡도록 재편하는 방안도 추진.

• 모든 수사경찰을 대상으로 인권 감수성을 향상시킬 수 있는 인권교육을 강화해 유사 사례의 발생 예방.

출처: 〈뉴시스〉(2016.11.24)를 재구성함.

3. 관련 법 및 정책

1) 국제규정

협약 제 37조는 어떠한 아동도 고문 또는 기타 잔혹하거나 비인간적인 대우 등으로 처벌받지 않고, 자유를 박탈당한 모든 아동은 법률 및 기타 적절한 구조를 신속하게 받을 수 있는 권리 등을 규정하고 있다. 또한 제 40조는 형사피의자나 형사피고인 또는 유죄혐의 혹은 유죄로 인정받은 모든 아동에 대한 처리방법 및 당사국이 보장해 주어야 하는 사항에 대하여 규정하고 있다.

① 협약 제 40조

1. 당사국은 형사피의자나 형사피고인 또는 유죄혐의 혹은 유죄로 인정받은 모든 아동에 대한 처리 방법을 다음과 같이 취한다. 아동의 연령 그리고 아동의 사회복귀 및 사회에서 건설적 역할을 담당하도록 촉진하는 것이 바람직스럽다는 점을 고려하고, 아동이 인권과 타인의

기본적 자유에 대해 존중하도록 하며, 인간의 존엄성과 가치에 대한 아동의 자각을 촉진시키는 범위 내에서 아동을 처리한다.

2. 이 목적을 위하여 그리고 국제문서의 관련규정을 고려하며, 당사국은 특히 다음 사항을 보장하여야 한다.

가. 모든 아동은 국내법 또는 국제법에 의하여 금지되지 아니한 행위를 했거나 안 했다는 이유로 형사피의자가 되거나 형사기소되거나 유죄로 인정받지 아니한다.

나. 형사피의자 또는 형사 피고인이 된 모든 아동은 최소한 다음 사항을 보장받는다.

1) 법에 따라 유죄가 입증될 때까지는 무죄로 추정된다.

2) 피의사실을 신속하게 그리고 직접 또는, 적절한 경우, 부모나 법정 후견인을 통하여 통지받으며, 변론의 준비 및 제출 시 법률적 또는 기타 적절한 지원을 받는다.

3) 독립적이고 공평한 소관 기관 또는 사법기관에 의하여 법률에 따른 공정한 심리를 받아 지체 없이 사건이 판결되어야 하며, 판결 시에는 법률상의 지원을 제고하고 특히 그의 연령이나 주변환경, 부모 또는 법정 후견인 등을 고려하여야 한다.

4) 증언이나 유죄의 자백을 강요당하지 아니하며, 대등한 조건 하에 반대편 증인을 조사하고 자신을 위한 증인을 출석시켜 조사받도록 한다.

5) 형법 위반으로 간주되는 경우, 그 결정 및 그에 따라 부과되는 모든 조치를 법률에 따라 독립적이고 공정한 소관 사법기관에 의하여 심의하도록 한다.

6) 아동이 사용되는 언어를 이해하지 못하거나 말하지 못하는 경우, 무료로 통역원의 지원을 받는다.
7) 사법절차의 모든 단계에서 아동의 사생활이 충분히 존중받도록 한다.

② 유엔소년사법운영에 관한 최저기준규칙(베이징 규칙, 1985)
청소년들의 건강한 발달과 사회 내 참여능력 향상을 위해 충분한 정보에 접근할 권리와 적절한 정보를 제공받을 권리

③ 소년비행예방 지침(리야드 규칙, 1990)
청소년범죄자에 대한 낙인화 금지

④ 피구금소년보호규칙(하바나 규칙, 1990)
피구금소년에 대한 보호조항

위원회(2011)는 한국에 다음과 같이 권고한 바 있다.

• 대한민국 전역에 충분한 인적·기술적·재정적 지원을 갖춘 〈소년전문법〉을 설립하라.
• 형법 위반 혐의를 받는 아동에게 충분한 법률 및 기타 지원을 법적 절차 전반에 걸쳐 제공하라.
• 자유를 박탈당하거나 교화시설 혹은 구금시설에 있는 아동이 절대로 성인과 함께 구금되지 않고, 안전하고 아동을 배려하는 환

경을 제공받고, 가족과 정기적으로 연락을 유지하고, 음식, 교육, 직업훈련을 제공받을 수 있도록 하라.

• 자유를 박탈당한 아동이 자신의 배치에 대한 결정에 대해 주기적으로 검토 받을 수 있는 권리를 보장하라.

• 구금이 최후의 수단으로 사용되게 하고, 가능한 한 자유 박탈 대신 다이버전,[2] 보호관찰, 상담, 사회봉사, 집행유예 등 다른 대안을 장려하라.

• 유엔 청소년사법정의에 관한 기구 간 패널과 유엔마약범죄사무소, 유엔아동기금, 유엔인권최고대표사무소 및 비정부기구 등 패널 회원기구들이 개발한 기술적 지원도구를 활용하고, 패널회원기구로부터 소년사법 분야의 기술적 지원을 구하라.

---

[2] 다이버전(Diversion)

• 전환조치라고도 불리는 다이버전은 일반적으로 공식적인 사법절차로부터의 이탈이라는 요소와 사회 내 처우 프로그램에의 위탁이라는 요소에 의하여 파악.

• 법원 판결 이전에 형사사법기관이 통상의 사법처리절차를 중지하는 조치로 이해하는 견해와 시설 내 처우를 사회 내 처우로 대체하는 것과 같이 형사제재의 최소화를 뜻하는 개념으로 파악하는 견해로 구분.

• 다이버전의 유형은 ① 형사사법절차 이전의 단계: 비범죄화를 의미하며 경미한 범죄에 대한 실정법상의 다이버전, ② 구금의 대안으로서 다이버전: 경찰단계에서 교정단계에 이르기까지 전 형사사법단계에서 가능하며 경찰단계에서의 훈방, 검찰단계에서의 선도조건부 기소유예, 재판단계에서의 형의 유예, 그리고 교정단계에서의 보호관찰부 가석방 등이 각 사법단계별 대표적인 다이버전, ③ 개입여부에 따른 분류: 전통적인 형사절차를 취하지 않는 일체의 제도를 의미하는 단순 다이버전과 일정한 비공식적 체재를 수반하는 형태의 다이버전인 개입형 다이버전으로 구분.

출처: 신현기 외, 《경찰학사전》, 법문사, 2012.

2) 국내법

아동·청소년이 범죄행위를 한 경우 〈소년법〉과 형법에 의해 조치를 받거나 처벌을 받는다. 범죄소년의 인권보호를 위해 법률적으로 〈소년법〉을 적용할 수 있으며, 다른 유관법률에 의해 보호받을 수 있다. 특히 아동·청소년의 행위가 법에 의하여 범죄행위라고 명확하게 규정되기 이전에 경험할 수 있는 인권 침해 상황을 차단할 수 있다. 아동·청소년의 범죄사실이 확증되지 않은 상황에서 필요에 의해 보호처분을 하는 것은 무죄추정의 원칙에 어긋나는 것이므로 인권 침해라고 볼 수 있다. 〈소년법〉은 소년범죄자에 대한 특별법으로 조사와 심리절차에서 전문가의 진단이나 보조인 선임을 명시하고 있다. 보호처분을 받은 소년범죄자들은 〈보호소년 등의 처우에 관한 법률〉에 의해 처우와 분류심사 및 심리검사 등에 관한 내용을 정하고 있다. 특히 보호소년의 학습권 보장을 위한 보호내용을 법에 명시하여 이들의 교육권을 유지하기 위한 노력을 기울이고 있다. 한편 〈보호관찰 등에 관한 법률〉에 따라 소년범죄자들에 대한 법적 결정을 하기 이전에 사전조사를 할 수 있는데, 이 법으로 비행행위를 한 경험이 있는 아동·청소년은 오히려 사전조사라는 명목하에 가정환경이나 개인행동에 대한 인권 침해를 당할 우려가 있다.

① 〈소년범죄자에 대한 특별법〉
제12조(전문가의 진단), 제17조(보조인 선임), 제18조(임시조치), 제25조의 3(화해권고), 제32조(보호처분의 결정)

② 〈보호소년 등의 처우에 관한 법률〉

제5조(처우의 기본원칙), 제24조(분류심사), 제26조(청소년심리검사 등), 제28조(교정교육의 원칙), 제29조(학교의 설치·운영), 제29조의 2(〈초중등교육법〉에 관한 특례), 제29조의 3(〈학교폭력 예방 및 대책에 관한 법률〉에 관한 특례), 제30조(교원 등), 제31조(학적 관리), 제32조(다른 학교로의 전학·편입학), 제33조(통학), 제34조(전적학교의 졸업장 수여), 제35조(직업능력개발훈련), 제36조(직업능력개발훈련교사), 제37조(통근취업), 제38조(안전관리), 제39조(생활지도), 제40조(특별활동), 제41조(교육계획 등), 제42조(장학지도), 제42조의 2(대안교육 및 비행예방 등), 제42조의 3(보호자 교육)

〈그림 15-1〉 소년보호사건 처리절차

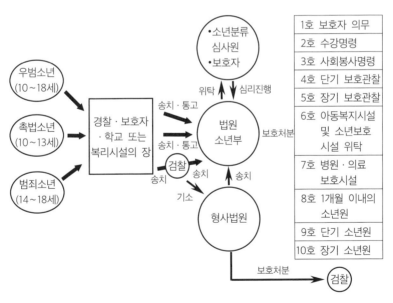

출처: 법무부 범죄예방정책국 홈페이지(https://www.cppb.go.kr).

③ 〈보호관찰 등에 관한 법률〉 제19조의 2 (결정 전 조사)

소년 보호사건에 대한 조사 또는 심리를 위하여 필요하다고 인정하면 그 법원의 소재지 또는 소년의 주거지를 관할하는 보호관찰소의 장에게 소년의 품행, 경력, 가정상황, 그 밖의 환경 등 필요한 사항에 관한 조사를 의뢰할 수 있음을 규정

3) 관련 정책 및 지원

(1) 소년원학교와 청소년꿈키움센터

소년범을 위한 성부의 정책은 법무부 범죄예방정책국에서 담당하고 있다. 범죄소년의 연령에 따라서 차등적 처벌을 하고 있으며, 범죄의 경중에 따라 교화개선을 우선하고 있다.

- 소년원학교: 법원 소년부에서 보호처분을 받은 10세 이상 19세 미만의 소년을 수용, 규율 있는 생활 속에서 교과교육, 직업능력개발훈련, 의료·재활교육 등을 통하여 전인적인 성장·발달을 도모하고 안정적인 사회복귀를 지원
- 청소년꿈키움센터: 법원·검찰청·학교 등에서 의뢰한 위기청소년에 대한 대안교육 및 부모 등에 대한 보호자 교육 실시, 소년부 판사가 의뢰한 비행청소년의 상담조사 실시, 지역사회 청소년에 대한 각종 심리검사 및 상담

범죄소년은 조건이 충족되었을 때 출원할 수 있다(〈표 15-2〉).

<표 15-2> 범죄소년 출원 조건

임시퇴원	퇴원
• 교정성적이 양호한 자 중 보호관찰의 필요성이 있다고 인정되어 보호관찰심사위원의 심사 및 법무부장관의 허가를 받은 때 • 6개월~2년 이내의 보호관찰 지도	• 보호소년이 22세에 도달한 때 • 수용 상한기간(8호: 1개월, 9호: 6개월, 10호: 24개월)에 도달한 때 • 교정성적이 양호하며 교정의 목적을 이루었다고 인정되어 보호관찰심사위원회의 심사 및 법무부장관의 허가를 받은 때

(2) 사회복귀 지원정책과 보호관찰제도

소년원에서 나가는 범죄소년을 위해 법무부의 사회복귀 지원정책은 구체적으로 〈표 15-3〉과 같다.

법무부는 건전한 사회복귀를 유도하기 위해 1989년 7월 1일에 소년에 한하여 보호관찰제도를 도입하였다. 보호관찰은 유일한 사회 내 처우로 지역사회 내에서 정상적으로 자신의 생활을 영위하면서 보호관찰기관의 도움과 감독하에 원만한 사회적 적응을 꾀하는 재사회화를 강조하고 있다. 보호관찰 대상자는 폭력가정이나 결손가정에서 성장하는 경우가 대부분이다. 특히 어린 시절 받아야 하는 사랑과 관심을 받지 못하고 심리적 위기에 처했을 때 조언을 받거나 역할모델이 될 만한 사람도 없어 반사회적 행동을 표출하는 경우가 있다. 따라서 이들이 비록 반사회적 행동으로 처벌을 받았으나 사회복귀를 통해 건전한 사회행동을 할 수 있는 기회를 주고자 법무부는 다각적으로 노력하고 있다.

<표 15-3> 범죄소년을 위한 법무부의 사회복귀 지원정책

지원방안	지원내용
가정관 운영	• 1~2일간 가족과 함께 생활하면서 손상된 가정기능 회복 • 전국 소년원에 13개동(26세대) 설치·운영
문신 제거 시술실 운영	• 사회활동의 장애요소가 되는 문신을 제거하여 자신감 회복 • 보호관찰 대상자 및 수술비용이 없는 저소득층 일반 청소년까지 무료 시술 확대 • 전국 10개 소년원·서울소년분류심사원 설치·운영
취업 지원	• 소년원 출원생에 대한 취업 알선 및 지속적인 사후지도 • 소년원별 취업지원협의회 구성·운영
개방처우 실시	• 모범학생에 대한 주말외출·통근취업 등 개방처우 확대 • 교정효과 극대화 및 사회 적응기회 제공
청소년자립 생활관 설치·운영	• 무의탁 소년원 출원생 및 지역 내 취약계층 불우청소년을 위한 가족 같은 분위기의 보금자리 시설 • 안양·의왕·대전·광주·대구·부산·전주·춘천 (* 한국소년보호협회에서 운영)
장학금 및 생활안정자금 지원	• 대학 진학 등 성공 가능 출원생에 대하여 장학금 지급 • 부양의무자가 없거나 자립능력이 미약한 출원생에게는 생활안정자금 지원

출처: 법무부 범죄예방정책국(http://www.moj.go.kr).

4. 소년사법체계에서의 아동·청소년 인권 보호를 위하여

범죄소년들은 반사회적 행동으로 인해 사회적 비난을 받게 되는데, 그 과정에서 미성년자들이기 때문에 존중받아야 하는 절차가 오히려 생략되는 경우가 있다. 사회적으로 스스로 자신의 요구를 주장하기 어려운 아동·청소년들은 법적 처벌 과정에서 자신의 견해를 밝힐 수 있도록 창구를 제도화해야 한다. 또한 그들의 이야기를 대변해 줄 수 있는 변호사나 의사소통을 원활하게 할 수 있는 조력자가 배치되어야 한다. 소년범죄자들은 처벌과정에서 적절하게 보호를 받지 못하거나 인권이 침해될 가능성이 있기 때문이다. 특히 범죄소년들에게 처벌보다는 교화를 우선한 법적 제재조치를 가해야 하는데 형사적 처벌연령을 낮추려는 시도 등 처벌을 강화하는 방향으로 법률 개정을 시도하는 경우도 있다. 범죄소년들이 법적 처벌을 받는 과정에서 인권을 보호받고 존중받을 수 있는 사법제도가 마련되어야 하며, 처벌 위주가 아니라 교화를 통해 건강한 사회인으로 성장할 수 있도록 지원해야 할 것이다.

현재와 미래의 우리

현재의 우리는?	미래의 우리는!
소년범죄자의 비행행위 처벌 과정에서 단계별 인권 침해 요소 포함	소년범죄자는 현장에서 체포하거나 조사하는 과정에서 아동 인권을 존중할 수 있도록 제도화
장애/이주아동 · 청소년 등 특수한 환경의 범죄소년을 위한 통역/조력자 배치 부족	범죄소년의 체포와 동의과정에서 의사소통을 위한 법률 조력자, 통역자를 반드시 배치

■ 관련 문헌 · 영상물

법무부(www. moj. go. kr) 마을 변호사 제도.

법무부 범죄예방정책국 소년보호 https://www.cppb. go. kr

활동해 보기

1. 소년범죄 처벌연령에 대한 논쟁을 살펴보고 고민해 보자.

"낮춰야 한다"

- 성인을 능가하는 대담한 소년범죄가 늘고 있다. 경찰청에 따르면 살인 등 강력범죄를 저지른 촉법소년(법령에 저촉되는 행위를 한, 10세 이상 14세 미만의 소년)은 2011년 363명에서 작년 479명으로 3년 만에 32.0% 증가했다. 성폭력범죄도 2011년 224명에서 작년 362명으로 3년 전보다 62.0% 증가했다. 이는 촉법연령이 정해진 1963년에 비해 매우 성숙해진 청소년의 발육상태와 지적 능력에 따른 결과다.
- 솜방망이 처벌 탓에 소년범의 재범률이 높아지고 있다. 자신이 형사처분 대상이 아니라는 것을 알고 범죄를 계속 저지르는 촉법소년도 있다. 일부 폭력조직은 이를 악용해 촉법소년들을 자신들의 범죄에 끌어들이기까지 한다. 실제로 촉법소년의 재범률은 2009년 32.4%에서 2012년 37.3%, 2013년 41.6%로 증가 추세다.
- 외국의 형사처분 기준연령은 우리보다 낮다. 프랑스는 만 13세, 캐나다·네덜란드는 만 12세, 호주는 만 10세. 미국은 각 주마다 법체계가 다르지만 평균적으로 7세 미만 아동에게 '책임무능력 추정 제도'를 적용한다. 이는 반증을 통해 책임능력이 인정될 경우 형사처분을 가할 수 있게 한 제도다.

"높여야 한다"

- 소년범에게 형사처분은 지나치게 가혹한 조처다. 우리 법은 자신의 행동을 충분히 통제할 수 있는 이에게만 형사 책임을 묻는다. 아직 인격이

미성숙한 나이엔 형사처분보단 보호처분을 내리는 것이 합리적이다. 형사법정으로 이송된 소년범들은 전과자라는 사회적 낙인 때문에 사회 적응에 실패하는 경우가 많다는 연구도 있다.

• 형사처분한다고 범죄 예방 효과가 커지지 않는다. 1990년대 미국은 소년범죄를 억제하기 위해 형사이송제도를 도입했다. 형사이동제도란 강력범죄를 저질렀거나 재범의 위험이 큰 소년범들을 소년법원이 아닌 형사법원으로 이송해 성인과 같이 처벌하는 제도다. 하지만 이후 소년범들의 재범률은 오히려 높아졌다.

• 형사처분연령은 높아지는 추세다. 유엔아동권리위원회가 2010년 조사한 결과에 따르면 한국·독일·일본처럼 형사처분연령이 만 14세 이상인 국가가 총 40개국으로 조사대상(170개국) 중 가장 많았다. 그보다 낮은 나라는 103개국, 15세 이상인 국가는 27개국이었다. 유엔아동권리위원회는 형사처분연령을 12세 이상으로 상향할 것을 권고한 바 있다. 이에 따라 2004~2010년 사이 연령을 낮춘 국가는 3개국에 불과한 반면, 연령을 높인 국가는 11개국이다.

출처: 〈중앙일보〉(2015.11.1).

2. 소년범죄자는 성인범죄자보다 의견을 제시할 기회가 차단되거나 무시되는 경우가 있다. 법적 절차에서 소년범죄자의 의사표현 기회를 어떻게 보장할 수 있을지 구체적 방안을 논의해 보자.

• 소년범죄자의 체포과정에서 의사표현권을 어떻게 존중받을 수 있을까?
• 소년범죄자의 의사표현권을 보장받기 위해 법적 절차는 무엇을 개선해야 할까?
• 소년범죄자의 의사표현권이 법적 효력을 갖기 위해 무엇을 해야 할까?

3. 다음 주제를 가지고 유해매체에 따른 인권 침해를 이해해 보자.

- 아동·청소년의 범죄행위는 보호와 교정을 강화해야 할까, 아니면 처벌을 강화해서 차단해야 할까?
- 범죄의 저연령화 현상에 대응하기 위해 처벌연령을 낮추어야 할까?

참고자료

1. 참고문헌

강원도교육연구원(2015). 《강원교육정책포럼 어린이 놀이교육정책의 방향》.

관계부처 합동(2015). 《학교 밖 청소년 지원대책(안)》.

광주광역시교육청(2011a). 《광주광역시 학생 인권 보장 및 증진에 관한 조례 해설서》.

_____(2011b). 《선생님께서 꼭 알고 가르쳐야 할 청소년 노동 인권》.

교육부(2012). 《서로를 위한 약속 학교규칙 운영매뉴얼 중등용》. 서울: 계문사.

_____(2016). 《교육통계자료》.

경기도교육청(2011). 《경기도학생인권조례 해설서》.

_____(2013). 《2011~2013 학생 인권 상담 사례집》.

_____(2015). 《알기 쉬운 인권이야기》.

경찰청(2016). 《2016 통계조사》.

구은미·박성혜·윤영신 외(2012). 《현대아동복지론》. 서울: 학지사.

국가인권위원회(2004). 《인권백서 제1집》, 329.

_____(2006). 《국내·외 공공분야 인권교육 실태조사》.

_____(2007a). 《교사를 위한 인권교육 기본용어》.

_____(2007b). 《장애인권리협약 해설서》.

_____(2011a). 《언론인을 위한 장애인권 길라잡이》.

_____(2011b). 《이주아동의 인권 증진을 위한 심포지엄 자료집》.

_____(2011c). 《인권행정 길라잡이: 국가기관 편》.

_____(2011d). 《천차만별: 차별시정 10년 기념 에세이》.

_____(2014a). 《성적 지향·성별 정체성에 따른 차별 실태조사》.

_____(2014b). 《유엔아동권리협약 채택 25주년: 우리 사회 모든 아동의 인권 상황과 그 실천적 조치를 위한 정책방향》.

_____(2015a). 《제 3기 국가인권정책기본계획 권고안 수립을 위한 연구(사회적 약자 및 취약계층)》.

_____(2015b). 《아동청소년 인권 국가인권위원회 결정 사례집》.

국가인권위원회·사교육걱정없는세상(2015). 《아동·청소년의 놀 권리 보장 방안 모색 토론회 자료집》.

국가인권위원회 인권교육센터(2009). 《2009년 교원 인권 감수성 향상과정 교사와 함께하는 인권교육》.

국가인권위원회·한국아동복지연합회(2006). 《사회복지분야(아동) 인권감수성 향상과정》.

국회예산정책처(2016). 《아동복지사업평가: 요보호아동 보호·자립 지원 및 방과 후 돌봄 서비스를 중심으로》.

김경준 외(2014). 한국의 유엔아동권리위원회보고서 권고사항 이행실태, 《한국아동청소년 인권 실태연구 IV》, 한국청소년정책연구원, 1~27.

김동훈(2004). 〈아동의 권리에 관한 연구〉. 서울대 석사학위 논문.

김민경(2013). 《서울시 어린이·청소년 인권 증진방안 연구 2013 정책연구 -15》. 서울시 여성가족재단.

김승경·송미경·김미경(2015). 《가정폭력 피해아동청소년 실태 및 대응방안 연구》. 한국청소년정책연구원.

김승권 외(2003). 《아동복지시설 생활아동 복지 증진방안 연구》. 보건복지부 ·한국보건사회연구원.

김연수·허진호(2014). 요보호아동시설의 운영방향성에 관한 연구. 〈한국지방자치연구〉, 16권 2호, 119~140.

김영지(2008). 《국제기준 대비 한국청소년의 인권수준 연구 III: 청소년 인권 실태의 국제비교》. 한국청소년정책연구원.

_____(2015). 《청소년 권리 증진사업의 효율적 추진방안 연구: 청소년희망
센터발전방안연구》. 여성가족부·한국청소년정책연구원.

김은정(2014). 《시설 아동보호의 현황과 쟁점》. 초록우산 어린이재단.

김지연(2015). 《아동·청소년·가족 보호체계 개선방안》. 한국청소년정책연
구원.

김지혜(2016). 성소수자 아동·청소년을 위한 포용적 교육. 〈동향과 전망〉, 96
호, 153~178

김희진(2014). 《청소년지도자 인권의식 함양 방안》. 한국청소년정책연구원.

김혜정(2007). 《복지시설 이용자 인권보호 실천 사례집》. 서울복지재단.

대검찰청(2015). 《범죄분석》.

대한변호사협회(2015). 《외국인보호소 실태조사 결과보고서》.

문성호(2001). 학생 청소년의 권리인식에 관한 실증적 연구: 서울시 중고등학
생을 중심으로. 〈청소년행동연구〉, 6권 6호, 18.

변화순(2010). 《가정폭력방지 종합 대책방안》. 한국여성정책연구원.

보건복지부(2015). 《2015 아동정책기본계획》.

_____(2016). 《2016 아동분야사업안내》.

보건복지부·한국아동권리모니터링센터(2013). 《한국아동권리모니터링센터
사업결과보고서》.

보건복지부·한국아동복지연합회(2005). 《아동복지시설 발전방안 개발연구》.

서문희·안현애·이삼식(2003). 《아동권리지표 개발을 위한 연구》. 보건복지
부·한국보건사회연구원.

서울복지재단(2007). 《복지시설 이용자 인권보호 실천 사례집》.

_____(2015). 《복지이슈 Today》.

서울특별시(2015). 《서울시 인권교육 중장기 계획 수립 최종보고서》.

서울특별시교육청(2014). 《인권교육 활성화를 위한 교원 직무연수 심화과정》.

세이브더칠드런(2013). 《이주배경 아동의 출생등록》.

세이브더칠드런·서울대학교 사회복지연구소(2016). 《한국 아동의 삶의 질 3
차년도 연구발표회 자료집》.

세이브더칠드런 아동폭력보고서(2011). 《그 후 5년 국제아동폭력 현황보고》.

송신혜 (2012). 아동·청소년 인권 관련 국내외 동향. 《한국 아동·청소년 인권 실태 II 전문가 워크숍 세미나 자료집》, 한국청소년정책연구원, 2~3.

송주미 (2003). 아동과 청소년의 권리보호를 위한 국가이념의 방향과 과제: 역사적 고찰을 중심으로. 〈청소년학연구〉, 10권 2호, 171~194.

송효진·김소영·안소영 외 (2015). 《다문화가족의 자녀 보호를 위한 법제도 개선방안 연구》. 한국여성정책연구원.

신은주 외 (2013). 《가족형태의 변화에 따른 이주아동의 인권상황 실태조사》. 국가인권위원회.

신현기 외 (2012). 《경찰학사전》. 법문사.

양정선 (2015). 《경기도 시설 보호대상아동의 원가족 교류에 관한 연구》. 경기도가족여성연구원.

양천수 외 (2011). 《인권교육 10개년 행동계획안 관련 연구》. 국가인권위원회.

여성가족부 (2011). 《한국청소년상담원 청소년지도자. 인권지킴이 되다》. 서울: 계문사.

_____ (2012). 《청소년 권리침해예방을 위한 상담가이드》.

_____ (2014). 《2014 청소년 유해환경 접촉 종합실태조사》.

_____ (2015). 《청소년백서》.

_____ (2015). 《2015년도 아동·청소년 대상 성범죄 동향분석: 2014년 신상정보등록대상자를 중심으로》.

_____ (2016). 《제5차 청소년정책기본계획 (2013~2017) 2016년도 시행계획》.

여성가족부·성폭력예방교육중앙지원단 (2014). 《성폭력 예방교육》.

오세희 (2015). 《인권교육의 실태와 질적 발전을 위한 제도적 개선방안》. 법무부.

오성배 (2011). 《다르지만 평등한 이주민 인권 길라잡이》. 국가인권위원회.

유엔아동권리위원회 (2011). 《대한민국 아동권리 보고서 심의 권고사항》.

이노홍 (2013). 《유엔아동권리협약 및 선택의정서에 따른 아동권리보호의 국제적 동향: 10. 아동의 청원권에 관한 제3선택의정서를 중심으로》. 한국법제연구원.

이완수·고성혜·정진희 외 (2015). 《미등록이주아동 인권보호 및 사회적응방안 연구》. 서울특별시.

이용교(2004). 《아동인권정책 기본계획수립방안》. 국가인권위원회.

_____(2005). 《아동복지시설 인권평가지표 마련을 위한 연구》. 국가인권위
원회.

이은주(2010). 《아동복지시설 아동 인권 상황 실태조사》. 국가인권위원회.

이재연·구은미·황옥경 외(2008). 《아동복지론》. 서울: 학지사.

이재연·황옥경·김효진(2009). 아동과 권리, 〈아동학회지〉, 30권 6호, 153~
165.

이재연·황옥경·안동현 외(2015). 《아동복지 현장에서의 아동권리 레토릭》.
경기: 교육과학사.

이정식(2007). 아동의 권리에 관한 고찰. 〈세계헌법연구〉, 13권 2호, 195~
232.

이종원·장근영·김형주(2007). 《국제기준 대비 청소년 인권 실태조사 연구
II: 청소년 인권 실태 및 정책방안》. 한국청소년정책연구원.

이종은·고언정·김민경·이화조(2012). 서울시 아동 인권 실태조사 최종보
고서. 《서울시 여성가족재단 연구사업보고서》, 3~348.

이주아동권리보장기본법 제정 추진네트워크(2015). 《이주아동 인권보장을 위
한 정책 브리프》.

이주연·정제영(2015). 학업 중단 결정에 대한 학교 밖 청소년의 인식연구,
〈청소년학연구〉, 22권 11호, 239.

이화명·김영미(2015). 아동양육시설 청소년기 입소자의 시설생활 경험에 대
한 현상학적 연구, 〈청소년학연구〉, 22권 1호, 419~447.

인권정책연구소(2011). 《인권교육 표준교안》.

_____(2012). 《인권 10강》.

장서연(2015). 국가 차원에서 할 수 있는 정책과 개입: 성소수자 청소년에게
가해지는 학교폭력, 어떻게 막을 것인가(해외 정책 및 사례를 중심으
로). 제 13회 전국 참교육실천대회.

장진희 외(2015). 《대규모 아동복지시설의 공동생활가정(그룹홈) 전환비용에
관한 연구》. 서울시여성가족재단.

전라북도교육청(2014). 《전라북도 학생인권조례 해설서》.

_____(2015). 《청소년이 알아야 할 노동권리》.

정선욱(2009). 시설보호청소년들이 경험하는 시설생활의 의미, 〈한국청소년
　　　연구〉, 20권 3호, 193~219.

중앙아동보호전문기관(2016). 아동학대현황보고서.

차남호(2013). 《10대와 통하는 노동 인권 이야기》. 서울: 철수와 영희.

천정웅(2014). 《한국 아동·청소년 인권 실태 연구 IV: 청소년 인권의식에
　　　관한 구조 분석》. 한국청소년정책연구원.

청소년위원회·한국청소년개발원(2005). 《청소년정책의 인권정책 기본방향
　　　연구》.

최 균(2016). 《아동복지시설 종사자를 위한 아동 인권 교육》. 한국사회복지
　　　협의회·국제아동인권센터.

통계청(2016). 《여성가족부 사회조사》.

학교폭력예방연구소(2013). 《학교 밖 청소년 문제 대책 마련 토론회 자료집》.

한국가정법률사무소(2016). 《한국가정법률상담소 50년간 상담통계》.

한국보건사회연구원(2015). 《저출산 극복을 위한 아동보호체계 국제비교연구》.

_____(2016). 《국민건강과 안전을 위한 아동안전전략 구축방안》.

한국아동권리학회(2015). 《유럽평의회 각료회의의 아동친화적 사법체계에 대
　　　한 지침》. 나눅.

_____(2016). 《에필로그 아동방임과 양육의 갈등, 그 기준을 찾다》. 한국아
　　　동권리학회 춘계 학술대회 자료집.

한국양성평등교육진흥원(2013). 《가정폭력예방교육(교사 및 청소년지도자용)
　　　자료집》.

한국여성변호사회(2015). 《아동·청소년 대상 성폭력범죄 판례분석집》.

한국청소년개발원(2004). 《청소년인권론》. 서울: 교육과학사.

한국청소년정책연구원(2009). 《아동·청소년의 안전실태와 대응방안 연구》.

_____(2010). 《디지털 유해매체환경에 대한 청소년 수용자 중심 대응방안
　　　연구》.

_____(2012). 《아동·청소년인권 관련 국내외 동향》. 한국 아동·청소년 인
　　　권 실태연구 II 전문가 워크숍 세미나 자료집 12 - S24.

_____(2013). 《학업중단 학생 종단정책 연구》.

_____(2014a). 《아동·청소년 인권 정책과제 개발을 위한 전문가 워크숍》.

_____(2014b).《학교 밖 청소년 건강실태 및 지원방안 연구》.

_____(2014c).《NYPI 청소년정책리포트》.

_____(2015a).《학교 밖 청소년 지원정책 체계화 방안 연구》.

_____(2015b).《한국아동·청소년 인권 실태연구 V: 총괄보고서》.

_____(2016a).《한국아동·청소년 인권 실태연구 VI: 총괄보고서》.

_____(2016b).《놀이정책수립지원연구, 2016. 청소년정책 이슈브리프》.

한국형사정책연구원(2015).《청소년 사이버폭력의 유형 분석 및 대응방안 연구》.

행정자치부(2014).《외국인주민조사현황》.

황옥경(2010).《아동권리교육의 현황과 과제》. 어린이재단 아동권리증진 세
미나 자료집.

_____(2016). 유엔아동권리위원회의 아동권리협약 이행 권고 권리.〈아동과
권리〉, 20권 4호, 609~631.

황옥경 외(2014).《한국 아동의 놀 권리 증진 방안 연구》. 유니세프·한국아
동권리학회.

_____(2015).《아동·청소년권리 국제인권기준의 국내이행 기초현황조사》.
국가인권위원회.

2. 참고기사

〈경향신문〉(2016. 5. 5).〔어른들이 미워요〕정말 사랑입니까.

〈국민일보〉(2016. 8. 31). 소리 없는 학대, 아동방임, 영아유기 심각.

_____(2016. 10. 8). 한국YMCA, "선거연령 18세로 낮추자" 캠페인 실시.

〈내일신문〉(2016. 5. 30).〔다문화학생 8만 명 시대, 이제는 교육이다〕(1) 학
업중단율 높고, 학업성취도 낮아.

〈뉴시스〉(2016. 11. 24). 재심사건 잇단 무죄, 경찰 수사원칙 안 지켰다.

〈문화일보〉(2015. 10. 22). '부모책임'보다 중요한 '국가책임'.

〈세계일보〉(2016. 6. 20). 방치된 그림자 아이들.

〈연합뉴스〉(2016. 7. 14). 외국인 자녀 10명 중 3명은 공교육서 소외.

_____(2016. 8. 5). 철제 옷걸이로 4살 딸 폭행 … 학대엄마 구속영장.

_____(2016. 8. 10). 집 안에 쓰레기 4.5톤 해충·악취 속 4남매 양육 30대 부부.

_____(2016. 10. 22). '떼카', '방폭'에 신음하는 아이들 … 의무교육은 연 1회.

〈인천일보〉(2014. 9. 30). 인천시 청소년에 본드 판매 업소 급감.

〈일요신문〉(2016. 2. 8). 15세 친딸 수면제 먹여 성폭행한 아버지, 징역 5년 "반성, 합의해서".

〈조선에듀〉(2017. 6. 27). '놀이 실조'에 시달리는 한국 어린이들 … "놀이는 선택이 아니라 필수".

〈중앙일보〉(2015. 11. 1). "처벌연령을 낮춰야 한다" VS "처벌연령을 유지해야 한다".

_____(2016. 3. 28). 아동학대 재판마다 찾아다니는 나홀로 법원 감시 '서연이 엄마'.

_____(2016. 11. 17). 교복 입은 시민 키우는 청소년 의회.

〈충북일보〉(2015. 5. 5). 가정의 달, 지역사회의 어두운 그림자.

〈한겨레〉(2015. 5. 7). 강제적인 야간자율학습 중단돼야.

〈한국일보〉(2016. 9. 6). 공부에 치인 학생들 "잠 푹 자고 체육시간엔 뛰놀고 싶어요".

_____(2016. 11. 23). "23번 나와서 풀어봐" 학생 번호 부르기 금지법 또 발의.

〈헤럴드경제〉(2016. 5. 6). 청소년 성범죄도 무섭다 … 10년간 3배 이상 폭증.

_____(2016. 5. 11). '놀 권리' 잃은 아이들 … 학원·레슨에 쫓기는 초등생.

EBS 뉴스(2016. 9. 9). 감옥 같은 보호소 … 이주아동권리 사각지대.

MBC 뉴스(2014. 11. 28). 정부, 자녀 학대하는 부모 '친권제한' 제도 신설.

_____(2017. 5. 21). '가정위탁' 해마다 1만 명, 지원은? 제도 보완 필요.

SBS CNBC 뉴스(2016. 10. 5). 이랜드, 애슐리 열정페이 논란에 사과.

3. 참고사이트

경찰청 공식 블로그 폴인러브. polinlove. tistory. com
국가인권위원회 홈페이지. www. humanrights. go. kr
방송통신이용자정보포털 와이즈유저. www. wiseuser. go. kr
법무부 범죄예방정책국 홈페이지. www. cppb. go. kr
사단법인 학부모정보감시단. www. cyberparents. or. kr
서울해바라기아동센터. www. child1375. or. kr
성범죄 알림e. www. sexoffender. go. kr
세이브더칠드런. www. sc. or. kr
여성가족부. www. mogef. go. kr
여성긴급전화 1366 서울센터. www. seoul1366. or. kr
원스탑지원센터. www. smonestop. or. kr
위키백과. ko. wikipedia. org
유니세프 한국위원회. www. unicef. or. kr
중앙아동보호전문기관. www. korea1391. go. kr
참여연대. www. peoplepower21. org
펄벅재단. www. pearlsbuck. or. kr
한국여성민우회. www. womenlink. or. kr
한국청소년성문화센터 협의회. www. wesay. or. kr

찾아보기

부록

유엔아동권리협약

1991년 11월 20일 비준서 기탁

1991년 12월 20일 발효(조약 제 1072호)

1991년 12월 23일 관보 게재

유보내용: 21조 가항 관계당국의 입양 허가제

40조 2항 나호(5) 상소권 보장

개정사항: 제 43조 2항 개정

전문

이 협약의 당사국은,

유엔헌장에 선언된 원칙에 따라 인류사회의 모든 구성원의 고유의 존엄성 및 평등하고 양도할 수 없는 권리를 인정하는 것이 세계의 자유·정의 및 평화의 기초가 됨을 고려하고,

유엔체제하의 모든 국민은 기본적인 인권과 인간의 존엄성 및 가치에 대한 신념을 헌장에서 재확인하였고, 확대된 자유 속에서 사회진보와 생활수준의 향상을 촉진하기로 결의하였음에 유념하며,

유엔이 세계인권선언과 국제인권규약에서 모든 사람은 인종, 피부색, 성별, 언어, 종교, 정치적 또는 기타의 의견, 민족적 또는 사회적

출신, 재산, 출생 또는 기타의 신분 등 어떠한 종류 구분에 의한 차별 없이 동 선언 및 규약에 규정된 모든 권리와 자유를 누릴 자격이 있음을 선언하고 동의하였음을 인정하고,

유엔이 세계인권선언에서 아동기에는 특별한 보호와 원조를 받을 권리가 있다고 선언하였음을 상기하며,

사회의 기초집단이며 모든 구성원 특히 아동의 성장과 복지를 위한 자연적 환경으로서 가족에게는 공동체 안에서 그 책임을 충분히 감당할 수 있도록 필요한 보호와 원조가 부여되어야 함을 확신하며,

아동은 완전하고 조화로운 인격 발달을 위하여 가족적 환경과 행복, 사랑 및 이해의 분위기 속에서 성장하여야 함을 인정하고,

아동은 사회에서 한 개인으로서의 삶을 영위할 수 있도록 충분히 준비되어야 하며 유엔헌장에 선언된 이상의 정신과 특히 평화·존엄·관용·자유·평등·연대의 정신 속에서 양육되어야 함을 고려하고,

아동에게 특별한 보호를 제공하여야 할 필요성은 1924년 아동권리에 관한 제네바선언과 1959년 11월 20일 총회에 의하여 채택된 아동권리선언에 명시되어 있으며, 세계인권선언, 시민적·정치적 권리에 관한 국제규약(특히 제23조 및 제24조), 경제적·사회적·문화적 권리에 관한 국제규약(특히 제10조) 및 아동의 복지와 관련된 전문기구와 국제기구의 규정 및 관련 문서에서 인정되었음을 유념하고,

아동권리선언에 나타나 있는 바와 같이, "아동은 신체적·정신적 미성숙으로 인하여 출생 전후를 막론하고 적절한 법적 보호를 포함한 특별한 보호와 배려를 필요로 한다"는 점에 유념하고,

"국내외 양육위탁과 입양을 별도로 규정하는 아동의 보호와 복지에

관한 사회적·법적 원칙에 관한 선언"의 제 규정, "소년법 운영을 위한 유엔 최소표준규칙"(베이징 규칙) 및 "비상시 및 무력 충돌 시 부녀자와 아동의 보호에 관한 선언"을 상기하고,

세계 모든 국가에 예외적으로 어려운 여건하에 생활하고 있는 아동들이 있으며, 이 아동들은 특별한 배려를 필요로 함을 인정하고,

아동의 보호와 조화로운 발전을 위하여 각 민족의 전통과 문화적 가치의 중요성을 충분히 고려하고,

모든 국가, 특히 개발도상국가 아동의 생활여건을 향상시키기 위한 국제협력의 중요성을 인정하면서,

다음과 같이 협의하였다.

제 1 부

제 1조

이 협약의 목적상 "아동"이라 함은 아동에게 적용되는 법에 의하여 보다 조기에 성인 연령에 달하지 아니하는 한 18세 미만의 모든 사람을 말한다.

제 2조

1. 당사국은 자국의 관할권 안에서 아동 또는 그의 부모나 후견인의 인종, 피부색, 성별, 언어, 종교, 정치적 또는 기타의 의견, 민족적, 인종적 또는 사회적 출신, 재산, 무능력, 출생 또는 기타의 신분에 관

계없이 그리고 어떠한 종류의 차별을 함이 없이 이 협약에 규정된 권리를 존중하고, 각 아동에게 보장하여야 한다.

2. 당사국은 아동이 그의 부모나 후견인 또는 가족 구성원의 신분, 활동, 표명된 의견 또는 신념을 이유로 하는 모든 형태의 차별이나 처벌로부터 보호되도록 보장하는 모든 적절한 조치를 취하여야 한다.

제3조

1. 공공 또는 민간 사회복지기관, 법원, 행정당국 또는 입법기관 등에 의하여 실시되는 아동에 관한 모든 활동에 있어서 아동의 최선의 이익이 최우선적으로 고려되어야 한다.

2. 당사국은 아동의 부모, 후견인, 기타 아동에 대하여 법적 책임이 있는 자의 권리와 의무를 고려하여 아동복지에 필요한 보호와 배려를 아동에게 보장하고, 이를 위하여 모든 적절한 입법적·행정적 조치를 취하여야 한다.

3. 당사국은 아동에 대한 배려와 보호에 책임 있는 기관 편의 및 시설이 관계당국이 설정한 기준, 특히 안전과 위생분야 그리고 직원의 수 및 적격성은 물론 충분한 감독 면에서 기준에 따를 것을 보장하여야 한다.

제4조

당사국은 이 협약에서 인정된 권리를 실현하기 위하여 모든 적절한 입법적·행정적 및 여타의 조치를 취하여야 한다. 경제적·사회적 및 문화적 권리에 관하여 당사국은 가용자원의 최대한도까지 그리고 필요한 경우에는 국제협력의 테두리 안에서 이러한 조치를 취하여야 한다.

제5조

아동이 이 협약에서 인정된 권리를 행사함에 있어서 당사국은 부모 또는 적용 가능한 경우 현지 관습에 의하여 인정되는 확대가족이나 공동체의 구성원, 후견인, 기타 아동에 대한 법적 책임자들이 아동의 능력발달에 상응하는 방법으로 적절한 감독과 지도를 행할 책임과 권리 및 의무를 가지고 있음을 존중하여야 한다.

제6조

1. 당사국은 모든 아동이 생명에 관한 고유의 권리를 가지고 있음을 인정한다.

2. 당사국은 가능한 한 최대한도로 아동의 생존과 발전을 보장하여야 한다.

제7조

1. 아동은 출생 후 즉시 등록되어야 하며 출생 시부터 성명권과 국적취득권을 가지며, 가능한 한 자신의 부모를 알고 부모에 의하여 양육받을 권리를 가진다.

2. 당사국은 이 분야의 국내법 및 관련 국제문서상의 의무에 따라 이러한 권리가 실행되도록 보장하여야 하며, 권리가 실행되지 아니하여 아동이 무국적으로 되는 경우에는 특히 그러하다.

제8조

1. 당사국은 위법한 간섭을 받지 아니하고, 국적, 성명 및 가족관계를 포함하여 법률에 의하여 인정된 신분을 보존할 수 있는 아동의 권리를 존중한다.

2. 아동이 그의 신분요소 중 일부 또는 전부를 불법적으로 박탈당한 경우, 당사국은 그의 신분을 신속하게 회복하기 위하여 적절한 원조와 보호를 제공하여야 한다.

제9조

1. 당사국은 사법적 심사의 구속을 받는 관계당국이 적용 가능한 법률 및 절차에 따라서 분리가 아동의 최상의 이익을 위하여 필요하다고 결정하는 경우 외에는, 아동이 그의 의사에 반하여 부모로부터 분리되지 아니하도록 보장하여야 한다. 위의 결정은 부모에 의한 아동 학대 또는 유기의 경우나 부모의 별거로 인하여 아동의 거소에 관한 결정이 내려져야 하는 등 특별한 경우에 필요할 수 있다.

2. 제1항의 규정에 의한 어떠한 절차에서도 모든 이해당사자는 그 절차에 참가하여 자신의 견해를 표시할 기회가 부여되어야 한다.

3. 당사국은 아동의 최선의 이익에 반하는 경우 외에는, 부모의 일방 또는 쌍방으로부터 분리된 아동이 정기적으로 부모와 개인적 관계 및 직접적인 면접교섭을 유지할 권리를 가짐을 존중하여야 한다.

4. 그러한 분리가 부모의 일방이나 쌍방 또는 아동의 감금, 투옥, 망명, 강제퇴거 또는 사망(국가가 억류하고 있는 동안 어떠한 원인에 기인한 사망을 포함한다) 등과 같이 당사국에 의하여 취하여진 어떠한 조치의

결과인 경우에는, 당사국은 그 정보의 제공이 아동의 복지에 해롭지 아니하는 한, 요청이 있는 경우, 부모, 아동 또는 적절한 경우 다른 가족구성원에게 부재중인 가족구성원의 소재에 관한 필수적인 정보를 제공하여야 한다. 또한 당사국은 그러한 요청의 제출이 그 자체로 관계인에게 불리한 결과를 초래하지 아니하도록 보장하여야 한다.

제10조

1. 제9조 제1항에 규정된 당사국의 의무에 따라서, 가족의 재결합을 위하여 아동 또는 그 부모가 당사국에 입국하거나 출국하기 위한 신청은 당사국에 의하여 긍정적이며 인도적인 방법으로 그리고 신속하게 취급되어야 한다. 또한 당사국은 이러한 요청의 제출이 신청자와 그의 가족구성원들에게 불리한 결과를 수반하지 아니하도록 보장하여야 한다.

2. 부모가 타국에 거주하는 아동은 예외적 상황 외에는 정기적으로 부모와 개인적 관계 및 직접적인 면접교섭을 유지할 권리를 가진다. 이러한 목적에 비추어 그리고 제9조 제2항에 규정된 당사국의 의무에 따라서, 당사국은 아동과 그의 부모가 본국을 포함하여 어떠한 국가로부터 출국할 수 있고 또한 본국으로 입국할 수 있는 권리를 존중하여야 한다. 어떠한 국가로부터 출국할 수 있는 권리는 법률에 의하여 규정되고 국가안보, 공공질서, 공중보건이나 도덕 또는 타인의 권리와 자유를 보호하기 위하여 필요하며 이 협약에서 인정된 그 밖의 권리에 부합되는 제한에 의하여만 구속된다.

제11조

1. 당사국은 아동의 불법 해외이송 및 미귀환을 퇴치하기 위한 조치를 취하여야 한다.

2. 이 목적을 위하여 당사국은 양자 또는 다자협정의 체결이나 기존 협정에의 가입을 촉진하여야 한다.

제12조

1. 당사국은 자신의 견해를 형성할 능력이 있는 아동에 대하여 본인에게 영향을 미치는 모든 문제에 있어서 자신의 견해를 자유스럽게 표시할 권리를 보장하며, 아동의 견해에 대하여는 아동의 연령과 성숙도에 따라 정당한 비중이 부여되어야 한다.

2. 이러한 목적을 위하여, 아동에게는 특히 아동에게 영향을 미치는 어떠한 사법적·행정적 절차에 있어서도 직접 또는 대표자나 적절한 기관을 통하여 진술할 기회가 국내법적 절차에 합치되는 방법으로 주어져야 한다.

제13조

1. 아동은 표현에 대한 자유권을 가진다. 이 권리는 구두, 필기 또는 인쇄, 예술의 형태 또는 아동이 선택하는 기타의 매체를 통하여 모든 종류의 정보와 사상을 국경에 관계없이 추구하고 접수하며 전달하는 자유를 포함한다.

2. 이 권리의 행사는 일정한 제한을 받을 수 있다. 다만 이 제한은 오직 법률에 의하여 규정되고 또한 다음 사항을 위하여 필요한 것이어

야 한다.

　가.　타인의 권리 또는 신망의 존중

　나.　국가안보, 공공질서, 공중보건 또는 도덕의 보호

제14조

　1.　당사국은 아동의 사상·양심 및 종교의 자유에 대한 권리를 존중하여야 한다.

　2.　당사국은 아동이 권리를 행사함에 있어 부모 및 경우에 따라서는, 후견인이 아동의 능력발달에 부합하는 방식으로 그를 감독할 수 있는 권리와 의무를 존중하여야 한다.

　3.　종교와 신념을 표현하는 자유는 오직 법률에 의하여 규정되고 공공의 안전, 질서, 보건이나 도덕 또는 타인의 기본권적 권리와 자유를 보호하기 위하여 필요한 경우에만 제한될 수 있다.

제15조

　1.　당사국은 아동의 결사의 자유와 평화적 집회의 자유에 대한 권리를 인정한다.

　2.　이 권리의 행사에 대하여는 법률에 따라 부과되고 국가안보 또는 공공의 안전, 공공질서, 공중보건이나 도덕의 보호 또는 타인의 권리와 자유의 보호를 위하여 민주사회에서 필요한 것 외의 어떠한 제한도 과하여져서는 아니 된다.

제16조

1. 어떠한 아동도 사생활, 가족, 가정 또는 통신에 대하여 자의적이거나 위법적인 간섭을 받지 아니하며 또한 명예나 신망에 대한 위법적인 공격을 받지 아니한다.

2. 아동은 이러한 간섭 또는 비난으로부터 법의 보호를 받을 권리를 가진다.

제17조

당사국은 대중매체가 수행하는 중요한 기능을 인정하며, 아동이 국내외의 다양한 정보원으로부터 정보와 자료, 특히 아동의 사회적 · 정신적 · 도덕적 복지와 신체적 · 정신적 건강의 향상을 목적으로 하는 정보와 자료를 접할 수 있도록 해야 한다. 이 목적을 위하여 당사국은,

  가. 대중매체가 아동에게 사회적 · 문화적으로 유익하고 제29조의 정신에 부합되는 정보와 자료를 보급하도록 장려하여야 한다.

  나. 다양한 문화와 국내외 정보원으로부터의 정보와 자료를 제작 · 교환 및 보급하는 데 있어서의 국제협력을 장려하여야 한다.

  다. 아동도서의 제작과 보급을 장려하여야 한다.

  라. 대중매체로 하여금 소수집단에 속하거나 원주민인 아동의 언어상의 곤란에 특별한 관심을 기울이도록 장려하여야 한다.

  마. 제13조와 제18조의 규정을 유념하며 아동 복지에 해로운 정보와 자료로부터 아동을 보호하기 위한 적절한 지침의 개발을 장려하여야 한다.

제18조

1. 당사국은 부모 쌍방이 아동의 양육과 발전에 공동책임을 진다는 원칙이 인정받을 수 있도록 최선의 노력을 기울여야 한다. 부모 또는 경우에 따라서 후견인은 아동의 양육과 발달에 일차적 책임을 진다. 아동의 최선의 이익이 그들의 기본적 관심이 된다.

2. 이 협약에 규정된 권리를 보장하고 촉진시키기 위하여, 당사국은 아동의 양육책임 이행에 있어서 부모와 후견인에게 적절한 지원을 제공하여야 하며, 아동 보호를 위한 기관·시설 및 편의의 개발을 보장하여야 한다.

3. 당사국은 취업부모의 아동들이 이용할 자격이 있는 아동보호를 위한 편의 및 시설로부터 이익을 향유할 수 있는 권리가 있음을 보장하기 위하여 모든 적절한 조치를 취하여야 한다.

제19조

1. 당사국은 아동이 부모, 후견인 또는 기타 아동양육자의 양육을 받고 있는 동안 모든 형태의 신체적·정신적 폭력, 상해나 학대, 유기나 유기적 대우, 성적 학대를 포함한 혹사나 착취로부터 아동을 보호하기 위하여 모든 적절한 입법적·행정적·사회적 및 교육적 조치를 취하여야 한다.

2. 이러한 보호조치는 아동 및 아동양육자에게 필요한 지원을 제공하기 위한 사회계획의 수립은 물론, 제1항에 규정된 바와 같은 아동학대 사례를 다른 형태로 방지하거나 확인·보고·조회·조사·처리 및 추적하고 또한 적절한 경우에는 사법적 개입을 가능하게 하는 효과

적 절차를 적절히 포함하여야 한다.

제 20조

1. 일시적 또는 항구적으로 가정환경을 박탈당하거나 가정환경에 있는 것이 자신의 최선의 이익을 위하여 허용될 수 없는 아동은 국가로부터 특별한 보호와 지원을 받을 권리가 있다.

2. 당사국은 국내법에 따라 이러한 아동을 위한 대체적 보호조치를 마련하여야 한다.

3. 이러한 보호조치는 특히 양육위탁, 회교법의 카팔라, 입양, 또는 필요한 경우 적절한 아동 양육기관에 두는 것을 포함한다. 해결책을 모색하는 경우에는 아동 양육에 있어 계속성 보장이 바람직하다는 점과 아동의 인종적·종교적·문화적·언어적 배경을 적절히 감안하여 조치한다.

제 21조

입양제도를 인정하거나 허용하는 당사국은 아동의 최선의 이익이 최우선적으로 고려되도록 보장하여야 하며, 또한 당사국은,

가. 아동의 입양은 적용 가능한 법률과 절차에 따라서 그리고 적절하고 신빙성 있는 모든 정보에 기초하여, 입양이 부모, 친척 및 법정 후견인에 대한 아동의 신분에 비추어 허용될 수 있음을, 그리고 요구되는 경우 관계자들이 필요한 협의에 의하여 입양에 대한 분별 있는 승낙을 하였음을 결정하는 관계 당국에 의해서만 허가되도록 보장하여야 한다.

나. 국제입양은, 아동을 위탁 양육자나 입양가족이 맡을 수 없다거나 또는 어떠한 적절한 방법으로도 출신국에서 양육될 수 없는 경우, 아동 양육의 대체수단으로서 고려될 수 있음을 인정하여야 한다.

다. 국제입양에 관계되는 아동이 국내입양의 경우와 대등한 보호와 기준을 향유하도록 보장하여야 한다.

라. 국제입양에 있어서 양육지정이 관계자들에게 부당한 재정적 이익을 주는 결과가 되지 아니하도록 모든 적절한 조치를 취하여야 한다.

마. 적절한 경우에는 양자 또는 다자약정이나 협정을 체결함으로써 이 조의 목적을 촉진시키며, 이러한 테두리 안에서 아동의 타국 내 양육지정이 관계당국이나 기관에 의하여 실시되는 것을 확보하기 위하여 노력하여야 한다.

제 22조

1. 당사국은 난민으로서의 지위를 구하거나 또는 적용 가능한 국제법 및 국내법과 절차에 따라 난민으로 취급되는 아동이, 부모나 기타 다른 사람과의 동반 여부에 관계없이, 이 협약 및 당해 국가가 당사국인 다른 국제 인권 또는 인도주의 관련 문서에 규정된 적용 가능한 권리를 향유함에 있어서 적절한 보호와 인도적 지원을 받을 수 있도록 하기 위하여 적절한 조치를 취하여야 한다.

2. 이 목적을 위하여 당사국은 유엔 및 유엔과 협력하는 그 밖의 권한 있는 정부 간 또는 비정부 간 기구들이 그러한 아동을 보호·원조

하고 가족재결합에 필요한 정보를 얻기 위하여 난민 아동의 부모나 다른 가족구성원을 추적하는 데 기울이는 모든 노력에 대하여도 적절하다고 판단되는 협조를 제공하여야 한다. 부모나 다른 가족구성원을 발견할 수 없는 경우, 그 아동은 어떠한 이유로 인하여 영구적 또는 일시적으로 가정환경을 박탈당한 다른 아동과 마찬가지로 이 협약에 규정된 바와 같은 보호를 부여받아야 한다.

제 23조

1. 당사국은 정신적 또는 신체적 장애아동이 존엄성이 보장되고 자립이 촉진되며 적극적 사회참여가 조장되는 여건 속에서 충분히 품위 있는 생활을 누려야 함을 인정한다.

2. 당사국은 장애아동의 특별한 보호를 받을 권리를 인정하며, 신청에 의하여 그리고 아동의 여건과 부모나 다른 아동양육자의 사정에 적합한 지원이, 활용 가능한 재원의 범위 안에서, 이를 받을 만한 아동과 그의 양육책임자에게 제공될 것을 장려하고 보장하여야 한다.

3. 장애아동의 특별한 어려움을 인식하며, 제 2항에 따라 제공된 지원은 부모나 다른 아동양육자의 재산을 고려하여 가능한 한 무상으로 제공되어야 하며, 장애아동의 가능한 한 전면적인 사회참여와 문화적·정신적 발전을 포함한 개인적 발전의 달성에 이바지하는 방법으로 그 아동이 교육, 훈련, 건강관리 지원, 재활 지원, 취업준비 및 오락기회를 효과적으로 이용하고 제공받을 수 있도록 계획되어야 한다.

4. 당사국은 국제협력의 정신에 입각하여, 그리고 당해 분야에서의 능력과 기술을 향상시키고 경험을 확대하기 위하여 재활, 교육 및 직

업보도 방법에 관한 정보의 보급 및 이용을 포함하여, 예방의학 분야 및 장애아동에 대한 의학적·심리적·기능적 처치 분야에 있어서의 적절한 정보의 교환을 촉진하여야 한다. 이 문제에 있어서 개발도상국의 필요에 대하여 특별한 고려가 베풀어져야 한다.

제 24조

1. 당사국은 도달 가능한 최상의 건강수준을 향유하고, 질병의 치료와 건강의 회복을 위한 시설을 사용할 수 있는 아동의 권리를 인정한다. 당사국은 건강관리 지원의 이용에 관한 아동의 권리가 박탈되지 아니하도록 노력하여야 한다.

2. 당사국은 이 권리의 완전한 이행을 추구하여야 하며, 특히 다음과 같은 적절한 조치를 취하여야 한다.

가. 유아와 아동의 사망률을 감소시키기 위한 조치

나. 기초건강관리의 발전에 중점을 두면서 모든 아동에게 필요한 의료 지원과 건강관리의 제공을 보장하는 조치

다. 환경오염의 위험과 손해를 감안하면서, 기초건강관리 체계 안에서 무엇보다도 쉽게 이용 가능한 기술의 적용과 충분한 영양식 및 깨끗한 음료수의 제공 등을 통하여 질병과 영양실조를 퇴치하기 위한 조치

라. 산모를 위하여 출산 전후의 적절한 건강관리를 보장하는 조치

마. 모든 사회구성원, 특히 부모와 아동은 아동의 건강과 영양, 모유 수유의 이익, 위생 및 환경정화 그리고 사고예방에 관한 기초지식의 활용에 있어서 정보를 제공받고 교육을 받으며 지원

을 받을 것을 확보하는 조치

　바. 예방적 건강관리, 부모를 위한 지도 및 가족계획에 관한 교육과 편의를 발전시키는 조치

　3. 당사국은 아동의 건강을 해치는 전통관습을 폐지하기 위하여 모든 효과적이고 적절한 조치를 취하여야 한다.

　4. 당사국은 이 조에서 인정된 권리의 완전한 실현을 점진적으로 달성하기 위하여 국제협력을 촉진하고 장려하여야 한다. 이 문제에 있어서 개발도상국의 필요에 대하여 특별한 고려가 베풀어져야 한다.

제 25조

　당사국은 신체적·정신적 건강의 관리, 보호 또는 치료의 목적으로 관계당국에 의하여 양육지정 조치된 아동이, 제공되는 치료 및 양육지정과 관련된 그 밖의 모든 사정을 정기적으로 심사받을 권리를 가짐을 인정한다.

제 26조

　1. 당사국은 모든 아동이 사회보험을 포함한 사회보장제도의 혜택을 받을 권리를 가짐을 인정하며, 자국의 국내법에 따라 이 권리의 완전한 실현을 달성하기 위하여 필요한 조치를 취하여야 한다.

　2. 이러한 혜택은 아동 및 아동에 대한 부양책임자의 자력과 주변사정은 물론 아동에 의하여 직접 행하여지거나 또는 아동을 대신하여 행하여지는 혜택의 신청과 관련된 그 밖의 사정을 참작하여 적절한 경우에 부여되어야 한다.

제 27조

1. 당사국은 모든 아동이 신체적·지적·정신적·도덕적 및 사회적 발달에 적합한 생활수준을 누릴 권리를 가짐을 인정한다.

2. 부모 또는 기타 아동에 대하여 책임이 있는 자는 능력과 재산의 범위 안에서 아동 발달에 필요한 생활여건을 확보할 일차적 책임을 진다.

3. 당사국은 국내여건과 재정의 범위 안에서 부모 또는 기타 아동에 대하여 책임 있는 자가 이 권리를 실현하는 것을 지원하기 위한 적절한 조치를 취하여야 하며, 필요한 경우에는 특히 영양, 의복 및 주거에 대하여 물질적 보조 및 지원계획을 제공하여야 한다.

4. 당사국은 국내외에 거주하는 부모 또는 기타 아동에 대하여 재정적으로 책임 있는 자로부터 아동양육비의 회부를 확보하기 위한 모든 적절한 조치를 취하여야 한다. 특히 아동에 대하여 재정적으로 책임 있는 자가 아동이 거주하는 국가와 다른 국가에 거주하는 경우, 당사국은 국제협약의 가입이나 그러한 협약의 체결은 물론 다른 적절한 조치의 강구를 촉진하여야 한다.

제 28조

1. 당사국은 아동의 교육에 대한 권리를 인정하며, 점진적으로 그리고 기회 균등의 기초 위에서 이 권리를 달성하기 위하여 특히 다음의 조치를 취하여야 한다.

가. 초등교육은 의무적이며, 모든 사람에게 무료로 제공되어야 한다.

나. 일반교육 및 직업교육을 포함한 여러 형태의 중등교육의 발전을 장려하고, 이에 대한 모든 아동의 이용 및 접근이 가능하도

록 하며, 무료교육의 도입 및 필요한 경우 재정적 지원을 제공하는 등의 적절한 조치를 취하여야 한다.

다. 고등교육의 기회가 모든 사람에게 능력에 입각하여 개방될 수 있도록 모든 적절한 조치를 취하여야 한다.

라. 교육 및 직업에 관한 정보와 지도를 모든 아동이 이용하고 접근할 수 있도록 조치하여야 한다.

마. 학교에의 정기적 출석과 탈락률 감소를 장려하기 위한 조치를 취하여야 한다.

2. 당사국은 학교 규율이 아동의 인간적 존엄성과 합치하고 이 협약에 부합하도록 운영되는 것을 보장하기 위한 모든 적절한 조치를 취하여야 한다.

3. 당사국은, 특히 전 세계의 무지와 문맹의 퇴치에 이바지하고, 과학적·기술적 지식과 현대적 교육방법에의 접근을 쉽게 하기 위하여, 교육에 관련되는 사항에 있어서 국제협력을 촉진하고 장려하여야 한다. 이 문제에 있어서 개발도상국의 필요에 대하여 특별한 고려가 베풀어져야 한다.

제 29 조

1. 당사국은 아동교육이 다음의 목표를 지향하여야 한다는 데 동의한다.

가. 아동의 인격, 재능 및 정신적·신체적 능력의 최대한의 계발

나. 인권과 기본적 자유 및 유엔헌장에 내포된 원칙에 대한 존중의 진전

다. 자신의 부모, 문화적 주체성, 언어 및 가치 그리고 현 거주국과 출신국의 국가적 가치 및 이질문명에 대한 존중의 진전

라. 아동이 인종적·민족적·종교적 집단 및 원주민 등 모든 사람과의 관계에 있어서 이해, 평화, 관용, 성(性)의 평등 및 우정의 정신에 입각하여, 자유사회에서 책임 있는 삶을 영위하도록 하는 준비

마. 자연환경에 대한 존중의 진전

2. 이 조 또는 제28조의 어떠한 부분도 개인 및 단체가, 언제나 제1항에 규정된 원칙들을 준수하고 당해 교육기관에서 실시되는 교육이 국가에 의하여 설정된 최소한의 기준에 부합하여야 한다는 조건하에, 교육기관을 설립하여 운영할 수 있는 자유를 침해하는 것으로 해석되어서는 아니 된다.

제30조

인종적·종교적 또는 언어적 소수자나 원주민이 존재하는 국가에서 이러한 소수자에 속하거나 원주민인 아동은 자기 집단의 다른 구성원과 함께 고유문화를 향유하고, 고유의 종교를 신앙하고 실천하며, 고유의 언어를 사용할 권리를 부인당하지 아니한다.

제31조

1. 당사국은 휴식과 여가를 즐기고, 자신의 연령에 적합한 놀이와 오락활동에 참여하며, 문화생활과 예술에 자유롭게 참여할 수 있는 아동의 권리를 인정한다.

2. 당사국은 문화적·예술적 생활에 완전하게 참여할 수 있는 아동의 권리를 존중하고 촉진하며, 문화, 예술, 오락 및 여가활동을 위한 적절하고 균등한 기회의 제공을 장려하여야 한다.

제32조

1. 당사국은 경제적 착취 및 위험하거나, 아동의 교육에 방해되거나, 아동의 건강이나 신체적·지적·정신적·도덕적 또는 사회적 발전에 유해한 여하한 노동의 수행으로부터 보호받을 아동의 권리를 인정한다.

2. 당사국은 이 조의 이행을 보장하기 위한 입법적·행정적·사회적 및 교육적 조치를 강구하여야 한다. 이 목적을 위하여 그리고 그 밖의 국제문서의 관련 규정을 고려하여 당사국은 특히 다음의 조치를 취하여야 한다.

　가. 단일 또는 복수의 최저 고용연령의 규정

　나. 고용시간 및 조건에 관한 적절한 규정의 마련

　다. 이 조의 효과적인 실시를 확보하기 위한 적절한 처벌 또는 기타 제재수단의 규정

제33조

당사국은 관련 국제조약에서 규정하고 있는 마약과 향정신성 물질의 불법적 사용으로부터 아동을 보호하고 이러한 물질의 불법적 생산과 거래에 아동이 이용되는 것을 방지하기 위하여 입법적·행정적·사회적·교육적 조치를 포함한 모든 적절한 조치를 취하여야 한다.

제 34조

당사국은 모든 형태의 성적 착취와 성적 학대로부터 아동을 보호할 의무를 진다. 이 목적을 달성하기 위하여, 당사국은 특히 다음의 사항을 방지하기 위한 모든 적절한 조치를 국내적으로, 양국 간, 다국 간으로 취해야 한다.

　가.　아동을 불법적·성적 활동에 종사하도록 유인하거나 강제하는 행위

　나.　아동을 매음이나 기타 불법적·성적 활동에 착취적으로 이용하는 행위

　다.　아동을 외설적인 공연 및 자료에 착취적으로 이용하는 행위

제 35조

당사국은 모든 목적과 형태의 아동의 약취 유인이나 인신매매 또는 거래를 방지하기 위한 모든 적절한 국내적, 양국 간, 다국 간 조치를 취하여야 한다.

제 36조

당사국은 아동복지의 어떠한 측면에라도 해가 되는 기타 모든 형태의 착취로부터 아동을 보호하여야 한다.

제 37조

당사국은 다음의 사항을 보장하여야 한다.

　가.　어떠한 아동도 고문 또는 기타 잔혹하거나 비인간적이거나 굴

욕적인 대우나 처벌을 받지 아니한다. 사형 또는 석방의 가능성
이 없는 종신형은 18세 미만의 사람이 범한 범죄에 대하여 과하
여져서는 아니 된다.

나. 어떠한 아동도 위법적 또는 자의적으로 자유를 박탈당하지 아
니한다. 아동의 체포, 억류 또는 구금은 법률에 따라 행하여져
야 하며, 오직 최후의 수단으로서 또한 적절한 최단기간 동안만
사용되어야 한다.

다. 자유를 박탈당한 모든 아동은 인도주의와 인간 고유의 존엄성
에 대한 존중에 입각하여 그리고 그들의 연령상의 필요를 고려
하여 처우되어야 한다. 특히 자유를 박탈당한 모든 아동은, 성
인으로부터 격리되지 아니하는 것이 아동의 최선의 이익에 합
치된다고 생각되는 경우를 제외하고는 성인으로부터 격리되어
야 하며, 예외적인 경우를 제외하고는 서신과 방문을 통하여 자
기 가족과의 접촉을 유지할 권리를 가진다.

라. 자유를 박탈당한 모든 아동은 법률적 및 기타 적절한 구조에 신
속하게 접근할 권리를 가짐은 물론 법원이나 기타 권한 있고 독
립적이며 공정한 당국 앞에서 자신에 대한 자유박탈의 합법성
에 이의를 제기하고 이러한 소송에 대하여 신속한 결정을 받을
권리를 가진다.

제 38조

1. 당사국은 아동과 관련이 있는 무력분쟁에 있어서, 당사국에 적
용 가능한 아동 관련 국제인도법을 존중하고 이 법이 준수되도록 조치

를 취한다.

2. 당사국은 15세에 달하지 아니한 자가 적대행위에 직접 참여하지 아니할 것을 보장하기 위하여 실행 가능한 모든 조치를 취하여야 한다.

3. 당사국은 15세에 달하지 아니한 자의 징병을 삼가야 한다. 15세에 달하였으나 18세에 달하지 아니한 자 중에서 징병하는 경우, 당사국은 최연장자에게 우선순위를 두도록 노력하여야 한다.

4. 무력분쟁에 있어서 민간인 보호를 위한 국제인도법상의 의무에 따라서, 당사국은 무력분쟁의 영향을 받는 아동의 보호 및 배려를 확보하기 위하여 실행 가능한 모든 조치를 취하여야 한다.

제 39조

당사국은 모든 형태의 유기, 착취, 학대 또는 고문이나 기타 모든 형태의 잔혹하거나 비인간적이거나 굴욕적인 대우나 처벌 또는 무력분쟁으로 인하여 희생된 아동의 신체적·심리적 회복 및 사회복귀를 촉진시키기 위한 모든 적절한 조치를 취하여야 한다.

제 40조

1. 당사국은 형사피의자나 형사피고인 또는 유죄혐의 혹은 유죄로 인정받은 모든 아동에 대한 처리 방법을 다음과 같이 취한다. 아동의 연령 그리고 아동의 사회복귀 및 사회에서 건설적 역할을 담당하도록 촉진하는 것이 바람직스럽다는 점을 고려하고, 아동이 인권과 타인의 기본적 자유에 대해 존중하도록 하며, 인간의 존엄성과 가치에 대한 아동의 자각을 촉진시키는 범위 내에서 아동을 처리한다.

2. 이 목적을 위하여 그리고 국제문서의 관련규정을 고려하며, 당사국은 특히 다음 사항을 보장하여야 한다.

가. 모든 아동은 국내법 또는 국제법에 의하여 금지되지 아니한 행위를 했거나 안 했다는 이유로 형사피의자가 되거나 형사기소되거나 유죄로 인정받지 아니한다.

나. 형사피의자 또는 형사 피고인이 된 모든 아동은 최소한 다음 사항을 보장받는다.

1) 법에 따라 유죄가 입증될 때까지는 무죄로 추정된다.

2) 피의사실을 신속하게 그리고 직접 또는, 적절한 경우, 부모나 법정 후견인을 통하여 통지받으며, 변론의 준비 및 제출 시 법률적 또는 기타 적절한 지원을 받는다.

3) 독립적이고 공평한 소관 기관 또는 사법기관에 의하여 법률에 따른 공정한 심리를 받아 지체 없이 사건이 판결되어야 하며, 판결 시에는 법률상의 지원을 제고하고 특히 그의 연령이나 주변환경, 부모 또는 법정 후견인 등을 고려하여야 한다.

4) 증언이나 유죄의 자백을 강요당하지 아니하며, 대등한 조건 하에 반대편 증인을 조사하고 자신을 위한 증인을 출석시켜 조사받도록 한다.

5) 형법 위반으로 간주되는 경우, 그 결정 및 그에 따라 부과되는 모든 조치를 법률에 따라 독립적이고 공정한 소관 사법기관에 의하여 심의하도록 한다.

6) 아동이 사용되는 언어를 이해하지 못하거나 말하지 못하는 경우, 무료로 통역원의 지원을 받는다.

7) 사법절차의 모든 단계에서 아동의 사생활이 충분히 존중받
　　도록 한다.

3. 당사국은 형사피의자, 형사피고인 또는 유죄로 인정받은 아동에
게 특별히 적용될 수 있는 법률, 절차, 기관 및 기구의 설립을 촉진하
도록 노력하며, 특히 다음 사항에 노력하여야 한다.

가. 형법위반능력이 없다고 추정되는 최저 연령의 설정

나. 적절하고 바람직스러운 경우, 인권과 법적 보장이 완전히 존중
　　된다는 조건하에 이러한 아동을 사법절차에 의하지 아니하고
　　다루기 위한 조치

4. 아동이 그들의 복지에 적절하고 그들의 여건 및 범행에 비례하여
취급될 것을 보장하기 위하여 보호, 지도 및 감독명령, 상담, 보호관
찰, 보호양육, 교육과 직업훈련계획 및 제도적 보호에 대한 그 밖의
대체방안 등 여러 가지 처분이 이용 가능하여야 한다.

제 41조

이 협약의 규정은 다음 사항에 포함되어 있는 아동권리의 실현에 보
다 공헌할 수 있는 어떠한 규정에도 영향을 미치지 아니한다.

가. 당사국의 법

나. 당사국에 대하여 효력을 가지는 국제법

제 2 부

제 42조

당사국은 이 협약의 원칙과 규정을 적절하고 적극적인 수단을 통하여 성인과 아동 모두에게 널리 알릴 의무를 진다.

제 43조

1. 이 협약상의 의무이행을 달성함에 있어서 당사국이 이룩한 진전상황을 심사하기 위하여 이하에 규정된 기능을 수행하는 아동권리위원회를 설립한다.

2. 위원회는 고매한 인격을 가지고 이 협약이 대상으로 하는 분야에서 능력이 인정된 10명의 전문가로 구성된다. 위원회의 위원은 공평한 지리적 배분과 주요 법체계를 고려하여 당사국의 국민 중에서 선출되며, 개인적 자격으로 임무를 수행한다.

3. 위원회의 위원은 당사국에 의하여 지명된 자의 명단 중에서 비밀투표에 의하여 선출된다. 각 당사국은 자국민 중에서 1인을 지명할 수 있다.

4. 위원회의 최초의 선거는 이 협약의 발효일부터 6월 이내에 실시되며, 그 이후는 매 2년마다 실시된다. 각 선거일의 최소 4월 이전에 유엔 사무총장은 당사국에 대하여 2월 이내에 후보자 지명을 제출하라는 서한을 발송하여야 한다. 사무총장은 지명한 당사국의 표시와 함께 알파벳순으로 지명된 후보들의 명단을 작성하여, 이를 이 협약의 당사국에 제시하여야 한다.

5. 선거는 유엔 본부에서 사무총장에 의하여 소집된 당사국 회의에서 실시된다. 이 회의는 당사국의 3분의 2를 의사정족수로 하고, 출석하고 투표한 당사국 대표의 최대다수표 및 절대다수표를 얻는 자가 위원으로 선출된다.

6. 위원회의 위원은 4년 임기로 선출된다. 위원은 재지명된 경우에는 재선될 수 있다. 최초의 선거에서 선출된 위원 중 5인의 임기는 2년 후에 종료된다. 이들 5인 위원의 명단은 최초선거 후 즉시 동 회의의 의장에 의하여 추첨으로 선정된다.

7. 위원회 위원이 사망, 사퇴 또는 본인이 어떠한 이유로 인하여 위원회의 임무를 더 이상 수행할 수 없다고 선언하는 경우, 그 위원을 지명한 당사국은 위원회의 승인을 조건으로 자국민 중에서 잔여 임기를 수행할 다른 전문가를 임명한다.

8. 위원회는 자체의 절차규정을 제정한다.

9. 위원회는 2년 임기의 임원을 선출한다.

10. 위원회의 회의는 통상 유엔 본부나 위원회가 결정하는 그 밖의 편리한 장소에서 개최된다. 위원회는 통상 매년 회의를 한다. 위원회의 회의기간은 필요한 경우 총회의 승인을 조건으로 이 협약 당사국 회의에 의하여 결정되고 재검토된다.

11. 유엔 사무총장은 이 협약에 의하여 설립된 위원회의 효과적인 기능수행을 위하여 필요한 직원과 편의를 제공한다.

12. 이 협약에 의하여 설립된 위원회의 위원은 총회의 승인을 얻고 총회가 결정하는 기간과 조건에 따라 유엔의 재원으로부터 보수를 받는다.

제 44조

1. 당사국은 이 협약에서 인정된 권리를 실행하기 위하여 그들이 채택한 조치와 동 권리의 향유와 관련하여 이룩한 진전상황에 관한 보고서를 다음과 같이 유엔 사무총장을 통하여 위원회에 제출한다.

가. 관계 당사국에 대하여 이 협약이 발효한 후 2년 이내

나. 그 후 5년마다

2. 이 조에 따라 제출되는 보고서는 이 협약상 의무의 이행정도에 영향을 미치는 요소와 장애가 있을 경우 이를 적시하여야 한다. 보고서는 또한 관계국에서의 협약이행에 관한 포괄적인 이해를 위원회에 제공하기 위한 충분한 정보를 포함하여야 한다.

3. 위원회에 포괄적인 최초의 보고서를 제출한 당사국은, 제1항 나호에 의하여 제출하는 후속보고서에 이미 제출된 기초적 정보를 반복할 필요는 없다.

4. 위원회는 당사국으로부터 이 협약의 이행과 관련이 있는 추가정보를 요청할 수 있다.

5. 위원회는 위원회의 활동에 관한 보고서를 2년마다 경제사회이사회를 통하여 총회에 제출한다.

6. 당사국은 자국의 활동에 관한 보고서를 자국 내 일반에게 널리 활용 가능하도록 하여야 한다.

제 45조

이 협약의 효과적인 이행을 촉진하고 이 협약이 대상으로 하는 분야에서의 국제협력을 장려하기 위하여,

가. 전문기구, 유니세프 및 유엔의 그 밖의 기관은 이 협약 중 그들의 권한범위 안에 속하는 규정의 이행에 관한 논의에 대표를 파견할 권리를 가진다. 위원회는 전문기구, 유니세프 및 위원회가 적절하다고 판단하는 그 밖의 권한 있는 기구에 대하여 각 기구의 권한범위에 속하는 분야에 있어서 이 협약의 이행에 관한 전문적인 자문을 제공하여 줄 것을 요청할 수 있다. 위원회는 전문기구, 유니세프 및 유엔의 그 밖의 기관에 그들의 활동범위에 속하는 분야에서의 이 협약의 이행에 관한 보고서를 제출할 것을 요청할 수 있다.

나. 위원회는 적절하다고 판단되는 경우, 기술적 자문이나 지원을 요청하는 국가보고서에 대해 위원회의 제안과 함께 전문기구, 유니세프 및 기타 자격이 있는 기구에 발송할 수 있다.

다. 위원회는 유엔 사무총장이 위원회를 대신하여 아동의 권리와 관계된 구체적인 사안에 대해 연구를 실시하도록 유엔총회에 요청할 수 있다.

라. 위원회는 이 협약 제 44조 및 제 45조에 따라 접수한 국가보고서에 기초하여 제안과 일반적 권고사항을 제시할 수 있다. 이러한 제안과 일반적 권고사항에 대해 당사국의 논평이 있으면 그 논평과 함께 관계 당사국에 전달되고 총회에 보고되어야 한다.

제 3 부

제 46조

이 협약은 모든 국가로부터 서명을 받기 위하여 개방된다.

제 47조

이 협약은 비준되어야 한다. 비준서는 유엔 사무총장에게 기탁된다.

제 48조

이 협약은 모든 국가의 가입을 위하여 개방된다. 가입서는 유엔 사무총장에게 기탁된다.

제 49조

1. 이 협약은 20번째 비준서 또는 가입서가 유엔 사무총장에게 기탁되는 날로부터 30일째 되는 날 발효한다.

2. 20번째 비준서 또는 가입서의 기탁 이후에 이 협약을 비준하거나 가입하는 각 국가에 대하여, 이 협약은 그 국가의 비준서 또는 가입서 기탁 후 30일째 되는 날 발효한다.

제 50조

1. 어떤 당사국을 막론하고 개정안을 제안하고 이를 유엔 사무총장에게 제출할 수 있다. 이 경우 사무총장은, 모든 당사국에 동 제안을 심의하고 표결에 붙이기 위한 당사국회의 개최에 대한 찬성 여부에 관

한 의견을 표시하여 줄 것을 요청하는 것과 함께 개정안을 송부하여야 한다. 이러한 통보일로부터 4개월 이내에 당사국 중 최소 3분의 1이 회의 개최에 찬성하는 경우, 사무총장은 유엔 주관하에 동 회의를 소집하여야 한다. 동 회의에 출석하고 표결한 당사국의 과반수에 의하여 채택된 개정안은 그 승인을 위하여 유엔총회에 제출된다.

2. 제1항에 따라서 채택된 개정안은 유엔총회에 의하여 승인되고, 모든 당사국의 3분의 2가 찬성하게 될 때에 발효한다.

3. 개정안이 발효하게 되면, 이에 찬성한 당사국과 기존의 협약서 및 이전의 개정안을 이행할 의무를 지고 있는 모든 당사국에 구속력을 발휘하게 된다.

제 51조

1. 유엔 사무총장은 각국이 이 협약의 비준 또는 가입 시 작성한 유보조항 문서를 접수하고 모든 국가에 이를 배포하여야 한다.

2. 이 협약의 목표와 목적에 위배되는 유보조항은 허용되지 아니한다.

3. 유보는 유엔 사무총장에게 발송된 통고를 통하여 언제든지 철회될 수 있으며, 사무총장은 이를 모든 국가에 통보하여야 한다. 그러한 통고는 사무총장에게 접수된 날부터 발효한다.

제 52조

당사국은 유엔 사무총장에 대한 서면통고를 통하여 이 협약을 폐기할 수 있다. 폐기는 사무총장이 통고를 접수한 날로부터 1년 후에 발효한다.

제 53조

유엔 사무총장은 이 협약의 수탁자로 지명된다.

제 54조

아랍어 · 중국어 · 영어 · 불어 · 러시아어 및 서반아어본이 동등하게 정본인 이 협약의 원본은 유엔 사무총장에게 기탁된다.

이상의 증거로 아래의 서명 전권대표들은 각국 정부에 의하여 정당하게 권한을 위임받아 이 협약에 서명하였다.